ZICKZACK

Bryan Goodman-Stephens, Paul Rogers, Lol Briggs.

Lehrbuch 1

Nelson

Acknowledgements

Thomas Nelson and Sons Ltd
Nelson House   Mayfield Road
Walton-on-Thames   Surrey
KT12 5PL   UK

51 York Place
Edinburgh
EH1 3JD   UK

Thomas Nelson (Hong Kong) Ltd
Toppan Building 10/F
22A Westlands Road
Quarry Bay   Hong Kong

Thomas Nelson Australia
102 Dodds Street
South Melbourne   Victoria 3205
Australia

Nelson Canada
1120 Birchmount Road
Scarborough   Ontario
M1K 5G4   Canada

© Bryan Goodman-Stephens, Paul Rogers, Lol Briggs 1987

First published by E J Arnold & Son Ltd 1987
ISBN 0-560-15001-6

This edition published by Thomas Nelson & Sons Ltd 1989
ISBN 0-17-439300-8
NPN 9 8 7 6 5

Printed in Hong Kong

Deutsche Bundesbahn
Deutsche Bundesbank
Deutsches Jugendherbergswerk
Gong Verlag GmbH
Ministry of Agriculture, Fisheries and Food
Münchener Verkehrs- und Tarifverbund GmbH
Österreichische Nationalbank
Schweizerische Nationalbank
Staatsbank der DDR
Steyr-Daimler-Puch GmbH
Verkehrsamt Osnabrück

Photography

Walter Gerecht

Allgemeiner Deutscher Nachrichtendienst
Nigel Ashton
Berolina Travel Ltd.
David and Diane Collett
Frank Connally
Fototeam Wiese
Hamburg-Information GmbH
Inter Nationes
Imperial War Museum, London.
Felicity Kendall
Eduard Lehner
Liz Parker
Greg Smith
Spanish National Tourist Office
Staatliche Landesbildstelle Saarland
Michael Spencer
Judy Spoor
Swiss Tourist Office
Waltraud Vergeiner
Verkehrsamt München
Western Mail & Echo Ltd

Illustration

Bruce Baillie
Terry Bambrook
Ulrike Gersiek
Derek Jordan
Jeremy Long
Jane Lumby
Trevor Mitchell
Elizabeth Taylor
Nigel Tyson

Every effort has been made to trace the copyright
holders of extracts reprinted in this book. We apologise
for any inadvertent omission, which can be rectified in
a subsequent reprint.

Cover photograph

"THE PHOTO SOURCE"
Severinsbrücke, Köln

Inhalt

1 Hallo! Wie heißt du?   Seite 4

- greeting people and saying your name
- counting to 20 and talking about people's age
- talking about which country people come from
- talking about where you live
- using the German alphabet

2 Meine Familie   19

- introducing your family
- counting to 100
- talking about pets
- saying you don't have something
- describing where you live

3 In der Schule   36

- staying with a German family
- talking about when things happen
- talking about the school day
- saying what you like or dislike at school
- telling the time

4 Die Mahlzeiten   51

- talking about breakfast
- asking questions
- describing other meals and saying what food you like
- having a meal with a German family
- asking about times of meals

5 . . . und nach der Schule?   67

- talking about what you do in your spare time
- saying what sports and hobbies you like or dislike
- talking about music and musical instruments
- talking about what you like doing best of all
- talking about television

6 Was kostet das?   86

- money in German speaking countries
- changing money and traveller's cheques
- talking about pocket money
- talking about the prices of things
- buying snacks and souvenirs

7 Willkommen in Osnabrück   Seite 103

- getting to know a German town
- asking the way
- understanding and giving directions
- finding out what there is to do and see in a town
- finding out about the people in a town

8 Beim Einkaufen   122

- finding out about shops
- talking about quantities
- buying food and drink
- shopping in a department store and buying stamps
- talking about what you've bought and who it's for

9 Wie fährt man?   144

- talking about ways of going places
- finding out information and buying tickets
- using public transport
- planning a journey
- describing a journey you have made

10 Wir feiern   168

- talking about what is happening when
- inviting people to something
- accepting or turning down invitations
- describing people and saying what you think of them
- talking about what you've done and people you've met

11 Mir ist schlecht   188

- talking about feeling ill
- talking about injuries in sport
- talking about minor ailments
- talking about accidents that have happened
- going to the doctor's, dentist's or chemist's

12 Wo fährst du hin?   204

- talking about holiday plans
- finding out about East and West Germany
- saying what sort of holiday you like
- finding out about campsites and booking in
- talking about what people have done on holiday

Internationaler Treff   221

- some Germans' views on Britain — schools, houses, clothes and make-up, spare time, radio and TV, traffic, food

Noch etwas mehr   226
Grammatik — Überblick   256
Wörterliste   266

1 Hallo! Wie heißt du?

- *greeting people and saying your name*
- *counting to 20 and talking about people's age*
- *talking about which country people come from*
- *talking about where you live*
- *using the German alphabet*

Hallo!

1

Hallo!
Ich bin Anne.

2

Hallo!
Ich bin
Renate.

3

Grüß dich!
Ich bin Paul.

4

Hallo!
Ich heiße
Uschi.

5

Grüß dich!
Ich heiße
Andrea.

6

Guten Tag!
Ich bin
Martin.

7

Hallo!
Ich bin
Oliver.

8

Guten Tag!
Ich bin
Frau Meyer.

9

Guten Morgen!
Ich heiße
Stefan.

10

Grüß dich!
Ich bin
Florian.

Guten Tag!

Pinneberger Sportverein

Sven

Barbara

B

C

D

PSV

A

Herr
Schmidt

Herr
Krull

E

F

Ute

I

H

G

Andrea

J

Boris

Gaby

Elke

Martin

Was sagen sie?

A „ "
B „ "
C „ "
D „ "
E „ "
F „ "
G „ "
H „ "
I „ "
J „ "

Tip des Tages

How to say hello to someone

| Hallo! Grüß dich! | mainly for friends |

Guten Tag!
Guten Morgen!

How to say your name

Ich bin . . .
Ich heiße . . .

Fotoquiz

Hier sind sechs Teenager

Das ist Sven.
Ich heiße Susi.
Ich bin Lutz.
Das ist Brigitte.
Ich heiße Christa.
Das hier ist Bernd.

Und hier sind die Babyfotos

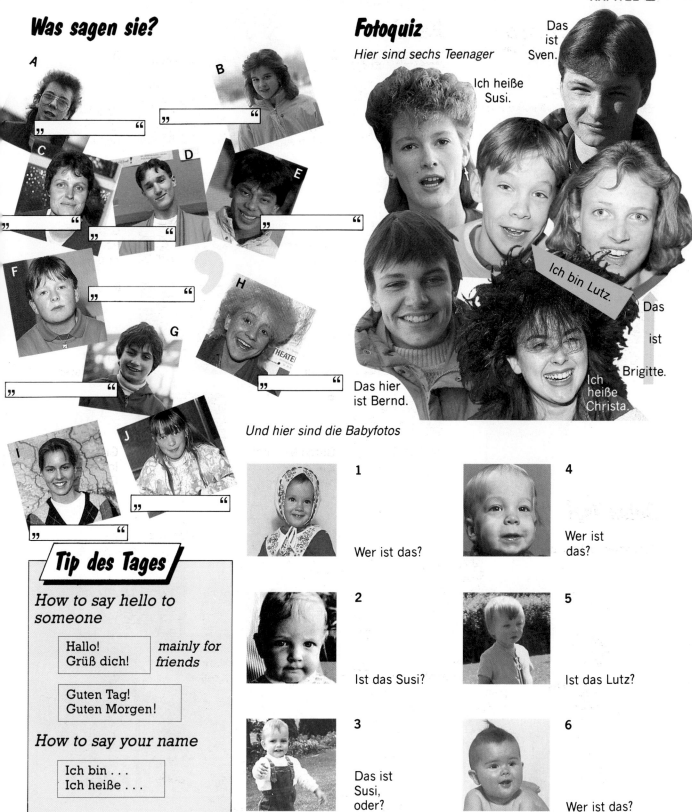

1 Wer ist das?

4 Wer ist das?

2 Ist das Susi?

5 Ist das Lutz?

3 Das ist Susi, oder?

6 Wer ist das?

Feuer!

1   9   13
7   15   2   16   3   10
18   4   11   19   12   5
20   6   17   8   14

Wollen wir ins Kino gehen?

ZEHN
10

NEUN
9

ACHT
8

SIEBEN
7

SECHS
6

FÜNF
5

VIER
4

DREI
3

ZWEI
2

EINS
1

NULL
0 → FEUER!

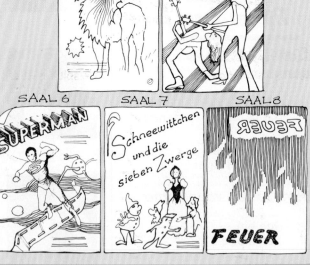

KINO CENTER
LICHTBURG
Kaiserstrasse 74   Tel. 233070

SAAL 1   SAAL 2   SAAL 3
Bambi   DER TUNNEL   TOM und JERRY

SAAL 4   SAAL 5
TARZAN   EDE FUNK in NEW YORK

SAAL 6   SAAL 7   SAAL 8
SUPERMAN   Schneewittchen und die sieben Zwerge   FEUER

Die Hitparade — HITS DER WOCHE

1	Hallo, wie heißt du?	Polizei
2	Oh, Jane	Elegy
3	So Easy	Simon Sez
4	He, du da	Ede Funk
5	Telefonliebe	Britta Tell
6	Lost in dreams	Serpentine
7	Mann oh Mann	Ozean
8	Anne	Vier Jahreszeiten
9	Teenage Rock	Head Bangers Inc.
10	Komm mit	Schaukelschiffe
11	Grüß dich	Hanno H.
12	Toll Toll Toll	Punker Rockers
13	Queen of Hearts	The Gamblers
14	Die Sonne scheint	Karussell
15	Blitz	Evi Bamm
16	Susi ist erst siebzehn	Hbf.
17	Broken Dreams	Insomniacs
18	Einmal ist keinmal	Frei
19	JoJo	Lola Lace
20	Sieben Narzissen	Feuerwerk

Dialog:

Was ist die Nummer drei in der Hitparade?

„He, du da" von Ede Funk.

Nein, das ist Nummer vier.

Wieviel Eier? Wieviel Blumen?

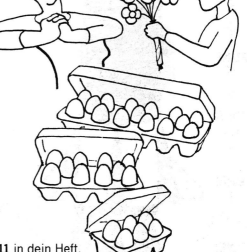

Zahlenpuzzle

Welche Zahl ist das?

Beispiel: o ist elf. Schreibe **o**11 in dein Heft.
Und **r**? **r** ist 17, usw

a		e		i		m		q	
b		f		j		n		r	
c		g		k		o		s	
d		h		l		p		t	

Wie alt bist du?

 Anja

 Anne

 Heike

 Andrea

 Peter

 Gaby

 Sven

 Florian

 Oliver

 Martin

Wie heißt du? Wie alt bist du?

Martin. Und du?

Ich bin vierzehn.
Und du?

Oh . . . .

Wie heißt du?

Uschi.
Wie alt bist du?

Ich bin fünfzehn
Jahre alt.

Tip des Tages

Die Zahlen von 1 bis 20

1	eins	2	zwei	3	drei	4	vier
5	fünf	6	sechs	7	sieben	8	acht
9	neun	10	zehn	11	elf	12	zwölf
13	dreizehn	14	vierzehn	15	fünfzehn	16	sechzehn
17	siebzehn	18	achtzehn	19	neunzehn	20	zwanzig

How to ask somebody's name

> Wie heißt du?

How to ask how many

> Wieviel ist das?

How to ask a friend's age and say how old you are

> Wie alt bist du?   Ich bin   zehn / elf / zwanzig   Jahre alt.

Interviews mit Touristen in der Bundesrepublik

Trage die Tabelle in dein Heft ein. Höre gut zu, und fülle die Lücken aus.

		Name	Stadt	Land
Beispiel	1	*Marie Dupont*	*Paris*	*Frankreich*
	2			
	3			
	4		—	
	5			
	6		—	
	7			
	8			

Namen: Kumposcht, Short, Schwarz, Fergussen, Dupont, Brown, Schmidt, Krull.

Städte: London, Straßburg, Glasgow, Dublin, Paris, Zürich, Dieppe.

Länder: Österreich, Irland, England, Schweiz, Frankreich, Schottland.

Nationalitäten

1

— Guten Tag! Wie heißen Sie, bitte?
— Marie Dupont.
— Sind Sie Deutsche?
— Nein . . . Französin.

2 — Guten Tag! Wie heißen Sie, bitte?
— Brown.
— Sind Sie Engländer?
— Nein, Schotte.

3

— Guten Morgen! Ihr Name, bitte?
— Frau Krull . . . Ich bin Schweizerin.

4 — Ich heiße Schmidt.
— Sind Sie Deutscher?
— Nein, Österreicher.

5

— Ich heiße Alison Short. Ich bin Engländerin.

6 — Frau Kumposcht . . .
— . . . Was! Engländerin?
— Ja, richtig. Mein Mann ist Österreicher.

7

— Ich heiße André. Ich bin Franzose.

8 — Ich heiße Sean Fergussen.
— Sie sind Engländer?
— Nein, ich bin Ire.

TEIL 3

9

Das Auto kommt aus . . .

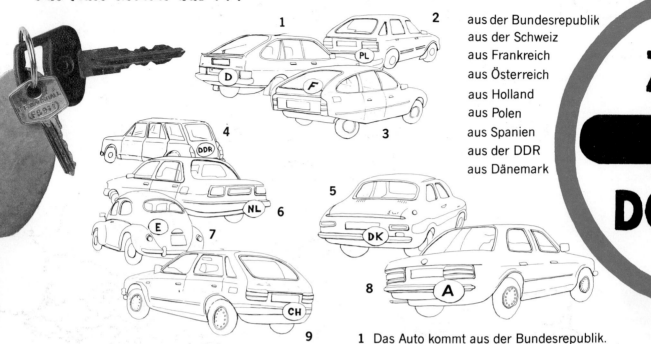

aus der Bundesrepublik
aus der Schweiz
aus Frankreich
aus Österreich
aus Holland
aus Polen
aus Spanien
aus der DDR
aus Dänemark

1 Das Auto kommt aus der Bundesrepublik.
2 Das Auto kommt aus . . . .
3 Das Auto . . . .
4 Das . . . .
5 . . . .
6 . . . .
7 . . . .
8 . . . .
9 . . . .

Einige Informationen
Länder: Sprachen und Hauptstädte

In England spricht man Englisch.
  Die Hauptstadt ist London.
In der DDR spricht man Deutsch.
  Die Hauptstadt ist Ostberlin.
In Österreich spricht man Deutsch.
  Die Hauptstadt ist Wien.
In Wales spricht man Englisch
und Walisisch.
  Die Hauptstadt ist Cardiff.
In Irland spricht man Irisch und
Englisch.
  Die Hauptstadt ist Dublin.
In der Bundesrepublik spricht man
Deutsch.
  Die Hauptstadt ist Bonn.
In der Schweiz spricht man
Deutsch, Französisch,
Italienisch und Rätoromanisch.
  Die Hauptstadt ist Bern.
In Schottland spricht man Englisch.
  Die Hauptstadt ist Edinburgh.
In Nordirland spricht man Englisch.
  Die Hauptstadt ist Belfast.

Trage die Tabelle in dein Heft ein. Fülle die Lücken aus.

Land	Hauptstadt	Sprache
England	London	Englisch
die Bundesrepublik		
	Ostberlin	
	Kopenhagen	Dänisch
	Paris	Französisch
	Warschau	Polnisch
	Wien	
die Schweiz		
	Dublin	
Wales		
Nordirland		
	Edinburgh	

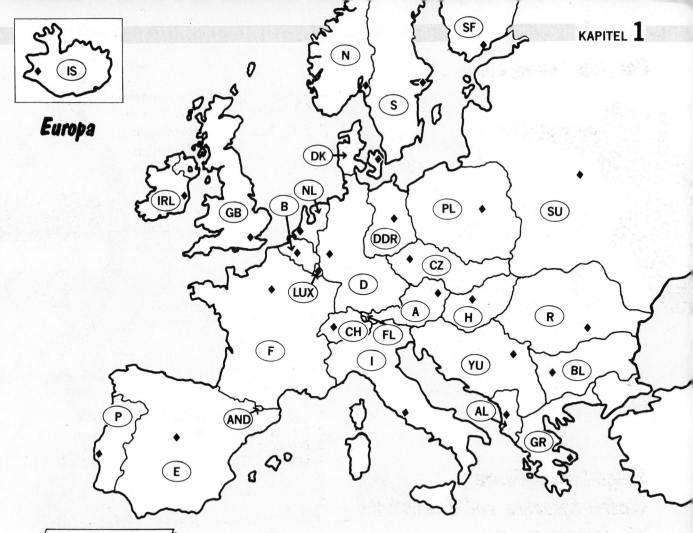

Europa

Tip des Tages

How to say where you come from

| Ich komme | aus | England/Irland.
Schottland/Wales.
Österreich.
der Bundesrepublik.
der DDR.
der Schweiz. |

How to give your nationality

| Ich bin | Engländer/Engländerin.
Ire/Irin.
Schotte/Schottin.
Waliser/Waliserin.
Deutscher/Deutsche.
Österreicher/Österreicherin.
Schweizer/Schweizerin. |

When to use **du** (you)

i) *speaking to a young person*

> Wie heißt du?

ii) *between friends old or young*

> Kommst du mit?

iii) *in the family*

> Vati, kommst du mit?

When to use **Sie** (you)

i) *talking to adults*
   (other than close friends
   or relatives)

> Wo wohnen Sie?
> Wie heißen Sie?

Ich wohne in Hamburg

Trage diese Tabelle in dein Heft ein. Höre gut zu, und fülle die Lücken aus.

Name	Land	Stadt	liegt im . . .
1 Annette			Norden
2 Peter		München	
3 Herr Krall	Österreich		
4 Martin			Nordwesten
5 Heidi	DDR		
6 Ralf			
7 Udo		Köln	
8 Frau Schulz		Graz	
9 Jutta		Zürich	
10 Erika			Norden

Nord
West — Ost
Süd

Hamburg liegt im Norden.

Kassel liegt im Osten.

Bonn liegt im Westen.

München liegt im Süden.

Was sagen sie?

Beispiel: 1 Ich heiße Michael. Ich komme aus der Bundesrepublik. Ich wohne in Köln.

Richtig oder falsch?

Höre gut zu. Wer sagt die Wahrheit?
Beispiel: 1 — Ich heiße Rudi... Ich
komme aus Rellingen,
das liegt in der Nähe
von Hamburg.
— Richtig!

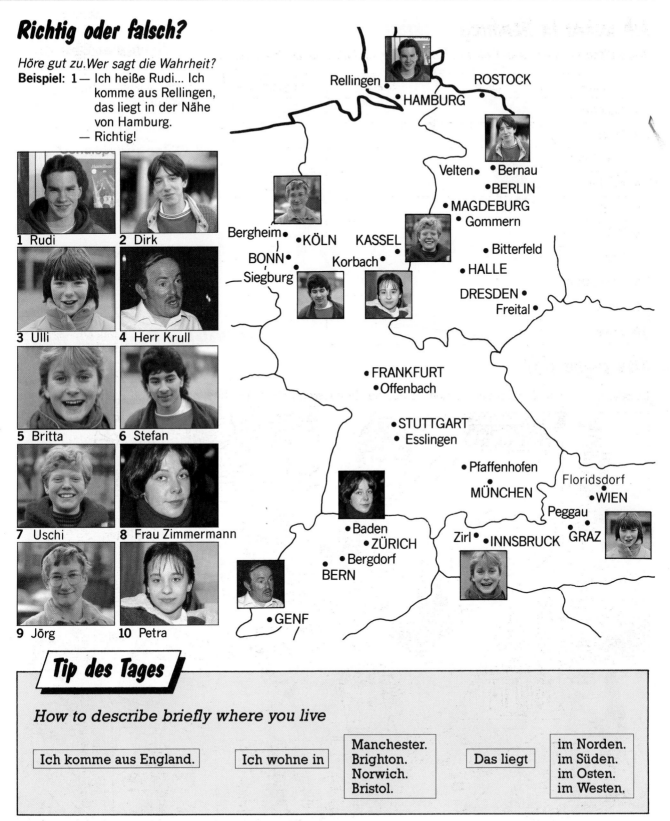

1 Rudi
2 Dirk
3 Ulli
4 Herr Krull
5 Britta
6 Stefan
7 Uschi
8 Frau Zimmermann
9 Jörg
10 Petra

Tip des Tages

How to describe briefly where you live

Ich komme aus England.		Ich wohne in	Manchester. Brighton. Norwich. Bristol.	Das liegt	im Norden. im Süden. im Osten. im Westen.

Internationales Leichtathletikfest

100-Meter-Lauf Frauen	
1 S. Mayer	BRD
2 D. Smith	GB
3 C. Jacquemart	F
4 R. Nixon	USA
5 T. Lundqvist	S
6 B. Piaget	CH
7 H-J. Becker	DDR
8 M. Waldorff	A

Wie schreibt man das?

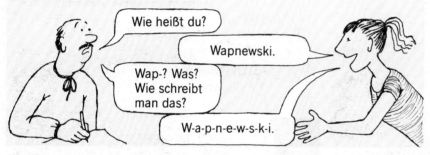

Wie heißt du?

Wapnewski.

Wap-? Was? Wie schreibt man das?

W-a-p-n-e-w-s-k-i.

Welcher Buchstabe fehlt?

Tip des Tages

How to ask how something is spelt

Wie schreibt man das, bitte?

Ich heiße Holger.

Ich wohne in Neukirchen.

Kannst du ein Formular ausfüllen?

Einige Interviews
*Ist das richtig? Trage die Formulare
in dein Heft ein.
Fülle sie richtig aus.*

```
Name:      Andreos
Vorname:   Luk
Alter:     16
Adresse:   20 Battle Road
Stadt:     Hailsham
Land:      GB
```

```
Name:      Rellstab
Vorname:   Helen
Alter:     15
Adresse:   Kleine Str. 13c
Stadt:
Land:      2000 Hamburg 90
           BRD
```

Anmeldeformulare
*Das ist falsch, oder? Trage die
Formulare in dein Heft ein.
Fülle sie richtig aus.*

Hotel Ruhewald

```
Name:         JAMES
Vorname:      JOHN
Adresse:      19 ELLAND ROAD, LEEDS
Nationalität: Engländerin
```

Campingplatz Sonneneck

```
Name:         Duclair
Vorname:      elisabeth
Adresse:      2 rue Teulère
              Bordeaux
Nationalität: Franzose
```

Englandaustausch

GYMNASIUM SCHWARZENBERG
Englandaustausch
Bitte in Druckbuchstaben oder mit Schreibmaschine ausfüllen

```
Name:           Hamann
Vorname:        Katrin
Anschrift:      Hitzenbergen 31
                2000 Hamburg 90
Geb.:           10.10.72        Tel.: 040/760 66 44
Klassenlehrer:  Herr von der Linden   Größe in cm: 168
Englischlehrer: Herr Dr. Born
```

GYMNASIUM SCHWARZENBERG
Englandaustausch
Bitte in Druckbuchstaben oder mit Schreibmaschine ausfüllen

```
Name:           Rellstab
Vorname:        Lutz
Anschrift:      Kleine Str. 13c     Tel.: 040/790 85 14
                2000 Hamburg 90
Geb.:           16.2.73             Größe in cm: 170
Klassenlehrer:  Dr. Stroemer
Englischlehrer: Dr. Stroemer
```

Er heißt Holger und wohnt in Neukirchen!

Und du?
Trage das Formular in dein Heft ein. Fülle es aus.

Deutschlandaustausch
mit
GYMNASIUM SCHWARZENBERG
Bitte in Druckbuchstaben oder mit Schreibmaschine ausfüllen

```
                                          Photo
Name:
Vorname:
Anschrift:

Geb.:                    Tel.:
Klassenlehrer:           Größe in cm:
Deutschlehrer:
```

TEIL 6

Abkürzungen

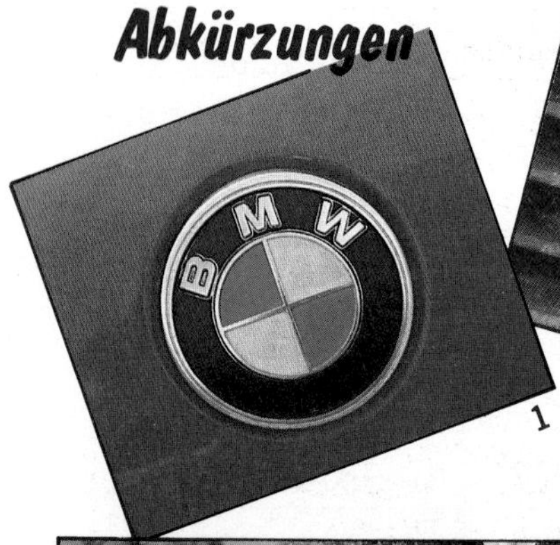

1 (BMW)

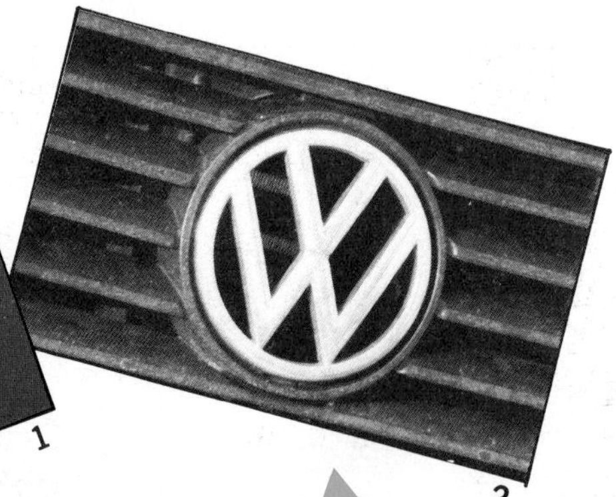

2 (VW)

3 DB BAHNHOF HAMBURG-ALTONA

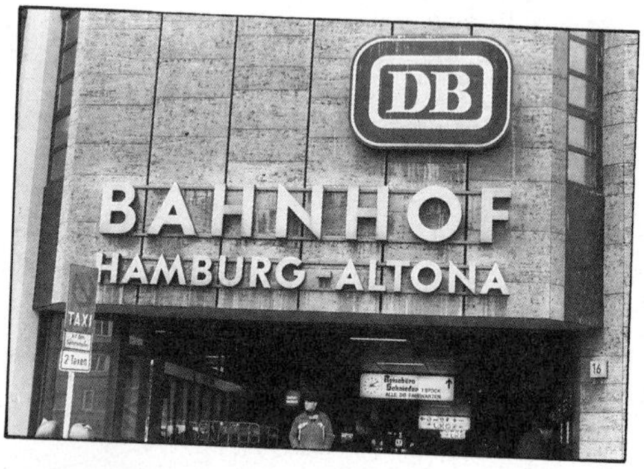

7 D JH

8 JUGEND HERBERGE

9 PKW BUS

12 S U JUNGFERNSTIEG KAPSTADT U1 U2 S1 S3

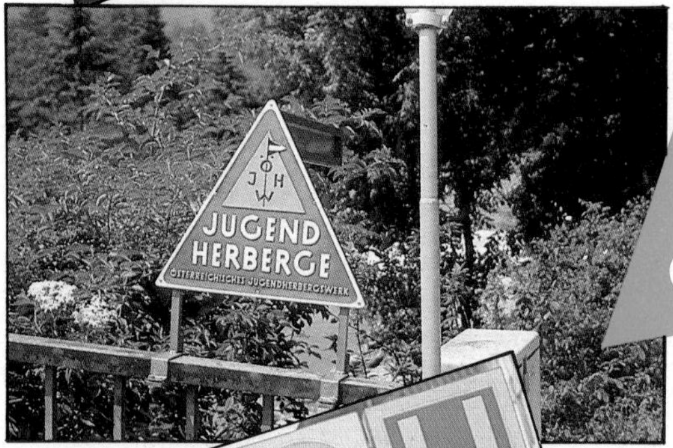

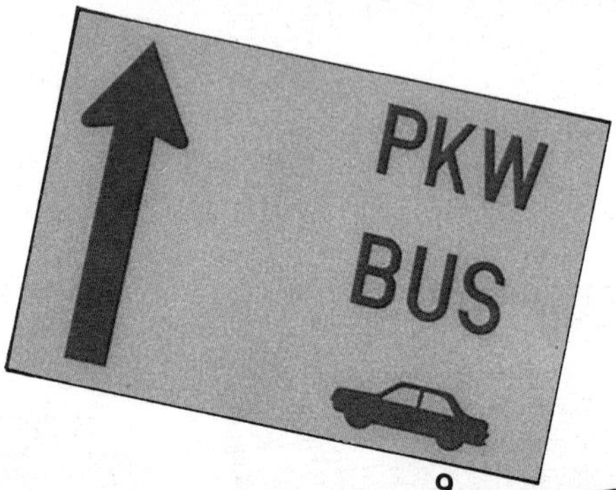

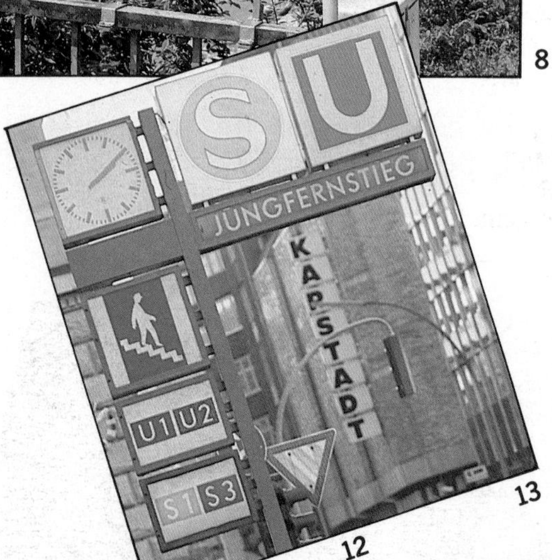

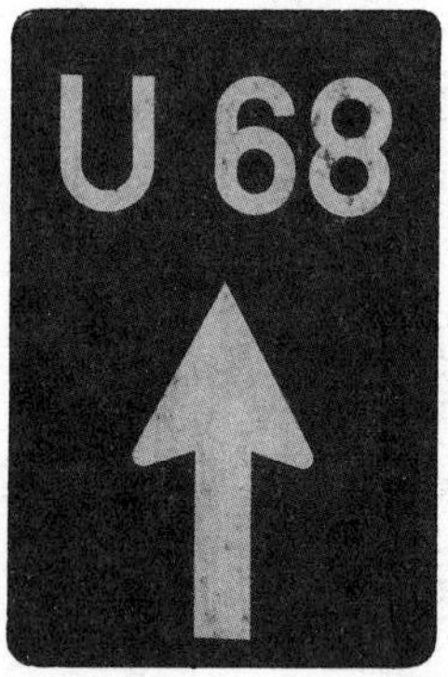

13

14 U 68

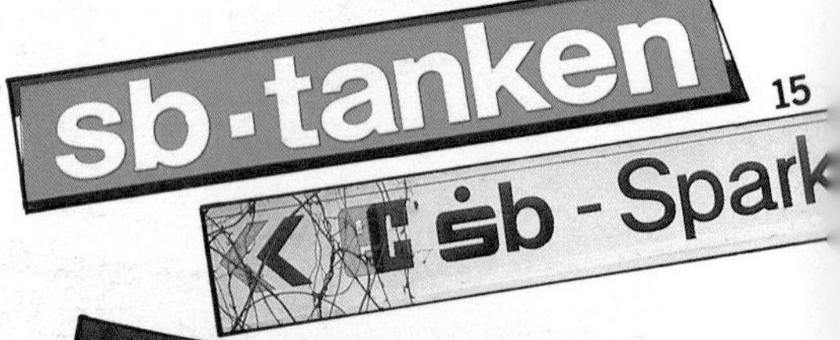

15 sb·tanken / **C** sb - Spark

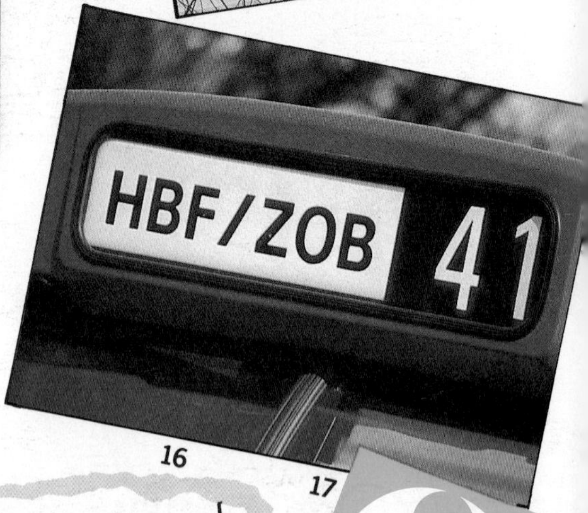

16 HBF/ZOB 41

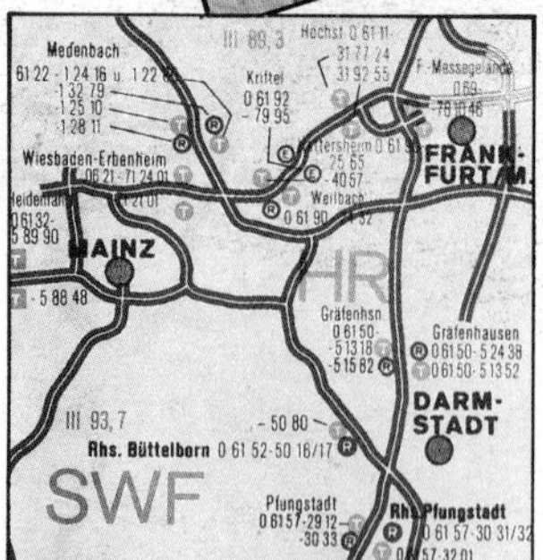

17

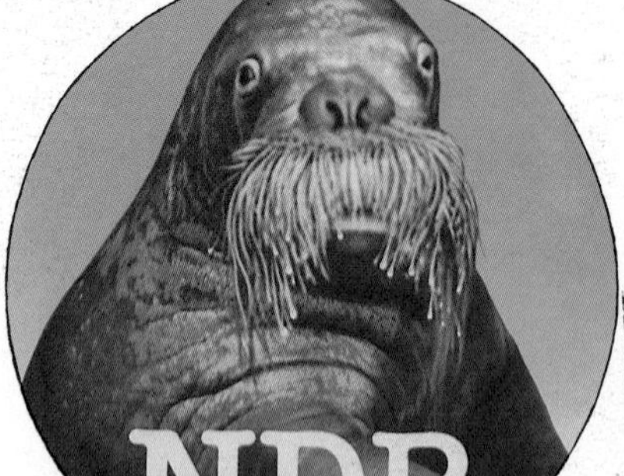

20 SWF HR

21 NDR

22 129,- incl. MWST

23 *i*

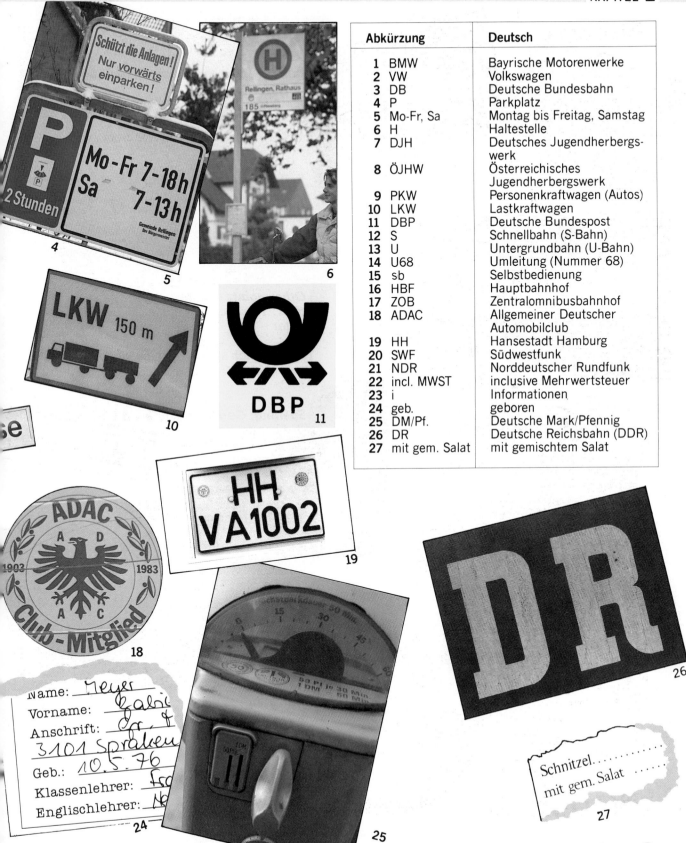

Abkürzung		Deutsch
1	BMW	Bayrische Motorenwerke
2	VW	Volkswagen
3	DB	Deutsche Bundesbahn
4	P	Parkplatz
5	Mo-Fr, Sa	Montag bis Freitag, Samstag
6	H	Haltestelle
7	DJH	Deutsches Jugendherbergs-werk
8	ÖJHW	Österreichisches Jugendherbergswerk
9	PKW	Personenkraftwagen (Autos)
10	LKW	Lastkraftwagen
11	DBP	Deutsche Bundespost
12	S	Schnellbahn (S-Bahn)
13	U	Untergrundbahn (U-Bahn)
14	U68	Umleitung (Nummer 68)
15	sb	Selbstbedienung
16	HBF	Hauptbahnhof
17	ZOB	Zentralomnibusbahnhof
18	ADAC	Allgemeiner Deutscher Automobilclub
19	HH	Hansestadt Hamburg
20	SWF	Südwestfunk
21	NDR	Norddeutscher Rundfunk
22	incl. MWST	inclusive Mehrwertsteuer
23	i	Informationen
24	geb.	geboren
25	DM/Pf.	Deutsche Mark/Pfennig
26	DR	Deutsche Reichsbahn (DDR)
27	mit gem. Salat	mit gemischtem Salat

Grammatik auf einen Blick

1 **Talking about yourself**
The ending that goes with **ich** *is usually* **-e**.

> Ich heiße* Anne.
> Ich wohne in Hamburg.
> Ich komme aus England.

See note on spelling (6b)

Some verbs are irregular, e.g.

> Ich **bin** Anne.
> Ich **bin** 13 Jahre alt.

2 **Asking questions (of a friend)**
The ending that goes with **du** *is usually* **—st**

> **Wie** heißt du? *What's your name?*
> **Wie** alt bist du? *How old are you?*
> **Wo** wohnst du? *Where do you live?*

Sometimes no 'question word' is needed

> **Kommst du** aus Hamburg?
> **Bist du** vierzehn?
> **Wohnst du** in München?

3 **Talking about which country people live in**

Ich wohne in Wohnst du in. . .?	England, Schottland, Wales, Deutschland, Irland, Österreich.

A few countries have the word **der** *in front of them*

Ich wohne in	der	DDR. Schweiz. Bundesrepublik.

4 **Talking about the country people come from**

Ich komme aus Kommst du aus . . .?	England, Schottland, Nordirland, Frankreich.
der	Schweiz, DDR.

5 **Talking about where your town is**

Ich wohne in . . .	Das liegt im	Norden. Süden. Osten. Westen.

6 **Other points to note**
a **man** : *This means 'people' or 'they' in this chapter*

> In Österreich spricht **man** Deutsch.
> *They speak German in Austria.*

b **Spelling:** *German nouns are always written with a capital letter*

> **T**ag; **M**orgen; **H**eft.

* **ß** *is sometimes used instead of* **ss**

> ich heiße; herzliche Grüße.

c *You have met three parts of the verb* **to be** *in this chapter*

> Ich **bin** Anne. Ich **bin** zwölf.
> Wie alt **bist** du?
> Die Hauptstadt **ist** London.

2 Meine Familie
- *introducing your family*
- *counting to 100*
- *talking about pets*
- *saying you don't have something*
- *describing where you live*

Hier sind die Namen:

David	Maria	Raphael,	Kurt	Dorit
Maren	Peter	Ute	Andrea	Oliver

A Ich wohne in Norddeutschland und habe einen Bruder.

B Ich komme aus der DDR. Ich bin Einzelkind.

C Ich bin fünfzehn Jahre alt und komme aus Köln. Ich habe auch eine Schwester.

Wieviel Geschwister hast du?

Trage diese Tabelle in dein Heft ein. Höre gut zu. Wieviel Brüder und Schwestern hat Andrea Hamann? Schreibe die Zahlen in die Tabelle.

Wie heißen sie?

Höre gut zu. Wer ist das? Schreibe **David—D** *usw.*
Beispiel: *Du hörst:* „Ich heiße David und bin 12 Jahre alt. Ich habe einen Bruder und eine Schwester." *Das ist* **D**. *Er heißt David.*

D Ich bin zwölf Jahre alt. Ich habe einen Bruder und eine Schwester.

E Ich bin Schweizer. Ich komme aus Zürich. Ich bin Einzelkind.

F Ich komme aus Halle. Ich bin vierzehn und habe einen Bruder.

G Ich bin dreizehn. Ich habe zwei Brüder und eine Schwester. Ich komme aus Frankfurt.

H Ich komme aus der Schweiz. Ich habe zwei Schwestern.

I Ich komme aus München in Süddeutschland. Ich habe keine Geschwister. Ich bin Einzelkind.

J Ich bin Österreicher. Ich komme aus Linz. Ich habe drei Brüder und zwei Schwestern.

	Brüder	Schwestern
Beispiel: Andrea Hamann	1	2
Peter Müller		
Sabine Brümmer		
Kurt Hansen		
Wolf Lichtenauer		
Katrin Winter		
Sven Rellstab		
Kirsten Stefan		

TEIL **1**

Drei Briefe

Lies die Briefe und beantworte die Fragen.

Liebe Rachel,
   grüß Dich!
Ich wohne in Wien. Das ist die Hauptstadt von Österreich. Ich bin 13 Jahre alt. Wie alt bist Du?

Ich habe einen Bruder und eine Schwester.

Schreib mir bitte bald!
Herzliche Grüße,
   deine Maria

lieber John,
   hallo!
Ich wohne in Bonn, in Deutschland. Ich bin vierzehn Jahre alt und habe im April Geburtstag. Ich habe einen Bruder und eine Schwester. Hast Du Geschwister? Wie alt bist Du?
   Schreib bald!
      Viele Grüße,
         Dein Volker

Liebe Jane,
   Ich wohne in Pfarrkirchen. Das ist ein kleines Dorf in Süddeutschland ganz in der Nähe von Österreich. Ich bin bald vierzehn. Mein Geburtstag ist am ersten September. Wie alt bist Du? Ich habe einen Bruder. Er ist vier Jahre alt. Hast Du auch Geschwister? Wie alt sind sie?
   Schreib bald!
      Deine Gaby.

Und du?

— Hallo! Wie heißt du?
— Ich heiße Jens. Und du?
— Lutz.
— Wo wohnst du?
— In Schenefeld.
— Wo ist denn das?
— In Norddeutschland in der Nähe von Hamburg.
— Ach so!
— Und du? Wo wohnst du?
— Ich wohne auch im Norden. In Bremen.
— Wie alt bist du?
— Dreizehn.
— Ich auch.
— Hast du Geschwister?
— Nein. Und du?
— Ich habe eine Schwester und einen Bruder.

Fragen

1 When is Volker's birthday?
2 How many brothers and sisters does he have?
3 Give three details about Pfarrkirchen.
4 What happens on September 1st, according to Gaby?
5 What does Gaby tell us about her family?
6 What does Maria tell Rachel about where she lives?
7 What does she tell Rachel to do at the end of her letter?
8 How many different questions are asked in the three letters, and what do they mean?
9 What would you write at the end of a letter in German if you wanted your penfriend to reply quickly?

. . . *und jetzt* . . .

schreibe einen Brief auf Deutsch!

Jürgens Fotoalbum

Jürgen

Fülle die Lücken aus!

Was sagt Jürgen? | mein/meine; er/sie.

Beispiel:

Dies ist _mein_ Vater.

Das ist Tante Liesel. _____ wohnt in Bonn.

Das hier ist _____ Schwester Heike. _____ ist vierzehn.

Hier ist _____ Katze. _____ heißt Mitzi.

Das ist _____ Mutter.

Das ist _____ Großmutter. _____ ist schon alt.

Und dies ist Erich _____ Bruder. _____ ist acht.

Dies ist _____ Onkel, Onkel Kurt. _____ wohnt auch nicht hier. _____ wohnt in Wien. Das ist in Österreich.

Das ist mein Hund. _____ heißt Rowdy.

Und hier, das ist _____ Großvater. _____ ist sehr alt.

Dies ist meine Familie.

Tip des Tages

How to introduce your family

| Dies Hier Das | ist | mein meine | Vater, Opa, Onkel, Bruder, Hund. |
| | | | Mutter, Oma, Tante, Schwester, Katze. |

| Er Sie | heißt . . . ist . . . Jahre alt. wohnt in . . . |

How to say you have no brothers or sisters

Ich habe | keine Geschwister.

or | Ich bin Einzelkind.

How to ask and say how many brothers and sisters you have

Hast du Geschwister?

Ich habe | einen Bruder / zwei drei Brüder vier | und | eine Schwester. / zwei drei Schwestern. vier

Wieviel Grad ist es?

*Höre gut zu. Schreibe die Stadt und
die Temperatur.*

Der Bus nach Schenefeld kommt

Stelle deinem Partner/deiner Partnerin Fragen.
Beispiel: — Der Bus nach Schenefeld,
    welche Linie ist das?
— Das ist die Linie 37.

— Fahrplan —	
Buslinie	Richtung
37	Schenefeld
53	Pinneberg
26	Wedel
92	Appen
84	Elmshorn
65	Quickborn
81	Tornesch
78	Uetersen

Kennst du die Zahlen?

Höre gut zu. Welche Zahlen hörst du? Schreibe **lg** *usw.*

Wer gewinnt. . . . .

a . . . beim Skispringen?

Vorname	Familienname	Nat.	Meter
Georg	Becker	D	
Rudi	Schubert	A	
Werner	Schmidt	DDR	
David	Spong	CAN	
Richard	Street	GB	
Nikki	Keller	CH	
Serge	Truffaut	F	
Jean	Blanc	B	
Norbert	Timm	LIE	
Pedro	Hidalgo	E	

b . . . beim Slalom der Damen?

Vorname	Familienname	Nat.	Minuten	Sekunden
Sari	Sinkkonen	SF		
Rachel	Roberts	GB		
Dorit	Stegemann	D		
Solange	Maillet	F		
Uschi	Koydl	A		
Donna	Wilkins	CAN		
Marie	Herrgott	CH		
Gisela	Rohwedder	D		
Ulrike	Tank	DDR		
Margaret	Agsteribbe	USA		

Telefonnummern und Adressen

Wie alt sind sie?

Höre gut zu. Was paßt zu wem?

Mein Vater	Meine Mutter	Meine Oma	Mein Opa	Meine Tante	Mein Onkel

38   40   70   36   42   72

Familie Bromma

Das ist deine Familie! Beantworte die Fragen:

1 Wie heißt du?
2 Wie alt bist du?
3 Wie heißt deine Mutter? Und dein Vater?
4 Wieviel Geschwister hast du?
5 Wie heißen sie? Und wie alt sind sie?

Herr Walter Bromma 40

Frau Renate Bromma 38

Annika 10

Ralf 13

Christina 14

Torsten 16

Wer bin ich?

1
Ich heiße Siegrid Blömeke. Ich wohne in Pinneberg. Ich bin 22 Jahre alt und habe eine Schwester und einen Bruder.

2
Ich heiße Maria Feyerabend. Ich wohne in Moorrege. Ich bin 20 Jahre alt und habe zwei Brüder.

3
Mein Name ist Bernd Goerke. Ich bin 24. Ich wohne in Norderstedt. Meine Telefonnummer ist 52 70 40.

4
Ich bin Elke Hauschildt. Ich wohne in Klein Nordende. Ich bin 28 Jahre alt. Ich habe eine Schwester und einen Bruder.

5
Ich heiße Ingeborg Heinrich. Meine Telefonnummer ist 61 20 5. Ich wohne in Pinneberg.

6
Ich heiße Annkatrin. Ich bin 18. Ich wohne in Elmshorn. Ich habe keine Geschwister.

7
Ich heiße Barbara. Ich bin 17 Jahre alt. Ich wohne in Halstenbek. Ich habe einen Bruder. Er ist 14 Jahre alt.

8
Ich bin Annelies. Ich wohne in Quickborn. Ich bin 19 Jahre alt und habe eine Schwester.

9
Ich heiße Jürgen. Ich wohne in Itzehoe. Meine Telefonnummer ist 44 46.

10
Ich heiße Hans-Heinrich. Ich wohne in Uetersen. Meine Telefonnummer ist 43 21 4, und meine Adresse ist Heidweg 32.

Tip des Tages

Die Zahlen von 21 bis 100

21	einundzwanzig	60	sechzig
30	dreißig	90	neunzig
50	fünfzig	23	dreiundzwanzig
80	achtzig	40	vierzig
22	zweiundzwanzig	70	siebzig
31	einunddreißig	100	hundert

Tierquiz

Beispiel: — Was ist Schnuffel? — Ein Hund.
— Wie heißt die Maus? — Fipsi.
— Ist Stupsi ein Pferd? — Nein, Stupsi ist ein Kaninchen.

 Schnuffel

 Fipsi

 Stupsi

 Max

 Elsa

 Amanda

Hansi

Goldi

Mitzi

Rex

Poldi

Suche die Tiere

1 *What is for sale here?*

2 *What kind of animal is on offer?*

3 *What colour mouse does the buyer want?*

4 *How old is the puppy?*

5 *Why will this cat cost a lot?*

6 *What is for sale here at a bargain price?*

Tiermarkt

Goldfisch-Aquarium: 500 Liter, zu verkaufen: 469 953

Pudel: zu verkaufen. Tel: 05493/3308

Weiße Maus gesucht. Tel: 460 2314

Golden Retriever: 12 Wochen zu verk. 34 75 28

Perserkatze: zu verk. 01439/98047

12 junge Kaninchen billig zu verkaufen Tel: 336894

Ich möchte so gerne einen Goldhamster

EINE 12JÄHRIGE: Alle meine Freundinnen haben ein Tier, nur ich nicht, und ich möchte so gerne einen Goldhamster haben. Mein Vater sagt, Hamster stinken und sind nicht stubenrein.

Bitte helfen Sie mir, ich möchte so gern einen Goldhamster.

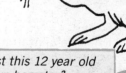

1 *Who is against this 12 year old having her own hamster?*
2 *What does he think of hamsters?*

Tip des Tages

How to ask if a friend has a certain pet

Hast du	einen	Hund/Hamster/Wellensittich/Goldfisch/Igel?
	eine	Maus/Schildkröte/Katze?
	ein	Pferd/Kaninchen/Meerschweinchen?

How to ask what a pet is called

Wie heißt	der	Hund/Hamster/Wellensittich/Goldfisch/Igel?
	die	Maus/Schildkröte/Katze?
	das	Pferd/Kaninchen/Meerschweinchen?

How to say what kind of animals your pets are

Schnuffel	ist	ein Hund.
Mitzi		eine Katze.
Rex		ein Pferd.

How to ask what pets a friend has

Was für Tiere hast du?

How to ask if a friend has a pet and how to reply

Hast du ein Haustier?	Ja, ich habe	einen	Hund usw.
		eine	Maus usw.
Hast du eine Schildkröte?	Nein,	ein	Pferd usw.

Igelfamilie zu Gast im Hotel Sonne

Seit einer Woche kommt jeden Abend pünktlich um halb sieben eine Igelmutter mit ihren drei Jungen auf die Terrasse des Hotels Sonne, wo ein Teller Milch auf sie wartet.

Katze frißt Wellensittich

Als die kleine Christa M., 9 Jahre alt, den Trickfilm Tom und Jerry sah, fraß ihre Katze den Wellensittich.
Die kleine Christa ist unglücklich
. . .

1 *What happened to Christa's budgerigar?*
2 *Why didn't she prevent it?*

Machen Sie FERIEN?
Denken Sie auch an Ihre Katze!

Katzenhotel Fröhlich

Brokenlande.

20 Autominuten

von Hamburg.

1 *How many young does the mother hedgehog have?*
2 *Where do they go every evening at precisely 6.30?*
3 *What attracts them there?*

1 *When might cat owners welcome the above service?*
2 *If they want to get there from Hamburg, how long will it take by car?*

Hast du kein Haustier?

Haben Sie etwas zu verzollen?

Achtung Tollwut!

Hinweise für Besucher der Britischen Inseln und der Kanalinseln

TOLLWUT

Auf den Britischen Inseln gibt es keine Tollwut, und es ist unser Ziel, sie auch in Zukunft von den Britischen Inseln fernzuhalten. Kein Tier darf ohne Einfuhrgenehmigung und ohne Quarantäne ins Land gebracht werden. Wenn Sie den Kanal überqueren, lassen Sie besser Ihr Tier zu Hause. (Falls Sie mit Ihrem eigenen Boot kommen, müßte das Tier für die Dauer Ihres Besuches an Bord bleiben.) Unser Bestreben, diese lebensgefährliche und kostspielige Krankheit von den Britischen Inseln fernzuhalten, wird mittels harter Strafen für das

Schmuggeln von Tieren durchgesetzt, die hohe Geldstrafen und Freiheitsentzug von bis zu einem Jahr einschließen. Außerdem kann ein illegal eingeführtes Tier getötet werden.

BITTE HELFEN SIE MIT, DIE BRITISCHEN INSELN VON DER TOLLWUT FREIZUHALTEN.

Herausgegeben vom Central Office of Information für die britische Regierung, 1976
Printed in Britain for Her Majesty's Stationery Office by Willsons Printers (Leicester) Ltd. Dd. 354648. Pro. 9814

TOLLWUTVERHÜTUNG

KEINE TIERE

Schmuggeln Sie keine Tiere nach Großbritannien

Es stehen schwere Strafen auf der illegalen Einfuhr von Tieren.

Alle Tiere, die sich an Bord befinden, müssen unter Deck sicher eingesperrt bleiben und dürfen in Großbritannien nicht an Land gebracht werden, auch wenn sie gegen Tollwut geimpft sind.

MAFF © Crown Copyright 1987

Eine typische Klasse?

Seite 25!

Ich habe kein Deutschbuch.

Tragt die Tabelle in euer Heft ein!

Ich habe kein Lineal.

Das ist falsch. Kannst du es korrigieren?

Ich habe keinen Radiergummi.

Schreibt das in euer Heft.

Ich habe kein Heft.

Ich habe keinen Kugelschreiber.

Ich habe keinen Bleistift.

Ich habe kein Papier.

Ihr habt nichts dabei: kein Deutschbuch, kein Heft, kein Lineal, keinen Kugelschreiber, keinen Bleistift, keinen Radiergummi, kein Papier! Wißt ihr was? Jetzt habe ich keine Lust mehr! 'Raus mit euch!

Und jetzt habe ich keine Klasse mehr!

Tip des Tages

How to say you do not have something

Ich habe	keinen	Goldfisch.
	keine	Katze.
	kein	Heft.
	keine	Zigaretten.

How to say you have no . . .

	keinen	Bleistift.	pencil
		Kugelschreiber. (Kuli)	biro
Ich habe		Radiergummi.	rubber/eraser
	kein	Deutschbuch.	textbook
		Heft.	exercise book
		Lineal.	ruler
		Papier.	paper

How to say you are no longer keen

Ich habe	keine Lust	mehr.

Brieffreunde

Andy schreibt einen Brief an
Jürgen. Jürgen ist Andys
Brieffreund.

Mainz, den 20. Okt.

Lieber Andy!
Vielen Dank für Deinen Brief und
das Foto. Dein Haus ist spitze!
Ich wohne mit meinen Eltern in
Mainz. Das ist eine Stadt in der Nähe
von Frankfurt. Wir haben eine Wohnung in einem Haus am Stadtrand.
Ich habe einen Bruder. Der ist 17 und
heißt Jochen. Meine Schwester, Silke,
ist 15. Hier sind ein paar Fotos:

Das ist die
Wohnung.

Das ist der
Balkon. Es
ist sehr
schön im
Sommer.

Das ist das
Wohnzimmer.
Mein Vater liest
und trinkt Bier.
Das sind seine
Hobbys!

Das ist mein Zimmer. Ich
habe eine Couch, viele Po-
sters und eine Stereoanlage.
Viele Grüße (auch an Deine
Mutter)
Dein Jürgen

Glasgow, den 6. Oktober

Lieber Jürgen,
hallo, wie geht's? Mir geht's gut.
Heute schreibe ich etwas über meine Familie.
Du weißt ja schon, ich wohne in Glasgow
in Schottland. Ich lebe bei meiner Mutter.
Wir haben ein Haus in der Stadtmitte.
Mein Vater wohnt auch in Glasgow –
er hat eine Wohnung am Stadtrand.
Ich habe zwei Schwestern. Die eine
heißt Sylvia. Sie ist 25 Jahre alt und
wohnt in Richmond. Das ist eine Stadt
in Nordengland. Sie hat ein Reihenhaus
am Marktplatz. Richmond ist eine schöne
Stadt. Meine andere Schwester heißt
Margaret. Sie ist 22 und wohnt in
Barwick. Das ist ein Dorf in der Nähe
von Leeds. Sie hat ein Reihenhaus.
Meine Großmutter und mein Großvater
wohnen in Edinburgh. Sie haben eine
kleine Wohnung im Stadtzentrum.
Hast Du Geschwister? Was für ein
Haus habt Ihr?
Schreibe bald. Viele Grüße
Dein
Andy
P.S. Hier ist unser Haus in Glasgow

Das ist mein
Schlafzimmer

· Unten sind die
Küche, das
Wohnzimmer
und das
Eßzimmer.

Hier ist das
Gästezimmer.
(Hier schläfst
Du, wenn
Du nach
Schottland
kommst.)

Wer wohnt hier?

Lies die Briefe von Andy und
Jürgen. Wer wohnt hier?
Was paßt zu wem?

a   b

c   d

e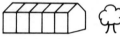

f

Schlüssel	
▦	**Wohnung**
⌂	**Haus**
▥	**Reihenhaus**
⊙	**Stadtmitte**
○	**Stadtrand**
♧	**Dorf**
⌷	**Marktplatz**

Der Immobilien-Markt

Was ist am besten geeignet?

A
Wir suchen einen Bungalow in
Frankreich oder Spanien.

B
Ich suche eine Einzimmer-Wohnung
mit Küche und Badezimmer. Sie
muß nicht groß sein, nur etwa
dreißig Quadratmeter.

C
Wir suchen eine
Doppelhaushälfte
oder ein Reihenhaus
am Stadtrand.
Es sollte vier
Schlafzimmer haben.

Tip des Tages

How to describe in more detail where you live

| Ich wohne | in _____ . | Das ist | eine Stadt / ein Dorf |

| in | Nord / Nordost / Süd / Südwest | -england / -deutschland | in der Nähe von |

| Ich habe | ein Haus / ein Reihenhaus / ein Doppelhaus / ein Einfamilienhaus / einen Bungalow / eine Wohnung | in der Stadtmitte. / am Stadtrand. / am Marktplatz. |

How to talk about the rooms in your home

| Ich habe / Wir haben | ein / zwei / drei | Badezimmer. / Wohnzimmer. / Eßzimmer. / Schlafzimmer. |
| | eine | Küche. / Toilette. |

> *Er ist fantastisch . . . so fit . . . und er ist 15!*

D

Wir suchen eine
modernisierte
Altbauwohnung
mit Schlafzimmer,
Wohnzimmer, Küche
und Bad.

E

Ich suche eine Komfortwohnung in
Wiesbaden, die viel Luxus bietet.

F

Wir suchen eine Wohnung mit
Balkon und zwei Schlafzimmern.

Der IMMobilien-Markt

Eppstein-Bremmthal 1

Luxus-Wohnung
Superwohnlage
Balkon 23m²
Bad und Gäste-WC
Wohnzimmer
Eßzimmer
Bad
2 Schlafzimmer

B. STAUDT
Südhang 22. 6238 Hofhelm 3

Komfort-Reihenhaus. 2
Bj. 1984
Stadtrandlage. 180m² Wohnfläche.
Kü. Bad. Wz., Eßzi., 4 Schlfz.

Verkaufsbüro Hochheim
Tel: 06146/4067

1-Zimmer-Appartement. 3
35m², Kü., Bad
Tel: 06128/44044

4

Studentenwohnung

1 Zi., Kü., Bad, 30m²

Tel: 0211/591023

2-Zi-Wohng. 5
1984 total modernisiert
Kü., Bad, Wohn- und
Schlafzimmer
Tel: 0261/7826

6

Penthouse

Kleiststraße 11. Die VIP
Adresse in Wiesbaden.
3 Zi., Kü., Bad

Tel: 06198/8417

Doppelhaus: 5 Zi., Einb.-Küche, 7
Bad/Dusche/WC, Balkon
Tel: 06121/522160

2-Familienhaus 8
5 Zimmer, Küche, Bad,
Gäste-WC
Wfl. 145m²
Baujahr: 1984
Tel: 06128/41097

9

SPANIEN COSTA BLANCA

Freistehender Bungalow
mit Terrasse.
Wz., 2 Schlafzimmer, Küche,
Bad. 900m² Grundstück.

Tel: 07225/3496

*Quatsch! Der ist erst
13. Das weiß ich.*

*Was! Dreizehn?
Das Schwein! Ich bringe
ihn um!*

Program: ELSAFREUND

1 Vorname: Anna
Familienname: Braun
Alter: 15
Adresse: Krokusweg 27,
4830 Gütersloh
Telefonnummer:
05241/4403
Geschwister: 2 Brüder
Haustiere: einen Hund
+ + + + + + + + + +

2 Vorname: Peter
Familienname: Schultz
Alter: 15
Adresse: Feldstraße 1,
2084 Rellingen
Telefonnummer:
04101/4888
Geschwister: keine
Haustiere: eine Katze,
ein Kaninchen

3 Vorname: Klaus
Familienname: Schmaus
Alter: 15
Adresse: Poststraße 22,
2204 Krempe
Telefonnummer:
04824/4816
Geschwister:
2 Schwestern
Haustiere: eine Maus
+ + + + + + + + + +

4 Vorname: Barbara
Familienname: Müller
Alter: 14
Adresse: Hauptstraße 85,
2000 Norderstedt
Telefonnummer:
040/4998
Geschwister:
eine Schwester
Haustiere: keine

5 Vorname: Monika
Familienname: Schätzle
Alter: 16
Adresse: Zum Sportplatz 7,
2081 Ellerbek
Telefonnummer:
04101/33201
Geschwister: 2 Brüder
Haustiere: einen Hund
(Konrad)
+ + + + + + + + + +

6 Vorname:
Familienname:
Alter:
Adresse:

Telefonnummer:
Geschwister:
Haustiere:

Computerliste

Elsa ist Computerfan und hat einen neuen Computer. Hier ist die Computerliste von Elsas Freunden. Aber die Liste stimmt nicht immer. Kannst du die Fehler finden? Höre gut zu!

Die erste Stunde fällt aus!

He du! Die erste Stunde fällt aus!

Oh danke. Tschüs!

Die erste Stunde fällt aus!

Oh toll! Danke. Tschüs!

Partnerarbeit: Du telefonierst mit deinen Klassenkameraden. Hier sind die Telefonnummern:

1 a	207625	9 a	91026
b	6318	b	71684
2 a	2742	10 a	2332
b	2332	b	62948
3 a	24747	11 a	6318
b	78103	b	14404
4 a	14404	12 a	17744
b	91026	b	32367
5 a	26924	13 a	25240
b	17744	b	72201
6 a	71684	14 a	32367
b	2742	b	25240
7 a	78103	15 a	72201
b	26924	b	207625
8 a	62948		
b	24747		

Grammatik auf einen Blick

1 **The gender of nouns**

Masculine (M)	Feminine (F)	Neuter (N)
der Hund	**die** Katze	**das** Pferd
the dog	*the* cat	*the* horse

a **the** In English, the word 'the' goes with all nouns, but in German there are three groups of nouns: masculine (**der**), feminine (**die**) and neuter (**das**).

b **a/an** In the same way, the following pattern shows the words for 'a' or 'an' in German.

Masculine (M)	Feminine (F)	Neuter (N)
ein Hund	**eine** Katze	**ein** Pferd
a dog	*a* cat	*a* horse

In the **Wörterliste** all nouns are marked either **der**, **die** or **das**.

2 Pronouns
These are the words which can replace nouns, e.g. 'he', 'she' or 'it' in English.

M	F	N
er	sie	es

a Masculine

der Hund er	heißt Rowdy.
Onkel Kurt er	wohnt in Österreich.

b Feminine

die Katze sie	heißt Mitzi.
Tante Liesel sie	wohnt in Bonn.

c Neuter

das Pferd es	heißt Rex.
Mainz es	liegt in der Nähe von Frankfurt.

In German, there are three words for the English word 'it' — er, sie or es, depending on whether the noun is der, die or das.

3 Introducing your family and pets

M Mein	F Meine	N Mein
Vater	Mutter	Pferd
Onkel	Tante	Kaninchen
Bruder	Schwester	Meerschweinchen
Opa	Oma	
Hund	Katze	
Hamster	Maus	
Wellensittich	Schildkröte	
Goldfisch	Ratte	
Igel	Wüstenmaus	
Papagei	Schlange	
	Stabheuschrecke	

The word for 'my', which goes with masculine and neuter nouns, is mein and the word that goes with feminine nouns is meine (compare with ein and eine).

4 Asking questions (who, what, what kind of)

| Wer hat eine Katze? Wer hat eine Wohnung in der Stadtmitte? | who |

| Was sagt Jürgen? Was ist Fipsi? | what |

| Was für Tiere hast du? Was für ein Haus suchst du? | what kind of |

5 Talking about what you have

Masculine

| Ich habe Hast du . . . ? | einen | Hund. Goldfisch. Igel. |

The ein in front of all masculine nouns changes to einen when you talk about what you have. Eine (F) and ein (N) remain the same. Kein (not a) behaves in the same way.

Masculine

| Ich habe | keinen | Hund/Igel. |

6 Talking about somebody or something

The ending that goes with er, sie, es is usually -t.

Sie wohnt in Bonn.
Sie heißt Mitzi.
Was sagt er?
Mainz liegt in der Nähe von Frankfurt.

7 Other points to note

The verb to have
So far you have met three parts of this verb.

Ich habe eine Katze.
Hast du Geschwister?
Er hat eine Wohnung.

3 In der Schule
- *staying with a German family*
- *talking about when things happen*
- *talking about the school day*
- *saying what you like or dislike at school*
- *telling the time*

Austausch

Fünfundzwanzig Schüler aus der englischen Stadt Plymouth verbringen eine Woche in Hamburg. Sie machen einen Austausch mit Kirstens Schule (einer Realschule).

Das ist Veronica Baker. Sie spricht sehr gut Deutsch, denn sie spricht auch zu Hause mit ihrer Mutter Deutsch. (Ihre Mutter kommt aus Deutschland, aber ihr Vater ist Engländer.)

Hier kommt die englische Schulgruppe in Hamburg an.

Veronica kommt in Hamburg an

Höre gut zu. Wann hörst du das? Schreibe die Buchstaben in der richtigen Reihenfolge.

A Willkommen in Hamburg.
B Bist du hungrig?
C Wie war die Reise?
D Hallo! Wie geht's?
E Hier ist das Auto.
F Gib mir deinen Koffer.
G Das ist meine Mutter.

Richtig oder falsch?

1 Kirsten offers to take Veronica's case.
2 Kirsten introduces Veronica to her father first.
3 Kirsten has no sisters.
4 Veronica had a bad journey.
5 Veronica is not particularly hungry.
6 The car is parked nearby.

TEIL 1

Du kommst an

Partnerarbeit
Mache Dialoge mit deinem
Partner/deiner Partnerin.

Kirsten: Veronica?
Veronica: Ja. Kirsten?
Kirsten: Hallo! Wie geht's?
Veronica: Fein, danke.
Kirsten: Komm, gib mir deinen Koffer.
Veronica: Oh, danke.
Kirsten: Komm. Meine ganze Familie ist da. So, Veronica, das ist meine Mutter . . .
Mutter: Hallo, Veronica.

Kirsten: . . . und mein Vater.
Vater: Willkommen in Hamburg!
Veronica: Danke.
Kirsten: Und das ist mein Bruder, Thomas.
Thomas: Hallo.
Veronica: Hallo.
Vater: Gib mir Veronicas Koffer, Kirsten.
Mutter: Wie war die Reise?
Veronica: Ganz gut . . . aber lang.
Mutter: Ja, das stimmt.
Vater: Kommt! Wir gehen zum Auto.
Kirsten: Bist du hungrig?

Veronica: Nicht sehr. Ich habe auf dem Schiff gegessen.
Thomas: Ich aber!
Mutter: Ach, der Thomas ist immer hungrig!
Vater: So. Hier ist das Auto.

Pläne für die Woche

+ Prima.
Ganz gut.
Nicht zu gut.
− Schrecklich. Mir war schlecht.

? + Ja, sehr.
Nicht sehr.
− Nein.

Tip des Tages

How to say what the journey was like

Die Reise war | prima!
ganz gut.
nicht so gut.
schrecklich!

How to say you are a little tired, hungry or thirsty

Ich bin ein bißchen | müde.
hungrig.
durstig.

How to say you would like to wash or have something to drink

Ich möchte | mich waschen.
etwas trinken.

How to offer a (small) gift

Hier ist ein (kleines) Geschenk für Sie.

How to say goodnight

Gute Nacht.

How to say the days of the week

Sonntag	Donnerstag
Montag	Freitag
Dienstag	Samstag
Mittwoch	

How to say today . . .

heute

. . . and tomorrow

morgen

Hamburg wacht auf

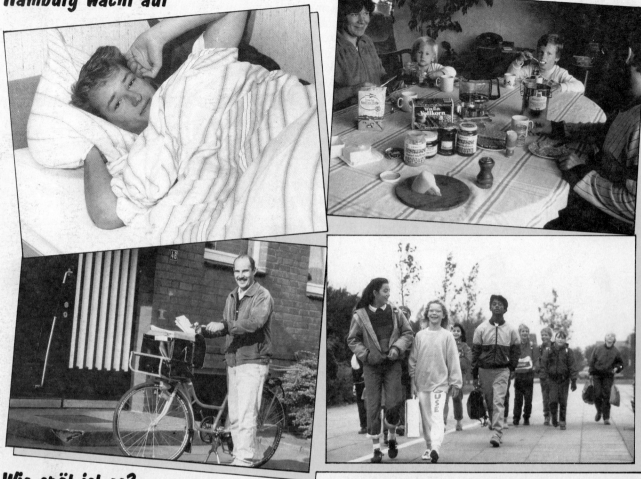

Wie spät ist es?

Höre gut zu und schreibe **1D** *usw.*

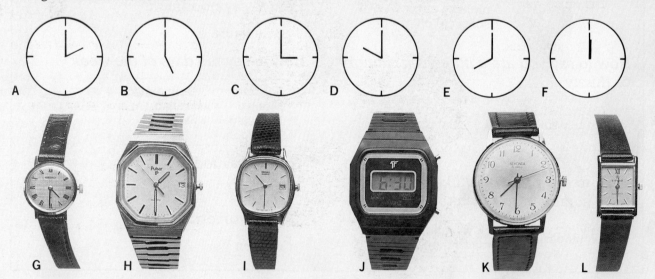

Wieviel Uhr ist es?

Höre gut zu und schreibe die Zeiten in dein Heft.

Uhren

1
2
3
4
5
6
7
8
9
10

Ein typischer Schultag

Ich stehe auf.

Ich stehe um . . . auf.

Ich gehe aus dem Haus.

Ich gehe um . . . aus dem Haus.

Der Unterricht fängt an.

Der Unterricht fängt um . . . an.

Die Pause.

Die Pause ist um . . .

Die Schule ist aus.

Die Schule ist um . . . aus.

TEIL **2**

Was machen Veronica und Kirsten heute?

Höre gut zu, und beantworte folgende Fragen:
1 Um wieviel Uhr steht Kirsten auf?
2 Wann geht sie aus dem Haus?
3 Um wieviel Uhr fängt der Unterricht an?
4 Wann ist die Pause?
5 Um wieviel Uhr ist die Schule aus?

Und du?

Wann stehst du auf?

Wann gehst du aus dem Haus?

Wann fängt der Unterricht an?

Wann ist die Pause?

Wann ist die Schule aus?

Tip des Tages

Asking what the time is

Wie spät / Wieviel Uhr	ist es?

Saying what the time is
(hours, half hours and quarter hours)

Es ist	zwei Uhr. Viertel nach zwei. halb drei. Viertel vor drei. Mittag. Mitternacht.

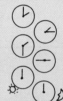

Asking and saying when things happen

Wann stehst du auf?	Um	sieben (Uhr). Viertel vor sieben.

Schulbeginn

Es ist Montagmorgen, halb acht. Kirsten und Veronica gehen aus dem Haus. Sie gehen zu Fuß zur Schule. Kurz vor der Schule treffen sie ein Mädchen aus Kirstens Klasse.

Kirsten sagt: ,Hallo, Anja! Hier, das ist Veronica Baker aus England. Veronica, das ist die Anja aus meiner Klasse.'

Anja gibt Veronica die Hand und sagt: ,Good morning.' Veronica antwortet: ,Hallo! Du kannst ruhig Deutsch mit mir sprechen.' Sie gehen alle drei in die Schule, in Kirstens Klassenzimmer.

Um acht Uhr klingelt es. Einige Minuten später kommt Herr Bromma ins Zimmer. Herr Bromma ist der Biologielehrer. Die Jungen und Mädchen setzen sich, und Herr Bromma sagt: ,Guten Morgen.' Die Klasse antwortet: ,Guten Morgen.'

Kirsten meldet sich. ,Ja, Kirsten?' fragt Herr Bromma. Kirsten sagt: ,Herr Bromma, wir haben einen Gast. Dies ist Veronica Baker aus England, aber sie spricht sehr gut Deutsch.' Herr Bromma sagt: ,Herzlich willkommen in Deutschland, Veronica.' Dann beginnt die erste Stunde.

Die zweite Stunde

Es ist jetzt Viertel vor neun. Es klingelt wieder in Kirstens Schule. Die Biologiestunde ist zu Ende. Herr Bromma geht aus dem Klassenzimmer. Die Schüler haben jetzt fünf Minuten Pause. Um zehn vor neun kommt Frau Müller für die zweite Stunde herein. Die Klasse hat jetzt Mathematik.

Die Pause

Es ist jetzt kurz nach halb zehn. Es klingelt wieder. Die Mathematikstunde ist auch zu Ende. Jetzt ist eine große Pause. Veronica und Kirsten gehen auf den Schulhof.

Kirstens Stundenplan

Klasse 7b

	Zeit	Montag	Dienstag	Mittwoch	Donnerstag	Freitag	Samstag
1	8.00 - 8.45	Biologie	Französisch	Deutsch	Hauswirtschaft	Geschichte	Physik
2	8.50 - 9.35	Mathe	Englisch	Erdkunde	Hauswirtschaft	Deutsch	Deutsch
3	9.50 - 10.35	Deutsch	Mathe	Englisch	Mathe	Erdkunde	Maschinen schreiben
4	10.40 - 11.25	Geschichte	Sport	Französisch	Mathe	Englisch	Französisch
5	11.35 - 12.20	Englisch	Kunst	Sozialkunde	Biologie	Werken	
6	12.25 - 13.10	Physik	Kunst	Musik		Werken	

Tip des Tages

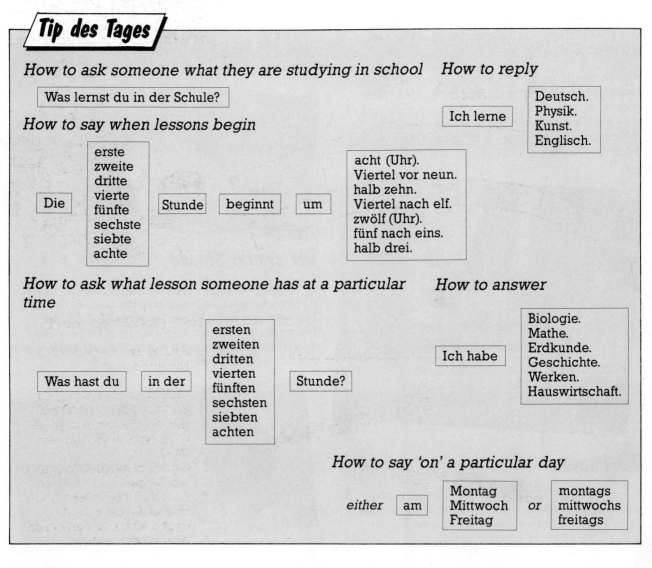

How to ask someone what they are studying in school   *How to reply*

Was lernst du in der Schule?

Ich lerne | Deutsch. Physik. Kunst. Englisch.

How to say when lessons begin

Die | erste zweite dritte vierte fünfte sechste siebte achte | Stunde | beginnt | um | acht (Uhr). Viertel vor neun. halb zehn. Viertel nach elf. zwölf (Uhr). fünf nach eins. halb drei.

How to ask what lesson someone has at a particular time   *How to answer*

Was hast du | in der | ersten zweiten dritten vierten fünften sechsten siebten achten | Stunde? | Ich habe | Biologie. Mathe. Erdkunde. Geschichte. Werken. Hauswirtschaft.

How to say 'on' a particular day

either | am | Montag Mittwoch Freitag | *or* | montags mittwochs freitags

Sechs Schüler und Schülerinnen

Trage diese Tabelle in dein Heft ein, höre gut zu, und schreibe die Antworten in die richtigen Spalten.

	✓ Lieblingsfach ✓ oder ✓✓ Lieblingsfächer ✓✓	gefällt 😞 gar nicht
Beispiel: Susanne	*Englisch*	*Geschichte*
Klaus		
Sabine		
Markus		
Katrin		
Volker		

Was ist dein Lieblingsfach?

— Was ist dein Lieblingsfach, Susanne?
— Englisch.
— Und welches Fach gefällt dir gar nicht?
— Geschichte.

Wie gefällt dir Deutsch?

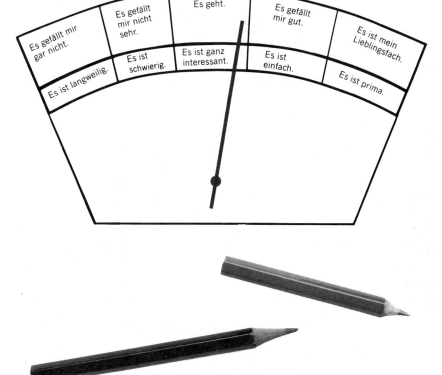

Es gefällt mir gar nicht.

Es gefällt mir nicht sehr.

Es geht.

Es gefällt mir gut.

Es ist mein Lieblingsfach.

Es ist langweilig.

Es ist schwierig.

Es ist ganz interessant.

Es ist einfach.

Es ist prima.

Eine schlechte Note

Höre gut zu und beantworte die Fragen auf Englisch.

1 What grade did Karin get in maths? What is her excuse?
2 How did she fare in physics? What explanation does she offer?
3 List her grades in Latin, History and German.
4 What does her father say will happen if it carries on?
5 What does he tell Karin to do?
6 What is her ambition?

Ein Brief aus England

Portsmouth, den 14. Mai

Liebe Mutti!
Heute war mein erster Tag in einer englischen Schule. Mensch! Die ist aber anders als die Schule bei uns! Es gibt fast 1500 Schüler und die tragen alle eine Uniform – so wie in der Armee! Ein Junge in Karens Klasse hatte einen schwarzen Pullover an – die Uniform ist grün – und der Klassenleiter hat ihn so richtig ausgeschrien deswegen! Unglaublich!
Sie haben acht Stunden am Tag – jede nur 35 Minuten. Und jede Stunde ist in einem anderen Raum. Also laufen über tausend Schüler jede halbe Stunde von einem Raum zum anderen. So viel Lärm gibt es. Und so ein Gedränge auf der Treppe. Du, es ist wie bei einer Revolution! Die Lehrer aber sind ziemlich nett. Nur die Biologielehrerin war ein bischen unfreundlich. Die anderen aber nicht. Alle "Willkommen", gesagt – die aber nicht. Die Deutschstunde war interessant, aber die Lehrerin spricht nicht immer Deutsch mit der Klasse.
Wir haben heute in der Schule auch zu Mittag gegessen. Das Essen war nicht schlecht. Dann hatten wir noch zwei Stunden am Nachmittag – Mathe und Geschichte – und die Schule war endlich um halb vier aus. Ein langer Tag!
Heute abend gehen wir zu einer Party.
Ich schreibe morgen wieder,
Grüße und Küsse
Deine Gabi

Richtig oder falsch?

1 The uniform at Karen's school is green.
2 She found most of the teachers unfriendly.
3 She found the lesson changes very noisy.
4 Gabi thought the school lunch was horrible.
5 That evening they are going to a party.

Fragen:

Beantworte diese Fragen auf Englisch.

6 What struck Gabi about the German teacher?
7 What time did school finish?
8 How many lessons were there in the morning?
9 Is Karen's form teacher a man or a woman?
10 When does Gabi say she will write again?

England oder Deutschland?

Wir haben keine Schuluniform.

Die Schule ist meistens um ein Uhr aus.

Nachmittags haben wir drei Stunden.

Wir haben samstags keine Schule.

Wir essen nicht zu Mittag in der Schule.

Nur sehr schlechte Schüler bleiben sitzen.

Unser Klassenlehrer unterrichtet nur Sport.

Wir bleiben meistens in unserem Klassenraum, und der Lehrer kommt zu uns.

Meine Schwester ist vier und kommt nächstes Jahr zur Schule.

Die erste Stunde ist um Viertel vor neun zu Ende.

TEIL 4

Im Klassenraum

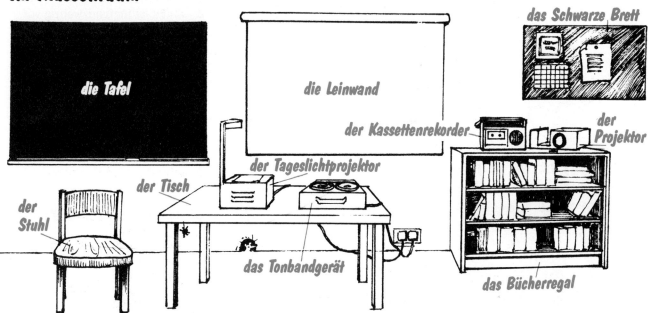

das Schwarze Brett

die Tafel

die Leinwand

der Kassettenrekorder

der Projektor

der Tageslichtprojektor

der Tisch

der Stuhl

das Tonbandgerät

das Bücherregal

Tip des Tages

How to ask how much somebody likes a subject

| Wie gefällt dir | Deutsch? Mathe? Sport? |

How to answer

| Es | gefällt mir gar nicht. geht. gefällt mir gut. ist mein Lieblingsfach. |

| Es ist | langweilig. interessant. schwierig. einfach. prima. |

How to ask what somebody's favourite subject is

| Was ist | dein Lieblingsfach? |

How to answer

| Mein Lieblingsfach ist | Deutsch. Englisch. Mathe. Physik. Musik. Sport. |

Some classroom vocabulary

der	Tisch	table
	Stuhl	chair
	Kassettenrekorder	cassette recorder
	Projektor	projector
	Tageslichtprojektor	overhead projector
die	Tafel	board
	Leinwand	screen
das	Bücherregal	bookcase/shelf
	Tonbandgerät	tape recorder
	Schwarze Brett	notice board

Was zeigt deine Uhr?

 A

 B

 C

 D

 E

1 Es ist fünf Minuten vor sechs.
2 Es ist fünfundzwanzig vor neun.
Oder: Es ist fünf nach halb neun.
3 Es ist fünf Minuten nach drei.
4 Es ist zehn Minuten nach eins.
5 Es ist zwanzig nach zehn.

Wie spät ist es in New York?

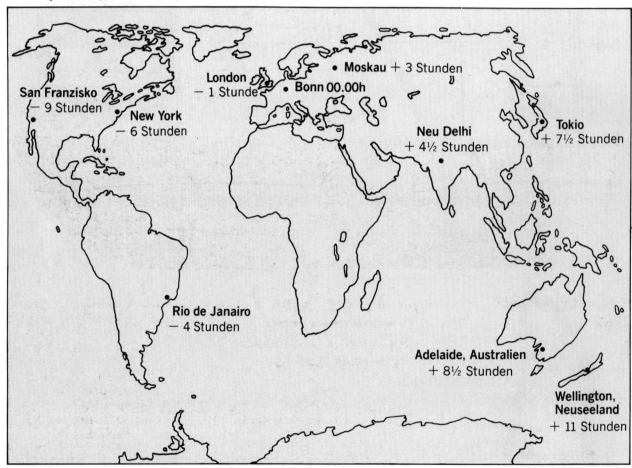

San Franzisko — 9 Stunden

New York — 6 Stunden

London — 1 Stunde

Bonn 00.00h

Moskau + 3 Stunden

Neu Delhi + 4½ Stunden

Tokio + 7½ Stunden

Rio de Janairo — 4 Stunden

Adelaide, Australien + 8½ Stunden

Wellington, Neuseeland + 11 Stunden

1 In Deutschland ist es 18.15 Uhr. Wie spät ist es in New York?
2 In Deutschland ist es 12.45 Uhr. Wie spät ist es in Moskau?
3 9.05 in Deutschland. Und in Wellington?
4 4.00 in Deutschland. Und in Neu Delhi?

5 13.20 in Deutschland. Und in Rio de Janeiro?
6 3.50 in Deutschland. Und in Tokio?
7 8.27 in Deutschland. Und in Adelaide?

8 9.03 in Deutschland. Und in San Franzisko?
9 5.49 in London. Und in Deutschland?
10 7.51 in New York. Und in Bonn?

Was machen die Schüler in Deutschland?

Was paßt am besten?

Beispiel: 1 Es ist halb zehn morgens in Moskau. — (Das heißt halb sieben in Deutschland. Was machen die Schüler also?) Sie stehen auf **(A)**.

A Sie stehen auf.
B Sie gehen in die Schule.
C Sie sind in der Schule.
D Sie gehen nach Hause. Die Schule ist aus.
E Sie gehen ins Bett.

1 Es ist halb zehn morgens in Moskau.
2 Es ist ein Uhr nachmittags in San Franzisko.
3 Es ist Viertel vor zwei nachts in New York.
4 Es ist halb neun morgens in Wellington.
5 Es ist Viertel nach neun morgens in Rio de Janairo.
6 Es ist zwanzig nach zwei nachmittags in Adelaide.
7 Es ist zehn nach sechs abends in Tokio.
8 Es ist Viertel vor sechs abends in Neu Delhi.

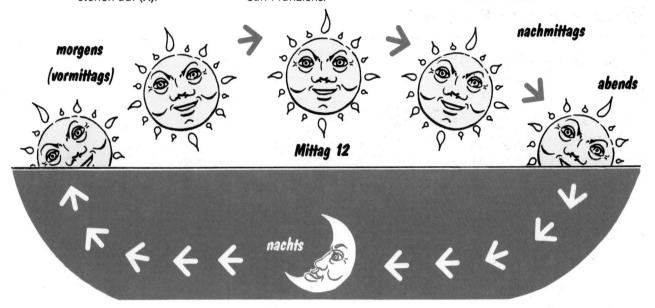

Wann beginnt der Film?

Höre gut zu, und schreibe die Zeiten in dein Heft.

Beispiel: *Du hörst:* 1 Zehn nach sieben.
Du schreibst: 1 7.10

Tip des Tages

Saying what the time is (minutes to and past)

Es ist	zehn zwanzig vierundzwanzig dreizehn	(Minuten)	vor drei vor acht nach eins nach neun

How to talk about different times of day

morgens (vormittags)	in the morning
nachmittags	in the afternoon
abends	in the evening
nachts	at night

How to refer to different days

montags	on Mondays
donnerstags	on Thursdays
freitags	on Fridays

TEIL **5**

Unsere Schule

Schreibe einen Brief über deine eigene Schule!

———————— , den ————————

Liebe/Lieber ———————— !

Du hast gefragt, wie es bei uns in der Schule ist. Also, die Schule ist ziemlich klein/mittelgroß/groß. Es gibt ———————— Schüler und ———————— Lehrer.

Wir gehen montags, dienstags, ————————, ———————— und ———————— in die Schule. Die erste Stunde fängt um ———————— an. Wir haben ———————— Stunden morgens und ———————— Stunden nachmittags. Die erste Pause ist um ———————— und die Mittagspause um ———————— . Die Schule ist dann um ———————— aus.

Mein Lieblingsfach ist/Meine Lieblingsfächer sind ———————— . ———————— aber gefällt mir gar nicht.

Wie ist es bei Dir in der Schule?

Freundliche Grüße,

Dein/Deine ————————

Welche Schule?

Auf welche Schule gehen diese Schüler?

Beispiel:
Zwei Stunden Mathe und dann noch Deutsch in der nächsten Stunde! Mensch! Ich hasse Mittwoch!
Das ist die Realschule.

1
Ich habe am Samstag nur vier Stunden. Kurz nach elf ist die Schule aus.

2
Mein Lieblingsfach ist Biologie. Leider haben wir nur drei Stunden in der Woche.

3
Politik ist prima, aber Kunst finde ich ein bißchen langweilig.

4
Zweimal in der Woche ist die Schule für mich um zwölf Uhr aus. Gut, nicht?

5
Französisch und Kunst sind meine Lieblingsfächer. Donnerstag ist also mein Lieblingstag.

TEIL **6**

Mädchenhauptschule Lienz

Name: Irmgard Weidele
Klasse: 4

	Montag	Dienstag	Mittwoch	Donnerstag	Freitag	Samstag
1	Eng.	D.	Eng.	Bio.	—	Mathe
2	Mathe	D.	Eng.	Eng.	D.	Mathe
3	Mathe	phys.	Mathe	phys.	D.	Bio.
4	Gesch.	Erd.	Gesch.	Erd.	Kurz-schrift	mus.
5	Bio.	Kunst	Gesch.	Haus-wirtsch.	Sport	Reli.
6	mus.	Kunst	Reli.		Sport	
7			Nähen			
8			Nähen			

Gymnasium Gammertingen — STUNDENPLAN — 7a — Ralph Leibert

ZEIT	STUNDE	MONTAG	DIENSTAG	MITTWOCH	DONNERSTAG	FREITAG	SAMSTAG
7 45 - 8 30	1	Eng.	—	Sport	Franz.	mus.	Erd.
8 35 - 9 20	2	Dt.	—	Bio.	Dt.	Franz.	Erd.
9 25 - 10 10	3	Mus.	Reli.	Eng.	Eng.	Mathe	Zeichnen
10 25 - 11 10	4	Franz.	Franz.	Eng.	Reli.	Sport	Zeichnen
11 15 - 12 00	5	Mathe	Bio.	Franz.	Mathe	Dt.	
12 05 - 12 50	6	—		Dt.			
14 10 - 14 55	N1			Chor (AG)	—		
15 00 - 15 45	N2	Mathe		—			
16 00 - 16 45	N3	Erd.			Gesch.		
16 50 - 17 35	N4	Gesch.		Sport			

Geschwister — Scholl — Schule
Städt. Realschule im Schulzentrum Ost

Ute Bayer — Stundenplan — Klasse: 8

Zeit	Montag	Dienstag	Mittwoch	Donnerstag	Freitag	Samstag
8 00 – 8 45	D.	Ch.	Mathe.	Eng.	—	Eng.
8 50 – 9 35	D.	franz.	Mathe.	Eng.	Mathe.	Eng.
9 55 – 10 40	Phy.	Bio.	D.	Kunst	Gesch.	Mathe.
10 45 – 11 30	franz.	Eng.	Sport	Kunst	D.	Mathe.
11 45 – 12 30	Reli.	Erdk.	Haus-wirtsch.	franz.	Sport	—
12 30 – 13 10	Gesch.	Pol.		franz.	Sport	—
	—	—	Haus-wirtsch.	—	—	—
	—	—		—	—	—

GESAMTSCHULE MÜLHEIM — Klasse: 8/3

Name: Hasan Köksal

Zeit	Montag	Dienstag	Mittwoch	Donnerstag	Freitag	Samstag
8.20 - 9.05	Naturw.	Deutsch	Religion	Wiss.	Tutor.	
9.10 - 9.55	Religion	Deutsch	Naturw.	Wiss.	Politik	
10.15 - 11.00	Werken	Franz.	Englisch	Franz.	Mathe	
11.05 - 11.50	Werken	Franz.	Englisch	Englisch	Mathe	
12.00 - 12.45		Politik		Deutsch	Englisch	
12.55 - 13.40	Franz.	Mathe	deutsch	Politik	Wiss.	
13.50 - 14.35	Kunst		Mathe	Politik	Wiss.	
14.40 - 15.25	Musik		sport	Rudern		
15.35 - 16.20	Wiss.		sport	Rudern		

6
Montags in den dritten und vierten Stunden haben wir Herrn Röhl. Ich mache im Moment einen Tisch.

7
Donnerstags kochen wir selber das Mittagessen.

8
Ich singe sehr gern. Also bleibe ich mittwochs ein bißchen später in der Schule.

9
Geschichte gefällt mir gar nicht. Montag und Mittwoch finde ich also nicht so gut.

10
Englisch ist schwierig. Donnerstags nach zwei Stunden bin ich kaputt!

1 Talking about other people or things
The ending that goes with **sie** *(they) is usually* **-en**

> Sie mach**en** einen Austausch.
> Sie geh**en** zur Schule.
> Sie steh**en** auf.

One verb is irregular

> Sie **sind** in der Schule.

In spoken German **die** *is often used to replace* **sie**, *although strictly speaking it is not correct.*

> **Die** kommen um vier an.

Similarly, **der** *and* **die** *are used to replace* **er** *and* **sie** *in spoken German.*

> Herr Kohler? **Der** ist doch so langweilig.

> Und Frau Weiß — ist **die** auch langweilig?

2 Talking about yourself and others
The ending that goes with **wir** *(we) is usually* **-en**

> Wir haben keine Schuluniform.
> Wir gehen zum Auto.

3 Saying you would like to do something

> Ich möchte | mich waschen.
> | etwas trinken.

Notice that the second verb (**waschen/trinken**) *is at the end.*

4 Telling the time
There are two ways of asking the time:

> Wie spät ist es?
> Wieviel Uhr ist es?

To say what time it is, or at what time something happens.

> Es ist | zwei Uhr.
> | fünf (Minuten) nach zwei.
> | Viertel nach zwei.
> Um | halb drei.
> | Viertel vor drei.
> | zehn (Minuten) vor drei.

5 Saying 'first, second, third' etc.

erste	1st
zweite	2nd
dritte	3rd
vierte	4th
fünfte	5th
sechste	6th
siebte	7th
achte	8th

For all others up to 19th, simply add **-te** *to the ordinary number, e.g.*

vierzehn	14
vierzehnte	14th

6 Saying what time you get up

Ich stehe auf	*I get up*
Ich stehe um 7.00 auf	*I get up at 7.00*

The word **auf** *still comes at the end.*
This is because **aufstehen** *(to get up) is what is known as a* **separable** *verb — that is, it separates and one part goes to the end of the sentence.*

Other examples in this chapter:

anfangen *to start*

> Der Unterricht **fängt** um 8 Uhr **an**.

ankommen *to arrive*

> Veronica **kommt** in Hamburg **an**.

7 Other points
a Notice the use of the word **gefällt**.

Wie gefällt dir Physik?	*How do*
Wie gefällt dir Deutschland?	*you like . . ?*

Es gefällt mir ganz gut.	*I quite like it.*
Es gefällt mir gar nicht.	*I don't like it at all.*

Note the words **ich** *and* **du** *are not used at all in these phrases.*

b Notice the special use of **geht** *in this phrase.*

Es geht.	*It's all right.*

Kann ich mal was fragen?

Scott Wilson ist Reporter für ein Magazin für englische Teenager. Er schreibt einen Artikel: **Was deutsche Teenager essen und trinken** *für sein Magazin. Hier ist Scott mit einem Mikrofon in der Hand.*

4 Die Mahlzeiten
- *talking about breakfast*
- *asking questions*
- *describing other meals and saying what food you like*
- *having a meal with a German family*
- *asking about times of meals*

Guten Tag. Mein Name ist Scott Wilson. Ich bin Reporter für ein englisches Teenagermagazin. Kann ich mal was fragen?

Ja, natürlich.

Interviews mit Teenagern

Wie heißt du?	Ich heiße Uschi.
Wie alt bist du?	Vierzehn.
Wann ißt du dein Frühstück?	Um sieben.
Was ißt du zum Frühstück?	Cornflakes mit Milch.
Und was trinkst du?	Kaffee mit Milch.
Und wo ißt du dein Frühstück?	In der Küche.

Wie heißt du?	Ich heiße Bernd.
Wie alt bist du?	Dreizehn.
Wann ißt du dein Frühstück?	Viertel nach sieben.
Was ißt du zum Frühstück?	Brot mit Marmelade.
Und was trinkst du?	Ein Glas Milch.
Und wo ißt du dein Frühstück?	Im Eßzimmer.

TEIL **1**

Was paßt zu wem?
Trage diese Tabelle in dein Heft ein, höre gut zu, und schreibe die richtigen Nummern in die Lücken.

Beispiele:

A	Uschi	Bernd					
B	3	2					
C	2	3					
D	3	4					
E	4	3					
F	2	1					

Eine Umfrage in einer Schule in Deutschland

Scott Wilson fragt 26 Schüler aus der Klasse 8b in einer Schule in Hamburg: ‚Was ißt du zum Frühstück?' Hier ist das Resultat:

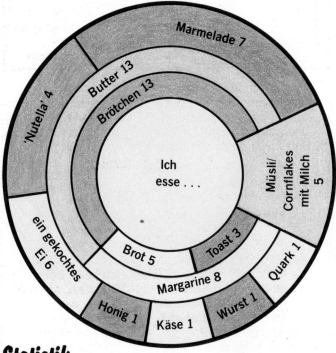

Ich esse . . .

Marmelade 7
Butter 13
Brötchen 13
'Nutella' 4
Müsli/Cornflakes mit Milch 5
ein gekochtes Ei 6
Brot 5
Toast 3
Quark 1
Margarine 8
Honig 1
Käse 1
Wurst 1

A Wie heißt du?

Udo Michael Heidi

Petra Oliver

Uschi Bernd

Scott Wilson fragt: ‚Was trinkst du zum Frühstück?' Die Schüler aus der Klasse 8b sagen . . .

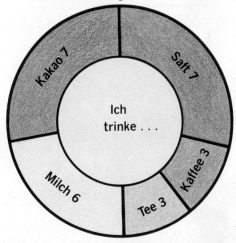

Ich trinke . . .

Kakao 7
Saft 7
Milch 6
Kaffee 3
Tee 3

Statistik

1 Wieviel Schüler essen:
  a ein gekochtes Ei
  b Brötchen
  c Wurst
  d Honig
  e Nutella?

2 Was essen sie?
  a Sieben Schüler essen . . .
  b Sechs Schüler essen . . .
  c Acht Schüler essen . . .
  d Dreizehn Schüler essen . . .
  e Ein Schüler ißt . . .

3 Lückentext: Wer trinkt was?
  a S_____ Schüler trinken K_____ .
  b S_____ Schüler _____ M_____ .
  c S_____ _____ _____ _____ .
  d D_____ _____ _____ K_____ .
  e _____ _____ _____ _____ .

B Wie alt bist du?

1	2	3	4	5
12	13	14	15	16

C Wann ißt du dein Frühstück?

1	2	3	4	5
6.30	7.00	7.15	7.30	7.45

D Was ißt du zum Frühstück?

1	2	3	4	5	6	7
ein Brötchen mit Nutella	Toast mit Butter darauf und ein Ei	Cornflakes mit Milch	Brot mit Marmelade	gar nichts	Schwarzbrot, Käse und Wurst	Brot mit Honig

E Was trinkst du zum Frühstück?

1	2	3	4	5	6
Orangensaft	eine Tasse Kakao	ein Glas Milch	Kaffee mit Milch	eine Tasse Tee	Tee mit Milch

F Wo ißt du dein Frühstück?

1	2	3	4	5
im Eßzimmer	in der Küche	auf dem Balkon	unterwegs zur Schule	im Bett

Tip des Tages

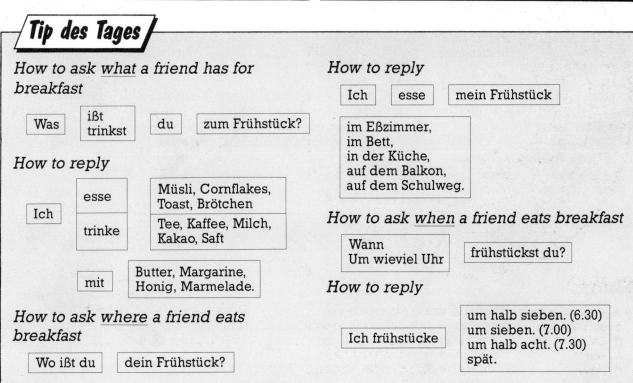

How to ask <u>what</u> *a friend has for breakfast*

| Was | ißt trinkst | du | zum Frühstück? |

How to reply

Ich	esse	Müsli, Cornflakes, Toast, Brötchen
	trinke	Tee, Kaffee, Milch, Kakao, Saft
	mit	Butter, Margarine, Honig, Marmelade.

How to ask <u>where</u> *a friend eats breakfast*

| Wo ißt du | dein Frühstück? |

How to reply

| Ich | esse | mein Frühstück |

im Eßzimmer,
im Bett,
in der Küche,
auf dem Balkon,
auf dem Schulweg.

How to ask <u>when</u> *a friend eats breakfast*

| Wann Um wieviel Uhr | frühstückst du? |

How to reply

| Ich frühstücke | um halb sieben. (6.30) um sieben. (7.00) um halb acht. (7.30) spät. |

Was ist Großmutters Problem?

Was ist Annas Problem?

Wie heißt die Frage?

Höre gut zu, und schreibe **1d** *usw.*

a .... ? Ich bin vierzehn Jahre alt.

b .... Schotte? Nein, Engländer.

c .... ? Ja, eine Schwester und einen Bruder.

d .... ? Kaffee.

e .... ? Das ist mein Bruder, Erich.

f .... ? In der Küche.

g .... ? 22 88 75.

h .... ? In Mainz.

i .... in der Pause? Kartoffel-chips.

j .... ? Müsli mit Milch.

l .... ? Ja, eine Katze.

k .... ? Karl.

m .... Frühstück? Um sieben.

n .... ? Es ist halb acht.

o .... ? Unten sind eine Küche, ein Eßzimmer und ein Wohnzimmer. Oben sind drei Schlafzimmer.

p .... ? Nein, in der DDR.

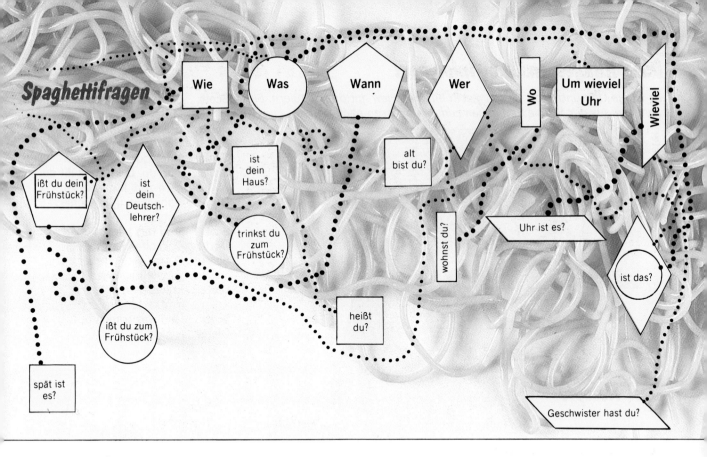

Spaghettifragen

Wie · Was · Wann · Wer · Wo · Um wieviel Uhr · Wieviel

ißt du dein Frühstück?

ist dein Deutschlehrer?

ist dein Haus?

alt bist du?

trinkst du zum Frühstück?

wohnst du?

Uhr ist es?

ist das?

ißt du zum Frühstück?

heißt du?

spät ist es?

Geschwister hast du?

Eine Umfrage in der Klasse

Wer ißt Brötchen zum Frühstück?
Hebt die Hand! . . . fünf, sechs, sieben.

Wer trinkt Kaffee zum Frühstück?
. . . zehn, elf, zwölf.

Wer ißt das Frühstück in der Küche?

Wer ißt um acht Uhr?

Wer trinkt Cola in der Pause?

Wer ißt Kartoffelchips in der Pause?

Tip des Tages

How to ask questions

a *Straightforward questions*

Hast du Geschwister?	*Have you any brothers or sisters?*
Bist du vierzehn?	*Are you 14?*
Heißt du Peter?	*Is your name Peter?*

b *Starting with question words*

Wie heißt du?	***What's** your name?*
Was ist das?	***What's** that?*
Wann ißt du dein Frühstück?	***When** do you have breakfast?*
Wer ist dein Deutschlehrer?	***Who** is your German teacher?*
Wo wohnst du?	***Where** do you live?*
Wie alt bist du?	***How** old are you?*
Um wieviel Uhr ißt du dein Frühstück?	***At what time** do you have breakfast?*
Wieviel Uhr ist es?	***What** time is it?*
Was für Marmelade ist das?	***What kind of** jam is that?*

Das Mittagessen. Drei Interviews

Es ist ein Uhr, und Scott Wilson macht ein Interview mit drei Schülern. Sie kommen aus der Schule und gehen zum Mittagessen nach Hause.

Scott:	Sonja, was ißt du gern zum Mittagessen?
Sonja:	Gulasch mit Nudeln.
Scott:	Und was trinkst du gern?
Sonja:	Milch oder Limonade.
Scott:	Und du, Dorit, was ißt du gern zum Mittagessen?
Dorit:	Hähnchen mit Pommes Frites.
Scott:	Und was trinkst du gern?
Dorit:	Cola oder Saft.
Scott:	Dieter, was ißt du gern zum Mittagessen?
Dieter:	Frikadellen mit Bratkartoffeln.
Scott:	Und was trinkst du?
Dieter:	Nichts.

Drei Rezepte

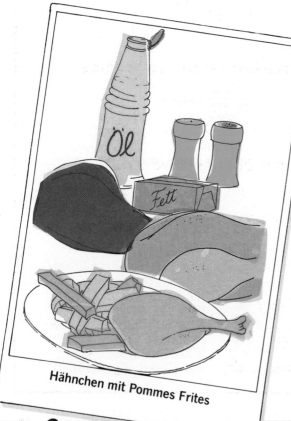

Hähnchen mit Pommes Frites

Gulasch mit Nudeln

Das Abendessen—Interview mit der Klasse 8b

Scott Wilson, der Reporter, interviewt die Schüler in der Klasse 8b. Er fragt: ‚Was ißt du zum Abendessen?' und ‚Was trinkst du zum Abendessen?'

Hier ist das Resultat:
Sechsundzwanzig essen Brot und Butter oder Margarine. Sechzehn essen auch Wurst. Vierzehn essen auch Käse. Acht essen auch Tomaten und acht essen auch Schinken.
Elf trinken Milch, zwei trinken Tee, drei trinken Kakao, drei trinken Apfelsaft, drei trinken Orangensaft und fünf trinken Limonade.

Frikadellen mit Bratkartoffeln

Und jetzt Partnerarbeit:

Was trinkst du gern?
Was ißt du gern?

Mache Interviews. Frage: ‚Was trinkst du gern?' und ‚Was ißt du gern?' Dann mache eine Liste.

Statistik – das Abendessen

Wieviel Schüler in der Klasse 8b essen . . . ?
Brot und Butter _____
Wurst _____
Käse _____
Tomaten _____
Schinken _____

Wieviel Schüler in der Klasse 8b trinken . . . ?
Milch _____
Tee _____
Kakao _____
Limonade _____
Orangensaft _____
Apfelsaft _____

Tip des Tages

How to ask what a friend likes to eat or drink

Was	ißt du / trinkst du	gern?

How to say what you like eating and drinking

Ich esse / Ich trinke	gern	Nudeln/Wurst. / Tee/Kaffee.

How to say that a number of people are doing something

Sie	kommen aus der Schule. gehen nach Hause. essen Pommes Frites. trinken Cola.

How to say 'with' and 'or'

Gulasch **mit** Nudeln.	with
Milch **oder** Wasser.	or

Janet Hurst bei Familie Bromma

Es ist sechs Uhr abends. Bei Familie Bromma gibt es Abendessen.

Das Abendessen ist fertig. Zu Tisch, bitte!

GUTEN APPETIT!

Nein danke. Ich bin wirklich satt.

Kann ich bitte das Brot haben?

Nein danke, das reicht.

Hier. Bitte.

Noch etwas?

Kann ich die Tomaten haben, bitte?

Kann ich bitte die Wurst haben?

Ja, bitte, und etwas Käse.

Noch etwas zu trinken?

Noch etwas Brot?

Ja, kann ich noch ein Glas Milch haben, bitte?

Partnerarbeit

Du sitzt am Tisch mit deiner Partnerin/deinem Partner. Was sagst du? Mache Dialoge.

Guten Appetit!

Kann ich bitte . . .   . . . haben?

Ja, gerne.

Noch etwas . . . ?

Ja, bitte

Nein, danke.

Das reicht.

Ich bin wirklich satt.

Zu Tisch

Schreibe das in dein Heft, und fülle die Lücken aus.

1 Guten Appetit!

G____ A____

4 Noch ____ Käse?

Ja ____

2 ____ Brot____ ?

____

5 Noch ____ Wurst?

Nein ____
Ich bin ____

3 ____ Käse____ ?

____

6 Noch ____ Brot?

Nein ____
das ____

In der Pizzeria

Am nächsten Abend geht Janet mit der Familie Bromma zur Pizzeria.

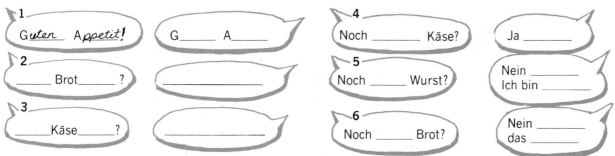

PIZZA-SPEZIALITÄTEN

PIZZA „PICCOLO"
Tomaten, Käse, Salami, Pilze, Paprika

DM

PIZZA „MARGHERITA"
Tomaten, Käse

7.80

PIZZA „SALAMI"
Tomaten, Käse, Salami

8.50

PIZZA „PILZE"
Tomaten, Käse, Pilze

9.50

PIZZA „SALAMI u. PILZE"
Tomaten, Käse, Salami, Pilze

9.50

PIZZA „NAPOLI"
Tomaten, Käse, Salami, Schinken, Peperoni

10.00

PIZZA „PEPERONI"
Tomaten, Käse, Peperoniwurst, Paprika

10.50

PIZZA „SCHINKEN"
Tomaten, Käse, Schinken, Pilze

10.50

PIZZA „MEERESFRÜCHTE"
Tomaten, Käse, Meeresfrüchte

10.50

PIZZA „SPEZIAL"
Tomaten, Käse, Pilze, Paprika, Sardellen,
Oliven, Knoblauch

11.50

11.50

Auf Wunsch belegen wir Ihre Pizza mit Zwiebeln.
Mehrpreis DM 2.00

Herr Bromma: Na, Janet. Was ißt du gern?

Janet: Ich weiß nicht, aber ich esse nicht gern Salami, Pilze und Peperoniwurst.

Sabine: Und ich esse auch nicht gern Salami, aber ich esse sehr gern Pilze und Paprika.

Herr Bromma: Und du?

Frau Bromma: Ja. Ich esse gern Oliven und Knoblauch. Und du?

Herr Bromma: Ich? Ich esse gern Schinken und Pilze.

Was bestellen sie, und was kostet das? Schreibe alles in dein Heft.

Janet bestellt .... Das kostet ...
Sabine bestellt............ Das kostet ...
Frau Bromma bestellt . Das kostet ...
Herr Bromma bestellt . Das kostet ...

Und du? Was bestellst du? Frage deinen Partner/deine Partnerin. was er/sie gern ißt und was er/sie bestellt.

Tip des Tages

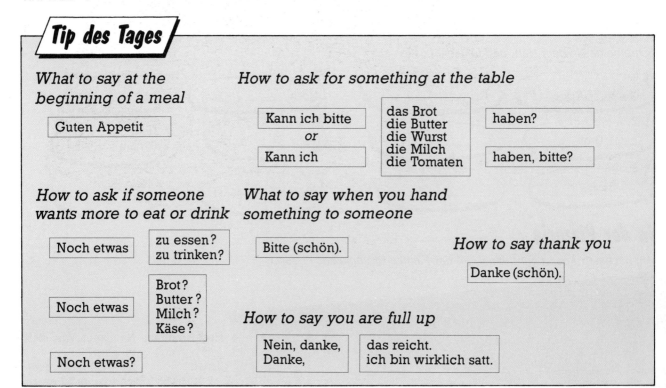

What to say at the beginning of a meal

Guten Appetit

How to ask for something at the table

Kann ich bitte	das Brot	haben?
or	die Butter	
Kann ich	die Wurst	haben, bitte?
	die Milch	
	die Tomaten	

How to ask if someone wants more to eat or drink

| Noch etwas | zu essen? |
| | zu trinken? |

Noch etwas	Brot?
	Butter?
	Milch?
	Käse?

Noch etwas?

What to say when you hand something to someone

Bitte (schön).

How to say thank you

Danke (schön).

How to say you are full up

| Nein, danke, | das reicht. |
| Danke, | ich bin wirklich satt. |

Um wieviel Uhr ist die Party?

Höre gut zu. Was fehlt? Schreibe die fehlenden Wörter in dein Heft.

Beispiel: 1

Du Heidi! Ich gebe am Sonntag eine Party. — Um *elf*.

Nein, das ist eine Frühstücksparty. Im Garten.

Um wieviel *Uhr*? — Das ist zu spät!

Ach so! Die Amerikaner sagen ‚Brunch'.

2

HOTEL ZUR POST

Guten Tag. Kann ich Ihnen helfen?

Guten Tag. Ich heiße Ziegert. Ich habe ein Zimmer reserviert.

Ja, Herr Ziegert. Hier bitte. Zimmer Nummer 25.

Um wieviel Uhr ist das _____ ?

Das _____ ? Das ist von _____ bis _____ .

Und das _____ ?

Von _____ bis _____

Danke.

Nichts zu danken.

3

Wie ist Ihr Name, bitte?

Rogers.

Sind Sie Engländer?

Ja.

Wollen Sie Vollpension? Also, Frühstück, Mittagessen und Abendessen?

Ja, _____ sind die Mahlzeiten?

Das Frühstück ist von _____ bis _____. Das Mittagessen ist _____ und das Abendessen ist von _____ bis _____.

Danke.

5

Hallo. Guten Abend. Jugendherberge Bonndorf.

Guten Abend. Haben Sie Platz am Freitag und am Samstag?

Ja, wie heißt du?

Peter Schubert.

Willst du _____?

_____

_____?

Normalerweise _____ _____.

Also _____ am Samstag und Sonntag und _____ am Samstag.

OK. Tschüs.

Tschüs.

4

Guten Tag.

Guten Tag. Mein Name ist Jensen.

Ach ja, Frau Jensen. Wollen Sie Vollpension?

Nein, nur das Frühstück und das Abendessen.

_____ wollen Sie frühstücken?

Um _____ . Ist das OK?

Ja, kein Problem.

_____?

Um _____ .

Gut.

6 Ißt du in der Schule in England, John?

Wie ist das Essen?

_____ ?

Ja, die Schule hat eine Kantine.

Ach, es geht.

_____ .

7

Hallo Dorit!

Hallo Dieter!
Wie geht's?

Gut, danke.
Und dir?

Ja, auch gut.

Das griechische Restaurant in Eltville? OK?

Prima! _____ _____ ?

_____ .

_____ _____ . Tschüs.

Tschüs.

8 Ist morgen Schule?

Ja, Jane.

_____ stehst du auf?

So gegen _____ .

_____ ?

_____ .

Tip des Tages

Enquiring about the times of meals

Um wieviel Uhr	ist	das Frühstück?
Wann		das Mittagessen?
		das Abendessen?

at	Um	sieben.
		zwölf.
about	Gegen	sechs.

| *from . . .* | | zwei | | vier. |
| *to . . .* | Von | zehn | bis | zwölf. |

TEIL **5**

Briefe aus dem Urlaub

*Es ist Sommer. Hier sind Briefe von
Deutschen aus dem Urlaub in
Spanien, Italien und Frankreich.*

Wieviel verstehst du?
What do Gabi, Dorit and Peter
write about their holiday food?
Make notes in English under the
headings:
  a breakfast,
  b lunch,
  c evening meal.

Paris, den 10. Juni

Liebe Paula!

Jetzt bin ich schon drei Wochen hier.
Ich finde es ganz prima hier in
Paris. Das Frühstück im Hotel ist
recht gut. Mittags machen wir ein
Picknick. Ich kaufe Obst, Käse
und Brot und esse im Park. Das
schmeckt prima! Abends esse ich
in einem kleinen Café. Schade,
daß du nicht hier bist!

Herzliche Grüße

Deine

Dorit

Rom, den 4. Au...

Lieber Jürgen,

Rom ist eine tolle Stadt. Es gibt so viel zu
sehen hier. Das Essen hier schmeckt
fantastisch! (Nicht nur Ravioli.) Es
gibt frische, warme Brötchen zum
Frühstück. Die Bäckerei ist neben dem
Hotel. Mittags gibt es immer eine
Suppe und viel, viel Fleisch! Abends
gibt es ein kaltes Büffet mit Schinken,
Wurst und Käse. Die Salate schmecken
auch toll!

Morgen gehe ich zum Colosseum.

Bis bald!

Dein, Peter

*Benidorm,
den 2. Juli*

Liebe Katy!

Hallo! Wie geht's? Habt Ihr gutes
Wetter? Hier ist das Wetter sehr
schön.
  Das Essen im Hotel ist nicht so
gut. Das Brot zum Frühstück ist
nicht frisch. Zu Mittag gibt's
immer Fisch mit Reis. Das
Abendessen schmeckt gut, aber die
Portionen sind klein.

Bis nächste Woche!

Viele Grüße und Küsse,

Deine Gabi

Frühstückskarte

	DM
„*Guten Morgen*"	
Gedeck I	
1 Tasse Kaffee, Tee oder Schokolade	
1 Brötchen, Butter und Konfitüre	5,90
Gedeck II	
1 Tasse Kaffee, Tee oder Schokolade	
2 Brötchen, Butter und	
1 gekochtes Ei und Konfitüre................	7,25
Gedeck III	
1 Kännchen Kaffee, Tee oder Schokolade	11,00
2 Brötchen, Butter und gek. Schinken	

Frühstückskarte

Was bestellst du?

1 What would your drink be
  served in if you ordered the most
  expensive breakfast?

2 Which set menu does not have
  jam?

3 Which menu would you order if
  you liked boiled eggs?

4 Which is the menu with boiled
  ham?

Du kannst jetzt eine Postkarte schreiben

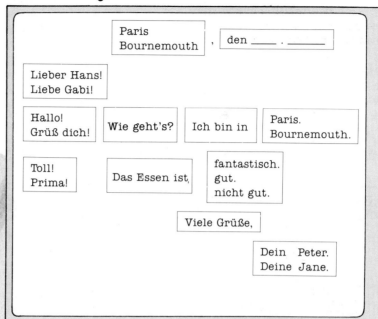

| Paris
Bournemouth | , | den _____ . _____ |

Lieber Hans!
Liebe Gabi!

| Hallo!
Grüß dich! | Wie geht's? | Ich bin in | Paris.
Bournemouth. |

| Toll!
Prima! | Das Essen ist, | fantastisch.
gut.
nicht gut. |

Viele Grüße,

Dein   Peter.
Deine Jane.

KANTINE WOCHENPLAN

MONTAG	1. Bratwurst mit gem. Salatteller und Pommes Frites	DM 5,50
	2. Frikadellen mit Röstzwiebeln	DM 3,50
DIENSTAG	1. Spaghetti ‚Bolognese' mit Parmesan-Käse überbacken	DM 5,60
	2. Gulasch mit Nudeln (mit gemischtem Salat)	DM 5,80
MITTWOCH	1. Gegrillter Fisch mit Salzkartoffeln	DM 4,80
	2. Steak auf Toast mit gem. Salatteller	DM 8,00
DONNERSTAG	1. Bockwurst auf Curryreis mit Salat	DM 7,00
	2. Hamburger mit Pommes Frites	DM 5,80
FREITAG	1. Hähnchen mit Salat und Bratkartoffeln	DM 6,50
	2. Seelachs-filet mit Röstkartoffeln	DM 6,00

Wochenplan

1 On which days can you have chips with your meal?
2 On which days could you choose fish?
3 When could you order a sausage?
4 When is rice served?
5 On which day could you have chicken?

Grammatik auf einen Blick

1 Saying that you like doing something

Gern can be used with many verbs:

> Ich trinke **gern** Kaffee.
> *I like (drinking) coffee.*
> Ich esse **gern** Cornflakes.
> *I like (eating) cornflakes.*
> Ich wohne **gern** in Manchester.
> *I like living in Manchester.*

2 Saying where people or things are

After the prepositions **in**, **auf** and **an**, the three words for 'the' (**der, die, das**) change in the following way.

M	F	N
der	die	das
↓	↓	↓
dem	der	dem

M

> Das hier ist **der** Supermarkt.
> *This is the supermarket.*
> Er ist **im*** Supermarkt.
> *He is in the supermarket.*

***im** is usually used instead of **in dem**

> Dies ist **der** Schulweg.
> *This is the way to school.*
> Er ißt **auf dem** Schulweg.
> *He eats on the way to school.*

F

> Hier ist **die** Küche.
> *Here is the kitchen.*
> Ich esse **in der** Küche.
> *I eat in the kitchen.*
> Das ist **die** DDR.
> *That is the GDR.*
> Sie wohnt **in der** DDR.
> *She lives in the GDR.*

N

> Das ist **das** Eßzimmer.
> *This is the dining room.*
> Ich frühstücke **im** Eßzimmer.
> *I have breakfast in the dining room.*

3 Other points to note

You have met four parts of the verb **to eat**.

> Ich **esse** Brot.
> Was **ißt** du* zum Frühstück?
> Sie **ißt*** Cornflakes.
> Sie **essen** Toast.

*Like many irregular verbs, the vowel **e** changes to **i** after **du** and **er/sie**.

Oh Gott! 56 Kilo!

Ich hab' keinen Hunger.

Aber es ist dein Lieblingskuchen. Am Samstag hast du einen ganzen Schokoladenkuchen gegessen.

Ja, genau!

TEIL **6**

Was machst du nach der Schule?

Scott Wilson, der Reporter aus England, fragt:
,Was machst du nach der Schule?'

5 . . . und nach der Schule?
- *talking about what you do in your spare time*
- *saying what sports and hobbies you like or dislike*
- *talking about music and musical instruments*
- *talking about what you like doing best of all*
- *talking about television*

1   Birgit

Ich esse um halb zwei, und dann mache ich meine Schularbeiten. Ich spiele zweimal in der Woche Tennis, und ich gehe einmal in der Woche zum Basketball. Im Sommer gehe ich oft schwimmen.

2   Ralf

Nach dem Essen mache ich meine Hausaufgaben. Einmal in der Woche gehe ich schwimmen oder Squash spielen. Oft kommen meine Freunde zu mir, und wir hören Musik. Einmal in der Woche spiele ich Fußball.

3   Silke

Nachmittags mache ich meine Hausaufgaben. Manchmal fahre ich mit dem Fahrrad in die Stadt, und ich treffe mich oft mit meinen Freundinnen. Jeden Tag gehe ich mit dem Hund spazieren.

4   Wolfgang

Zuerst mache ich meine Schulaufgaben, und dann reite ich auf meinem Pony. Abends höre ich Musik oder sehe fern. Manchmal spiele ich Tischtennis.

Lückentext

Fülle die Lücken aus, und schreibe alles in dein Heft.

1 *Was sagt Birgit?* _____ _____ gehe ich oft schwimmen.

2 *Was sagt Ralf?* _____ ___ ___ _____ gehe ich _____ oder _____ spielen.

3 *Was sagt Silke?* _____ fahre ich mit dem Fahrrad. Jeden Tag ____ _____ _____ _____ spazieren.

4 *Was sagt Wolfgang?* Abends _____ _____ _____ . _____ spiele ich Tischtennis.

Richtig oder falsch?

Sieh dir die Tabelle an, und höre gut zu.

	Mo.	Di.	Mi.	Do.	Fr.	Sa.	So.
1 Squash spielen	✓		✓		✓		
2 Fußball spielen	✓	✓	✓	✓	✓	✓	✓
3 Schwimmen							✓
4 Mit dem Hund spazieren gehen			✓		✓		✓
5 Musik hören	✓	✓		✓		✓	✓
6 Basketball spielen		✓		✓			

Partnerarbeit

Stelle deinem Partner/deiner Partnerin die Frage: ‚Was machst du nach der Schule?' Mit Hilfe der Symbole antwortet er/sie **zum Beispiel**:

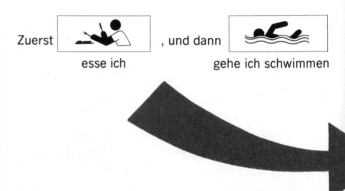

Zuerst [ ] esse ich , und dann [ ] gehe ich schwimmen

Wann machst du das?

Bilde Sätze.

Beispiel:

Jeden Tag . . . Ich spiele Tennis . . . Jeden Tag **spiele ich** Tennis.	Abends . . . Ich gehe mit dem Hund spazieren . . . Abends **gehe ich** mit dem Hund spazieren.

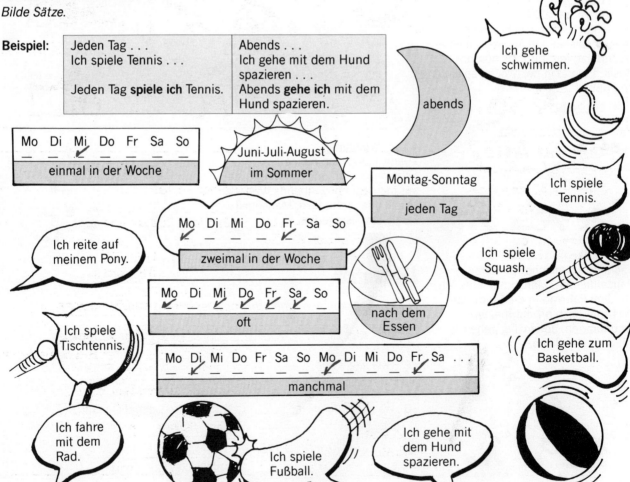

abends

Mo Di Mi Do Fr Sa So
einmal in der Woche

Juni-Juli-August
im Sommer

Montag-Sonntag
jeden Tag

Ich gehe schwimmen.

Ich spiele Tennis.

Ich reite auf meinem Pony.

Mo Di Mi Do Fr Sa So
zweimal in der Woche

Ich spiele Squash.

Mo Di Mi Do Fr Sa So
oft

nach dem Essen

Ich spiele Tischtennis.

Mo Di Mi Do Fr Sa So Mo Di Mi Do Fr Sa . . .
manchmal

Ich gehe zum Basketball.

Ich fahre mit dem Rad.

Ich spiele Fußball.

Ich gehe mit dem Hund spazieren.

Zuerst , und dann

Tip des Tages

How to ask someone what they do after school

Was machst du
nach der Schule?

How to say what you do after school

Einmal in der Woche	fahre ich mit dem Rad.
Zweimal in der Woche	
Manchmal	spiele ich — Fußball. Basketball.
Oft	
Jeden Tag	mache ich meine Hausaufgaben.
Jeden Abend	
....	gehe ich — in die Stadt einkaufen. mit meinem Hund spazieren.
Im Sommer	
Nach dem Essen	reite ich auf meinem Pony.
Abends	
Nachmittags	sehe ich fern.
....	
Zuerst	höre ich Musik.
Dann	

Interviews nach der Schule

Der Reporter Scott Wilson fragt Jungen und Mädchen:
‚Was machst du gern nach der Schule?'
Hier sind die Antworten:

1 Ich reite gern.

2 Ich spiele gern Fußball.

4 Ich höre gern Musik.

5 Ich gehe gern mit dem Hund spazieren.

6 Ich gehe gern ins Jugendzentrum.

7 Ich gehe gern zum Turnen.

9 Ich spiele gern Gitarre.

10 Ich sehe gern fern.

11 Ich lese gern Comics.

12 Ich gehe gern schwimmen.

Was machst du gern nach der Schule?

14 Ich gehe gern einkaufen.

15 Ich spiele gern Fußball.

17 Ich fahre gern mit dem Rad.

18 Ich treffe mich gern mit meinen Freunden.

19 Ich gehe gern ins Kino.

20 Ich bummle gern in der Stadt.

22 Ich besuche gern meine Großeltern.

23 Ich sortiere gern meine Briefmarken.

24 Ich gehe gern Rollschuhlaufen.

25 Ich gehe gern spazieren.

TEIL **2**

3   Ich spiele gern Tennis

8   Ich spiele gern Basketball.

13   Ich gehe gern in die Disko.

16   Ich spiele gern mit dem Computer.

21   Ich koche gern.

26   Ich spiele gern Schach.

Wer ist dein Computerpartner?
Wer ist deine Computerpartnerin?

Höre gut zu. Der Computer gibt dir Informationen über die zwölf Jungen und Mädchen und ihre Hobbys.

Gaby

Torsten

Peter

Michael

Brigitte

Sabine

Anne

Uschi

Raphaela

Florian

Bernd

Christoph

Tip des Tages

How to ask what a friend likes doing after school, and how to reply

Was machst du gern nach der Schule?

Ich höre		Musik.
Ich sehe	gern	fern.
Ich gehe		schwimmen.
Ich spiele		Fußball.

How to say that you do not like doing something

| Ich gehe | **nicht** gern | schwimmen. |
| Ich spiele | | Fußball. |

Spielst du ein Instrument?

Höre gut zu, und schreibe **1A**, **2J** *usw. in dein Heft.*

Hörst du gern Musik?

Ein Interview mit einem Schüler der Klasse 8a des Gymnasiums in Wedel.

Scott: Hörst du gern Musik, Bernd?

Bernd: Ja, natürlich.

Scott: Was für Musik hörst du am liebsten — Pop, Jazz, Rock, folkloristische oder klassische Musik?

Bernd: Am liebsten Pop. Ich höre aber Folkmusik auch gern.

Scott: Spielst du ein Instrument?

Bernd: Nein, leider nicht, aber mein Bruder spielt Gitarre.

Statistik

> **Das Gymnasium in Wedel**
> 20 Prozent der Schüler spielen ein Instrument. Die Lieblingsinstrumente sind Klavier, Gitarre und Flöte.

Partnerarbeit

Mache ein Interview mit deinem Partner/deiner Partnerin über Musik. Zuerst ist Partner A Scott Wilson und dann Partner B.

Wie oft übst du in der Woche?

Ein Interview mit Jungen und Mädchen in einem Schulorchester. Scott Wilson stellt die Frage: ‚Wie oft übst du in der Woche?' Hier sind einige Antworten:

Ich spiele Gitarre. Ich übe dreimal in der Woche in einer Band — dienstags, mittwochs und sonntags.

Ich spiele Trompete — nachmittags von halb zwei bis drei.

Ich spiele Klavier. Ich übe jeden Abend von 6 bis 7.

Ich spiele in einem Orchester. Ich übe jeden Abend zu Hause und zweimal in der Woche in der Schule.

Wie oft üben sie?

Trage die Tabelle in dein Heft ein, und höre gut zu. Welches Instrument gehört in welchen Kasten?

		jeden Abend	jeden Nachmittag	einmal in der Woche	zweimal in der Woche	dreimal in der Woche
Beispiel:	1 Susi	*Klavier*				
	2 Stefan					
	3 Birgit					
	4 Detlev					
	5 Claudia					
	6 Harald					
	7 Maria					
	8 Andrea					

Orchester und Bands

ALTE OPER BREMEN

Die Wunderstimme
aus England . . .
Andy Watson und die
Gruppe ‚Fair Play'

WO?   Im Kleinen Saal
WANN?   Samstag, den 12. Dezember
um 20.00 Uhr

A

METALL HAMMER

die Gruppe mit Pfiff!

Oh Mann oh Mann!

Metall Hammer
macht deine
Hirnsubstanz
zum Wackelpudding!

Ohne Metall Hammer
bist du

— wie Kaffee ohne Milch

— wie ein Goldfisch ohne
Fahrrad

— wie ich ohne meine
Freundin

EINTRITT DM8
BEGINN 20.00 UHR
20. JULI
SPORTHALLE PADERBORN

C

MARIENKIRCHE

JOHANNES-PASSION von

JOHANN SEBASTIAN BACH

So. 16. Mai, 20 Uhr
mit Solisten
St. Michaels Chor
St. Michaels Orchester

D

ROCK—

JAZZ—

CHANSON

60 Musiker/-innen von der
MUSIKHOCHSCHULE HAMBURG
stellen ihre Bandprojekte vor

Es wird eine lange Nacht!

Eintritt 7DM
Beginn 21.00 Uhr
Freitag, 21. Oktober,
Stadthalle, FÜRTH

B

JUGENDZENTRUM DORTMUND

JUGENDZENTRUM DORTMUND

JUGENDZENTRUM DORTMUND

präsentiert

EVI BAMM
und ihr Orchester

HALLO ENGEL

und andere Titel von
der neuen LP

SONNTAG, 14. November
20 Uhr
Vorverkauf ab 5. Juli

E

Tania Elvira und Gruppe

POPSÄNGERIN?   JAZZSÄNGERIN?

Es ist egal! Sie ist ein SUPERSTAR!
Sie verbindet Latin Jazz mit Samba Beat, Rock und Funk.

TANIA ELVIRA singt in Englisch und in ihrer Muttersprache
Portugiesisch.

SIE ist eine Meisterin am Klavier.

IHRE Konzerte sind Feuerwerke!

TANIA ELVIRA spielt mit ihrer Gruppe am Ostermontag,
31. März, in der

FABRIK

Barnerstraße 38, 2000 Hamburg 50
Tel: 040/39 1565

F

STADTHALLE ALTONA

Samstag, 4. Mai

20 Uhr

PINA

UND IHR ORCHESTER

AUF EUROPA — TOURNEE   J

AM MITTWOCH 26. AUGUST gastiert

ELVIN FARRELL MIT SEINER JAZZ MASCHINE erneut

im UNTERHAUS

Poststr. 7, Mainz

H

CHAOS   CHAOS

Ede Funk
UND SEINE
CHAOTEN

Wieder in unserer
Stadt

RHEIN-MAIN-HALLE
WIESBADEN

Freitag, 13. Februar
20.00 Uhr

CHAOS

CHAOS

G

KLEINE MUSIKHALLE HAMBURG

Duo-Abend mit Werken von

Schuhmann, Brahms, Debussy.

Solisten: Marek Jerie: Geige
Ivan Klansky: Klavier

Di. 4. Aug., 17.45 Uhr

I

Orchester und Bands — Fragen

1 Where will Evi Bamm and her group be performing?
2 What have they just released?
3 In which two languages does Tania Elvira sing?
4 Which group is on a European tour?
5 Which classical composer's work is being performed in a church?
6 Which instruments are played by the soloists in the *Kleine Musikhalle*?
7 Where, according to the poster, should you go if you don't want to be 'like a fish without a bike'?
8 Which group will be playing there?
9 What will happen to your brain, if you listen to too much of their music?
10 Whose concerts are like firework displays?
11 If you feel like staying up all night, whose concert might you attend?
12 Which group is liable to go wild on stage in February?
13 Who is playing in the small concert hall in an opera house?

Tip des Tages

Talking about playing a musical instrument

Ich spiele	Gitarre.
Spielst du . . .?	Klavier.
Er spielt	Klarinette.
Sie spielt	Flöte.
Sie spielen	Geige.

Writing the date (on the)

Am	1. Mai
	4. Juni
	27. Oktober

Talking about how often people practise an instrument

Wie oft	übst du	Gitarre?
	übt er	Blockflöte?
	übt sie	
	üben sie	

Ich übe	jeden Tag.
Er übt	oft.
Sie übt	manchmal.
Sie üben	einmal in der Woche.
	zweimal in der Woche.

Saying the date (on the)

Am	ersten	achten	zwanzigsten	Januar.
	zweiten	neunten	einundzwanzigsten	Februar.
	dritten	zehnten	zweiundzwanzigsten	März.
	vierten	elften	dreiundzwanzigsten	April.
	fünften	zwölften	vierundzwanzigsten	Mai.
	sechsten	dreizehnten	fünfundzwanzigsten	Juni.
	siebten	vierzehnten	sechsundzwanzigsten	Juli.
		fünfzehnten	siebenundzwanzigsten	August.
		sechzehnten	achtundzwanzigsten	September.
		siebzehnten	neunundzwanzigsten	Oktober.
		achtzehnten	dreißigsten	November.
		neunzehnten	einunddreißigsten	Dezember.

Zum letzten Mal— das ist zu laut!

Es ist alles so still da oben—das ist nicht normal.

Sonja und Max

Scott Wilson macht ein Interview mit Jungen und Mädchen der Klasse 8 der Realschule Rellingen. Er fragt:
‚Was trinkst du gern?'
‚Was ißt du gern?'
‚Was trinkst du am liebsten?'
‚Was ißt du am liebsten?'
Höre gut zu. Wie antworten Sonja und Max?
Trage die Tabelle in dein Heft ein, und schreibe die Antworten in die richtigen Spalten.

	trinkt gern	ißt gern	trinkt am liebsten	ißt am liebsten
Sonja 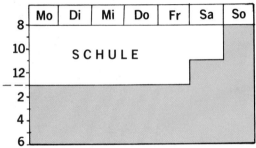				
Max				

```
— Limonade — Kaffee —
— Cola — Milch —
— Tee — Wasser —
```

```
— Pommes Frites — Steak — Wurst —
— Brötchen mit Butter und Marmelade —
— Käse — Schokolade —
```

Einige Informationen: Freizeit in Deutschland

Deutsche Schüler haben mehr Freizeit als britische Schüler. Die Schule in Deutschland ist meistens um eins aus. Deutsche Schüler haben aber oft am Samstagvormittag Schule bis 10 oder 11 Uhr.

8-1 = vormittags
1-6 = nachmittags

Mo	Di	Mi	Do	Fr	Sa	So
		S C H U L E				

Freizeit in Deutschland

Mo	Di	Mi	Do	Fr	Sa	So
		S C H U L E				

Freizeit in Großbritannien

Lieblingsfächer

Höre gut zu. Was machen Sonja, Max, Dorit und Felix am liebsten in der Schule? Schreibe die Namen in dein Heft und die Lieblingsfächer hinter die Namen.

Sonja

Max

Felix

Dorit

Montag	Dienstag	Mittwoc
Englisch R 27	Mathe R 36	Deut
Französisch R 15	Physik Physikraum	Franz
Erdkunde Erdkunderaum	Latein R 18	Gesch
Kunst R 39	Geschichte R 24	Biolo
Turnen Turnhalle	Musik Musikraum	Engli
T... ...halle	Deutsch R 13	Chem che

Statistik: Jugendliche in der Freizeit

*Resultat einer Umfrage unter 100 Jungen und Mädchen
im Alter von 13 bis 14 Jahren. Die Frage:
'Was machst du am liebsten in der Freizeit?'*

Was?	Prozent(%)
1 Musik hören	24
2 Fernsehen	21
3 Freunde treffen	17
4 Schwimmen	14
5 Fußball spielen	8
6 Bummeln	6
7 Einkaufen	4
8 Großeltern besuchen	3
9 Basketball spielen	1
10 Spazierengehen	1

Tip des Tages

How to talk about what you like best of all

Was machst du gern?	Ich schwimme gern. Ich lese gern Comics, und ich spiele gern Fußball.
Ja, und was machst du **am liebsten**?	**Am liebsten** lese ich Comics.

Sven und Andrea lesen 'Gong'

*Sven und Andrea sind Geschwister. Es ist ein
Montagnachmittag, und sie sitzen zu Hause im
Wohnzimmer. Sie lesen* **Gong***. Das ist eine
Fernsehzeitschrift.*

Sven

Andrea

26. Februar

1. PROGRAMM

15.10 Schulfernsehen
16.10 Sportschau
17.00 Das Pferd — internationaler Jugendfilm
18.00 Konzert: Jimmy Conrad und sein Orchester
18.45 Das Wetter heute
19.00 Mafiaboss
20.00 Tagesschau

2. PROGRAMM

16.00 Mein Name ist Hase. Ein Trickfilm mit Bugs Bunny
16.30 Sesamstraße
17.00 Jugend und Politik
17.45 Tommys Pop-Show
18.30 Sport aktuell — aus London Fußball-Länderspiel Deutschland/England

ca.
19.30 Tagesschau
20.30 Dr. X. Amerikanischer Horrorfilm

Kinder und Fernsehen

Kinder und Fernsehen in der Bundesrepublik — eine Umfrage	
	Stunden
Montag	1'40"
Dienstag	1½
Mittwoch	1½
Donnerstag	1½
Freitag	1'40"
Samstag	2½
Sonntag	2½

Alter der Kinder: 13 Jahre

Die Frage: Wie lange siehst du fern?

Das Resultat: *Montags — eine Stunde und vierzig Minuten. Dienstags — anderthalb Stunden. Mittwochs und donnerstags — auch anderthalb Stunden. Freitags — eine Stunde und vierzig Minuten. Samstags und sonntags — zweieinhalb Stunden.*

Was willst du sehen?

Trage die Tabelle in dein Heft ein.

Sieh dir die Seite von Gong an. Was willst du sehen? Schreibe die Programme ein. Dann frage deinen Partner/deine Partnerin.

Superglotzer der Woche

Streit

Was will Sven sehen? Was will Andrea sehen?

Höre gut zu, und schreibe die Programme unter die Namen in dein Heft.

Ich will . . . sehen

Was willst du um 3 Uhr sehen? Und um 4 Uhr?

Uhr	Programm	Programm
3		
4		
5		
6		
7		
8		

TEIL **5**

Wie spät ist es?

1 Es ist dreizehn Uhr.

13	00

2 Es ist dreizehn Uhr fünfzehn.

13	15

3 Es ist vierzehn Uhr zwanzig.

14	20

4 Es ist fünfzehn Uhr dreißig.

15	30

5 Es ist fünfzehn Uhr fünfundvierzig.

15	45

Der letzte Bus nach Pinneberg

— Wann fährt der letzte Bus nach Pinneberg, bitte?
— Um 21.30 Uhr.
— Also, um halb zehn. Danke.
— Wann fährt der nächste Bus nach Rellingen, bitte?
— Um 14.20 Uhr.
— Also, in zehn Minuten. Danke.
— Bitte.

Was paßt zu wem?

Trage die Uhren in dein Heft ein, und schreibe die richtigen Zeiten zwischen die Uhren.

Beispiel:

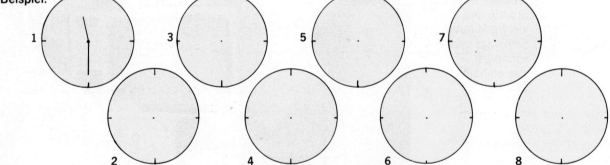

halb zwölf — Viertel nach elf — Viertel nach acht — halb neun — zwanzig vor acht — zehn vor neun — Viertel vor acht — Viertel vor elf

Beispiel:

23	30
1

2

3

4

5

6

7

8

zwanzig Uhr dreißig — dreiundzwanzig Uhr fünfzehn — dreiundzwanzig Uhr dreißig — zwanzig Uhr fünfzehn — zweiundzwanzig Uhr fünfundvierzig — neunzehn Uhr fünfundvierzig — zwanzig Uhr fünfzig — neunzehn Uhr

Jetzt kommst du an die Reihe.
Stelle deinem Partner/deiner
Partnerin die Frage:
‚Wann fährt der nächste Bus
nach . . .?'

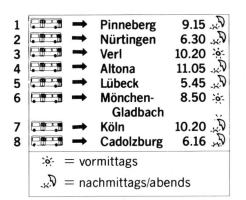

1	🚌 ➡	Pinneberg	9.15	🌙
2	🚌 ➡	Nürtingen	6.30	🌙
3	🚌 ➡	Verl	10.20	☀
4	🚌 ➡	Altona	11.05	🌙
5	🚌 ➡	Lübeck	5.45	🌙
6	🚌 ➡	Mönchen-Gladbach	8.50	☀
7	🚌 ➡	Köln	10.20	🌙
8	🚌 ➡	Cadolzburg	6.16	🌙

☀ = vormittags
🌙 = nachmittags/abends

Tip des Tages

How to ask what someone wants to watch

Was willst du sehen?

How to say you want to see a programme

Ich will | die *Sportschau* / *Doktor X* / *Mafiaboss* / *Das Pferd* / *Mein Name ist Hase* / *Tommys Pop-Show* | sehen.

How to say that another programme is better

Sesamstraße / Das Konzert / *Jugend und Politik* | ist besser!

How to say that something is rubbish!

Das ist doch | Quatsch! / doof! / blöd! / Blödsinn!

How to agree that something is a good suggestion

Oh ja gut.
Das ist prima.
Nicht schlecht.

How to say 24 hour times

17	30	Es ist siebzehn Uhr dreißig.
21	55	Es ist einundzwanzig Uhr fünfundfünfzig.
23	10	Es ist dreiundzwanzig Uhr zehn.

Einige Informationen: Schulaufgaben in Deutschland

Schüler am Gymnasium und an der Realschule machen viele Schulaufgaben. Manchmal arbeiten sie zwei bis drei Stunden am Tag für die Schule.

Was hast du heute auf?

Mathe, Physik, Deutsch und Latein.

Oh Mann, oh Mann! Das ist hart!

Ach, es geht! Ich gehe um zwei Uhr schwimmen, und dann um vier spiele ich Tennis. Und nach dem Abendessen gehe ich in die Disko.

Und deine Schulaufgaben?

Ich mache sie nicht. Ich habe eine gute Ausrede — meine Brille ist kaputt.

Aber deine Brille ist OK!

Ja, aber hier, meine zweite Brille ist kaputt!

Interviews über Schulaufgaben

Trage die Tabelle in dein Heft ein. Höre gut zu. Wann machen sie ihre Hausaufgaben? Wie lange arbeiten sie? Wo arbeiten sie? Schreibe die Antworten auf Deutsch in die richtigen Kästen.

Jetzt mache Interviews in der Klasse, und schreibe das Resultat in dein Heft.

Name	Wann?	Wie lange?	Wo?
Jochen			
Beate			
Jens			
Sabine			
Dietrich			
Maren			
Martin			
Claudia			

Eine Umfrage über Schulaufgaben

Eine Umfrage über Kinder und Schulaufgaben in der Bundesrepublik.

Alter der Kinder: 14 Jahre.
Fragen: 1   Wann machst du deine Hausaufgaben?
              2   Wo machst du deine Hausaufgaben?
              3   Wie lange arbeitest du für die Schule?

Resultat:

1

45 %

14.00-16.00

Fünfundvierzig Prozent machen die Schulaufgaben nach dem Mittagessen zwischen zwei und vier Uhr.

30 %

16.00-18.00

Dreißig Prozent arbeiten nachmittags zwischen vier und sechs Uhr.

25 %

19.00-21.00

Fünfundzwanzig Prozent machen die Schulaufgaben nach dem Abendessen zwischen sieben und neun Uhr.

2

Fünfundfünfzig Prozent arbeiten in ihrem Zimmer. Zwanzig Prozent arbeiten im Eßzimmer. Zehn Prozent arbeiten im Wohnzimmer. Zehn Prozent arbeiten in der Küche. Fünf Prozent machen die Schulaufgaben im Bus oder im Zug, auf dem Schulweg oder im Café vor oder nach der Schule.

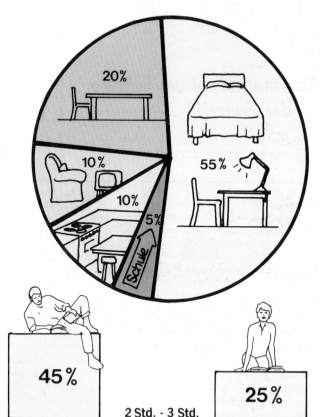

3

30 %

30 Min. - 1½ Std.

Dreißig Prozent arbeiten zwischen dreißig Minuten und anderthalb Stunden.

45 %

1½ Std. - 2 Std.

Fünfundvierzig Prozent arbeiten zwischen anderthalb Stunden und zwei Stunden.

25 %

2 Std. - 3 Std.

Fünfundzwanzig Prozent arbeiten zwischen zwei und drei Stunden.

TEIL 6

Herbert Meyer und Band auf Tournee

HERBERT MEYER UND BAND

April

Hannover — Stadion Sporthalle
Bremen — Stadthalle
Osnabrück — Stadthalle

Mai

Paderborn — Sporthalle
Kiel — Ostseehalle
Karlsruhe — Stadthalle

Juni

Hamburg — Stadtpark

Juli

Kassel — Stadthalle
Freiburg — Stadthalle

August

Luzern — Kunsthaus
Zürich — Volkshaus

September

Salzburg — Sporthalle
Wien — Kurhalle

Ein Interview mit Herbert Meyer

Ich bin Reporter für das Jugendmagazin **Top**.

Ja, und? Was willst du von mir?

Beantworte die Fragen auf Englisch

1 What sort of mood is Herbert Meyer in?
2 What is **Top**?
3 Who is Sepp Dirscherl?
4 How old is Herbert?
5 What two reasons does he give for not having a steady girlfriend?
6 What sort of music does Herbert like listening to?
7 What is his favourite music?
8 What does Herbert accuse the reporter of thinking?
9 How does Herbert end the interview?
10 What does the reporter want to do at the end?

Was machst du am liebsten in der Freizeit?

Höre gut zu! Was paßt zu wem?
Schreibe IC usw.

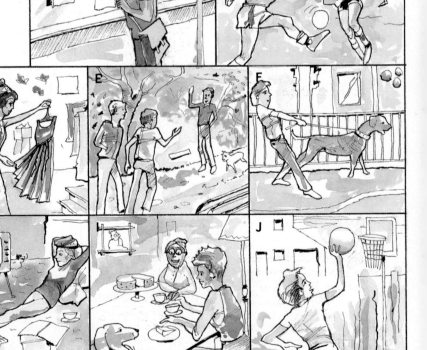

1 Word order

In main clauses (most of the sentences in this book are main clauses) the **verb** is always the **second** 'piece of information'.

1	2	3
Ich	fahre	mit dem Rad.
Jeden Tag	fahre	ich mit dem Rad.
Ich	spiele	Fußball.
Manchmal	spiele	ich Fußball.
Ich	gehe	mit dem Hund spazieren.
Jeden Abend	gehe	ich mit dem Hund spazieren.
Peter	spielt	Basketball.
Oft	spielt	Peter Basketball.
Sie	geht	in die Stadt.
Nach dem Essen	geht	sie in die Stadt.

Sometimes there are two verbs in a sentence. The first verb follows the above rule. The second verb is in the **infinitive** and goes at the **end** of the sentence. The infinitive is the part of the verb which means '**to**' in '**to** eat', '**to** play' etc. The **infinitive** ending is -**en**.

1	2	3	INFINITIVE
Ich	gehe	gern	schwimm**en**.
Ich	gehe	gern mit meinem Bruder	einkauf**en**.
Im Sommer	gehe	ich gern	spazier**en**.
Was	willst	du	sehen?
Ich	will	Mafiaboss	seh**en**.

2 Talking about what you like doing most of all

Simply begin the sentence with **am liebsten**, but remember that the next thing you say should be the verb.

1	2	3
Am liebsten	trinke	ich Kaffee.
	sehe	ich fern.
	lese	ich Comics.

3 Talking about wanting to do something

Start the sentence with part of the verb '**to want**' (**wollen**), and end it with an infinitive.

Verb 'to want'		INFINITIVE
Ich **will**	Mafiaboss	sehen.
Willst du	Kaffee	trinken?

4 Other points

a Talking about what you do on a particular day. Write the day of the week with a small letter and add an -**s**.

montags	freitags
dienstags	samstags
mittwochs	sonntags
donnerstags	

> Montags und dienstags sehe ich eine Stunde fern.

The same applies to different parts of the day.

vormittags	abends
nachmittags	nachts

> Nachmittags und abends sehe ich fern.

b Asking 'how long' somebody does something.

> **Wie lange** siehst du fern?

c Saying the date (on the . . .)

Add -**ten** to the numbers 1-19.

> Am ____ ten (1. - 19.)

Exceptions:
am ersten
am dritten
am siebten
am achten

Add -**sten** to numbers from 20 upwards.

> Am ____ sten (20. - 31.)

d Some words have different masculine and feminine forms.

M	F
Schüler	Schüler**in**
Partner	Partner**in**
Freund	Freund**in**
Sänger	Sänger**in**
Engländer	Engländer**in**

6 Was kostet das?

- *money in German speaking countries*
- *changing money and traveller's cheques*
- *talking about pocket money*
- *talking about the prices of things*
- *buying snacks and souvenirs*

Einige Informationen

DM 0,02
zwei Pfennig

ein Pfennig
DM 0,01

fünf Pfennig
DM 0,05

DM 0,10
zehn Pfennig
(ein Groschen)

© Deutsche Bundesbank

Das Geld in der Bundesrepublik

eine Mark
DM 1,00

zwei Mark
DM 2,00

fünf Mark
DM 5,00

fünfzig Pfennig
DM 0,50

zehn Mark
DM 10,00

zwanzig Mark
DM 20,00

fünfzig Mark
DM 50,00

Es gibt auch Hundertmarkscheine, Fünfhundertmarkscheine und Tausendmarkscheine.

Das Geld in Österreich

zehn
Groschen

fünfzig Groschen

ein Schilling

zwanzig
Schilling

fünfzig
Schilling

hundert
Schilling

fünf
Schilling

zehn Schilling

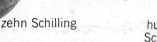

© Österreichische Nationalbank

Das Geld in der Schweiz

fünfzig Rappen

zwanzig
Rappen

fünf Rappen

zehn Rappen

ein Franken

zwei Franken

fünf Franken

© Schweizerische Nationalbank

zehn
Franken

zwanzig
Franken

fünfzig
Franken

hundert
Franken

Das Geld in der DDR

© Staatsbank der DDR

zwanzig Pfennig

eine Mark

fünf Mark

zehn Mark

zwanzig Mark

zwei Mark

Wechselkurse

Wechselkurse   Rates of exchange

Sortenkurse

Länder		Ankauf DM	Verkauf DM	Länder		Ankauf DM	Verkauf DM
Belgien	100 bfr	4.66	4.84	Niederlande	100 hfl	87.60	89.35
Dänemark	100 dkr	25.25	27.—	Norwegen	100 nkr	25.25	27.—
Finnland	100 Fmk	54.25	41.25	Österreich	100 S	14.26	14.32
Frankreich	100 FF	29.75	31.—	Portugal	100 Esc	1.—	1.55
Griechenland	100 Dr	.95	1.55	Schweden	100 skr	23.50	24.25
Großbritannien	1£	2.79	2.43	Schweiz	100 sfr	118.35	121.—
Italien	1000 Lit	1.40	1.48	Spanien	100 Pta	1.52	1.545
Jugoslawien	100 Din	.30	.50	Türkei	100 TL	.13	.545
Kanada	1 can $	1.57	1.47	USA	1 US-$	1.96	8.01

Wieviel Geld hast du dabei?

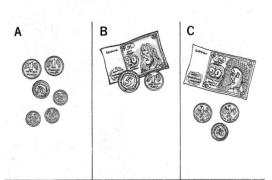

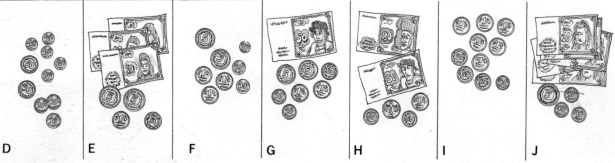

Was bekomme ich zurück?

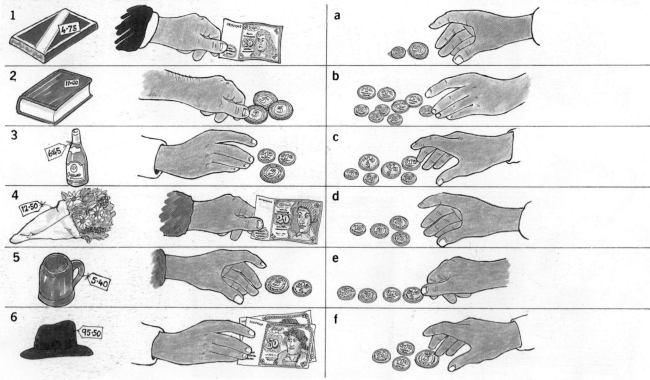

Wo kann ich hier Geld wechseln?

eurocheque

KASSENSTUNDEN

MONTAG · DIENSTAG · MITTWOCH · FREITAG
8³⁰ - 12³⁰ Uhr   +   14³⁰ - 16⁰⁰ Uhr

DONNERSTAG
8³⁰ - 12³⁰ Uhr   +   14³⁰ - 18⁰⁰ Uhr

Kreissparkasse

DEVISEN

EXCHANGE

Ausländische Zahlungsmittel

Dresdner Bank

GELDWECHSEL EXCHANGE CHANGE CAMBIO

SCHECK-WECHSEL

AUSLANDSSCHALTER

**Deutsche Verkehrs-Kredit-Bank
Wechselstube**

Öffnungszeiten:
Werktags : 7.30 - 15.00 15.45 - 20.00
Sonntags: 10.00 - 13.00 Uhr
           13.45 - 18.00 Uhr

Tel. 39 03 770

Deutsche Bank

Kasse

Was sagt man?

Höre gut zu. Was fehlt hier?

wechseln	einlösen
wechseln	Kasse
wechseln	Paß
unterschreiben	Kurs
umwechseln	zu

1 Ich möchte bitte zehn Pfund in Deutsche Mark _____ .
2 Kann ich hier Geld _____ ?
3 Wollen Sie jetzt bitte an die _____ gehen?
4 Ich möchte gern hundert Pfund in Schweizer Franken _____ , bitte.
5 Könnten Sie bitte _____ ?
6 Ich möchte diesen Reisescheck _____ , bitte.
7 Haben Sie Ihren _____ mit?
8 Wie ist der _____ heute ?
9 Kann ich hier Reisechecks _____ , bitte?
10 Ich möchte diesen Reisescheck _____ zwanzig Pfund einlösen, bitte.

Zum Lesen

Angestellte:	Guten Morgen!
Kunde:	Guten Morgen! Ich möchte einen Reisescheck einlösen, bitte.
Angestellte:	Ja, gerne. Wieviel möchten Sie wechseln?
Kunde:	Zwanzig Pfund.
Angestellte:	Gut. Können Sie bitte den Scheck hier unterschreiben?
Kunde:	Ja, natürlich. Bitte.
Angestellte:	Kann ich bitte Ihren Paß haben?
Kunde:	Ja. Bitte.
Angestellte:	Der Kurs ist heute drei Mark fünfundachtzig. Also, zwanzig Pfund . . . Sie bekommen siebenundneunzig Mark.
Kunde:	Danke schön.
Angestellte:	Bitte sehr. Gehen Sie bitte zur Kasse eins.
Kunde:	Danke.

Fragen

1 Der Kunde möchte Geld wechseln, oder?
2 Was unterschreibt er?
3 Was will die Angestellte sehen?
4 Wieviel Geld bekommt er von der Angestellten?
5 Wo muß er hin, um das Geld zu bekommen?

Partnerarbeit

Mache Dialoge mit deinem Partner/deiner Partnerin.

A

wechseln

£ ?

Kasse Nr. ?

Tip des Tages

Changing money and traveller's cheques

Ich möchte	zehn Pfund in Deutsche Mark	wechseln, umwechseln,	bitte.
Können Sie mir	Reisechecks einen Reisescheck zu zehn Pfund	wechseln, einlösen,	

Asking about the exchange rate

Wie ist der Kurs heute?

B Scheck £ ?

einlösen

Kurs?

Paß

KASSE
5

Wieviel Taschengeld bekommst du?

Trage diese Tabelle in dein Heft ein. Höre gut zu, und fülle die Tabelle aus.

Name	Taschengeld DM	Job DM
Beate		
Guido		
Tanja		
Ulla		
Hans-Jürgen		
Rolf		
Rike		
Fabian		
Jens		
Anja		

Stefans und Brittas Taschengeld

Ich bekomme zwanzig Mark von meiner Oma, zehn Mark von meinen Eltern, und ich verdiene zwanzig Mark mit Zeitungsaustragen.

Ich kriege dreißig Mark Taschengeld im Monat. Manchmal wasche ich für meine Mutter das Auto, dann kriege ich noch fünfzehn Mark dazu.

Wofür gibst du dein Geld aus?

100 junge Deutsche im Alter 13-15 wurden gefragt: ‚Wofür gibst du dein Geld aus?' Das Diagramm zeigt das Resultat.

Wer sagt was?

Anton *spielt sehr gern Volleyball. Er geht oft in die Stadt oder zum Jugendklub.*

Kirsten *spielt gern Flöte. Sie spart im Moment für eine neue Flöte.*

Dieter *geht gern angeln, er reitet und läuft gern Ski.*

Barbara *liest und hört Musik gern. Sie geht nicht oft aus.*

Marga *hat keine Hobbys, aber sie geht gern zu Partys.*

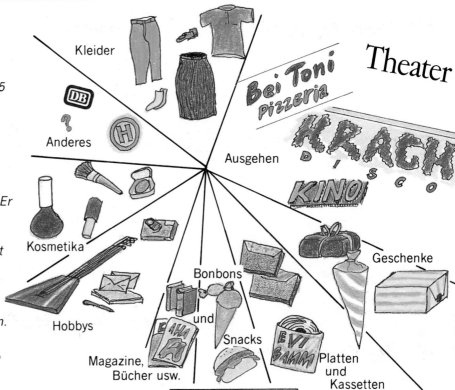

Kleider

Theater

Bei Toni Pizzeria

KRACH DISCO

KINO

Anderes

Ausgehen

Kosmetika

Geschenke

Bonbons und Snacks

Hobbys

Magazine, Bücher usw.

Platten und Kassetten

1
Bücher Geld und aus meistens mein gebe für ich Kassetten

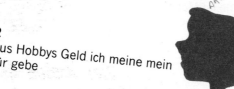

2
aus Hobbys Geld ich meine mein für gebe

3
Geld und gebe Kleider aus ich Kosmetika für mein

4
nicht aus gebe viel ich

5
ziemlich Ausgehen gebe beim aus Geld ich viel

Tip des Tages

Talking about your money and what you use it for

Wieviel Taschengeld bekommst du?		
Ich bekomme vierzig Mark		im Monat.
Hast du einen Job?		
Was verdienst du dabei?		
Ich verdiene	hundert Mark die Woche. zehn Mark die Stunde.	
Wofür gibst du	dein Geld es	aus?
Ich gebe es für	Kassetten Ausgehen Kleider	aus.
Ich spare für	einen Computer. eine Gitarre. ein Fahrrad.	

Was kostet der Film?

Kassette 8,-

Poster 4,50

Film 10,50

Ohrringe 15,-

1,30

GUMMI BÄRCHEN

-,40

-,90

1,-

Was kaufen die Leute?

A

B

C

D

E

F

G

H

I

J

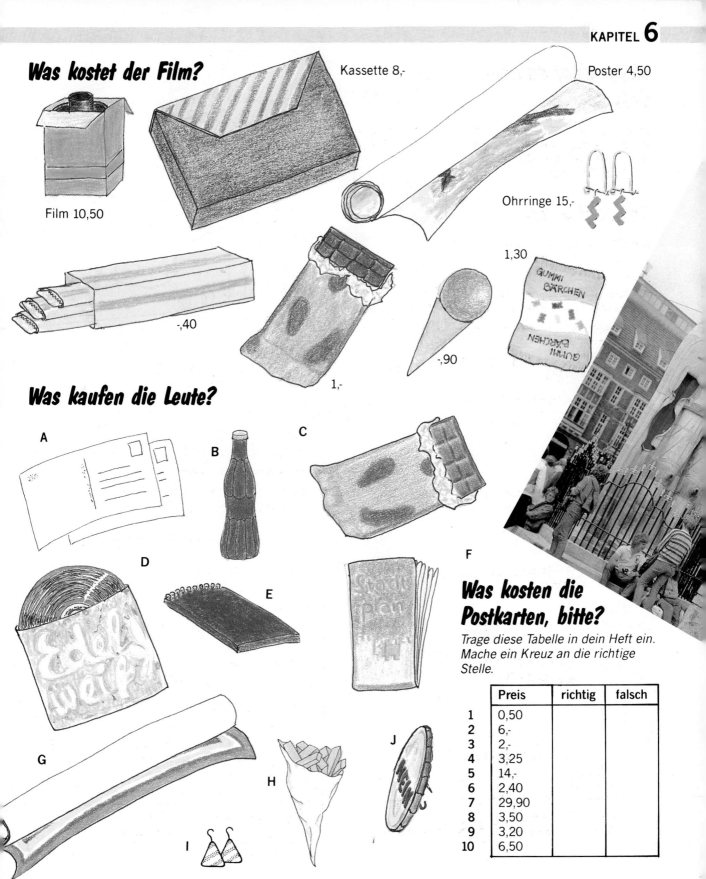

Was kosten die Postkarten, bitte?

Trage diese Tabelle in dein Heft ein.
Mache ein Kreuz an die richtige
Stelle.

	Preis	richtig	falsch
1	0,50		
2	6,-		
3	2,-		
4	3,25		
5	14,-		
6	2,40		
7	29,90		
8	3,50		
9	3,20		
10	6,50		

Preissensationen

Du hast 1000 Mark gewonnen! Was kaufst du? Mache eine Liste. Aber paß auf - du kannst nicht mehr als DM 1000 ausgeben!

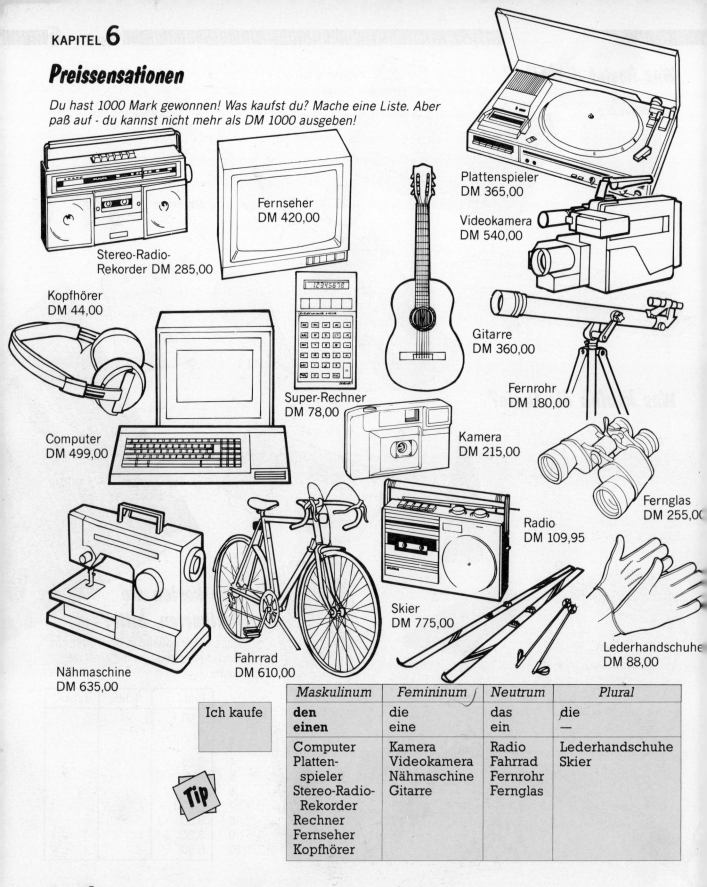

Stereo-Radio-Rekorder DM 285,00

Fernseher DM 420,00

Plattenspieler DM 365,00

Videokamera DM 540,00

Kopfhörer DM 44,00

Super-Rechner DM 78,00

Gitarre DM 360,00

Fernrohr DM 180,00

Computer DM 499,00

Kamera DM 215,00

Fernglas DM 255,00

Radio DM 109,95

Nähmaschine DM 635,00

Fahrrad DM 610,00

Skier DM 775,00

Lederhandschuhe DM 88,00

Tip

Ich kaufe	Maskulinum	Femininum	Neutrum	Plural
	den einen	die eine	das ein	die —
	Computer Platten- spieler Stereo-Radio- Rekorder Rechner Fernseher Kopfhörer	Kamera Videokamera Nähmaschine Gitarre	Radio Fahrrad Fernrohr Fernglas	Lederhandschuhe Skier

Wofür sparen sie?

Ernst spart für einen Computer

Kirsten . . .

Stefan . . .

Gabi . . .

Heike . . .

Sabine . . .

Sybille . . .

Mathias . . .

Willi . . .

Petra . . .

Tip

| **Der** Computer kostet DM 499,00. | *but* | Ich spare für **den** Computer. |
| **Ein** Rechner kostet DM 78,00. | | Ich kaufe **einen** Rechner. |

Billig oder teuer?

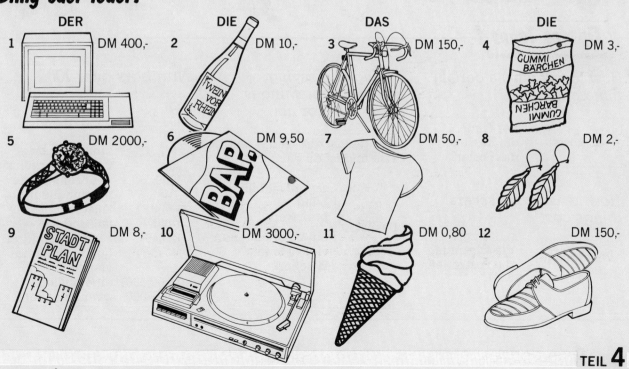

DER	DIE	DAS	DIE
1 DM 400,-	2 DM 10,-	3 DM 150,-	4 DM 3,-
5 DM 2000,-	6 DM 9,50	7 DM 50,-	8 DM 2,-
9 DM 8,-	10 DM 3000,-	11 DM 0,80	12 DM 150,-

Auf dem Flohmarkt

Tip des Tages

How to ask what a certain thing costs	
Was kostet	der Film? die Kassette? das Poster?

How to ask what several things cost	
Was kosten	die Ohrringe? die Postkarten?

Asking and saying whether something is good value or not

Was meinst du? Ist das teuer?
Wie findest du das?

Das ist	sagenhaft billig! billig. preiswert.
	ein bißchen teuer. viel zu teuer. Wucher!

Numbers over 100

101	hunderteins
102	hundertzwei
175	hundert-fünfundsiebzig
250	zweihundertfünfzig
1999	neunzehnhundert-neunundneunzig
1 000	tausend
1 001	tausendeins
12 345	zwölftausenddrei-hundertfünfund-vierzig
1 000 000	eine Million
2 000 000	zwei Millionen

Siehst du? Viel billiger.

Alles da! Englisch, Biologie, Geschichte, Deutsch . . .

3

Hier! Schulbücher! Alle zusammen —nur 40 Mark!

7

An der Eisbude

Eis

Jede Kugel nach Wahl -,70

Vanille	
Schokolade	Zitrone
Mokka	Himbeer
	Erdbeer

mit Sahne -,60 mehr

Kundin:	Zweimal Erdbeer und einmal Schokolade, bitte.
Verkäufer:	Mit Sahne?
Kundin:	Ja, bitte.
Verkäufer:	Drei Mark neunzig.

Kunde:	Einmal Vanille und einmal Schokolade, bitte.
Verkäufer:	Mit Sahne?
Kunde:	Nein, danke.
Verkäufer:	Hier, bitte. Eins vierzig.

Hast du Hunger?

Belegtes Brötchen
mit Käse
mit Wurst
Stück   2,50

Bier, Flasche   1,75

Ketchup, Currysoße   -,30

Bratwurst   2,50

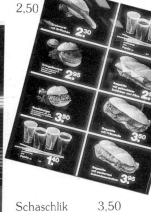

Schaschlik   3,50

Limo   1,50

Brötchen   -,50

Was nimmst du?
Höre gut zu, und schreibe IC usw.

*Und jetzt stelle deinem
Partner/deiner Partnerin Fragen.*

Beispiel: A — Was nimmst du?
— mm . . . einen
   Hamburger.
— Also. Zweimal
   Hamburger, bitte.

Tip des Tages

Buying snacks and drinks

(Ich möchte) (Ich nehme) (Ich hätte gern)	einmal zweimal dreimal	Vanille Erdbeer Bratwurst Cola	,bitte.
Ich kaufe mir	einen Hamburger einen Apfelsaft eine Limo ein Bier		
	eine Portion Pommes frites		

Fragen
1 How much does it cost to go on the big wheel?
2 Who pays for it?
3 How much does the shooting gallery cost?
4 Who pays for Alison?
5 How many tickets do you get for one Mark at the lucky numbers stand?
6 What does Ralf win?
7 What does Brigitte give David?
8 What does Ralf offer to buy the others?

Wieviel Geld haben sie dabei?

Alison, Brigitte, David und Ralf sind
auf dem Jahrmarkt. Brigitte und
Ralf sind Deutsche, Alison und
David kommen aus England. Alison
ist Brigittes Austauschpartnerin,
und David ist bei Ralf zu Gast.
Höre gut zu—sie sprechen über
ihr Geld.

Fahren wir mit dem Riesenrad?

Zuerst fahren die vier mit dem
Riesenrad. Fünf Minuten pro
Person für eine Mark. Das
Riesenrad ist dreißig Meter hoch.
Von oben sieht alles ganz klein aus
— die Häuser, die Autoscooter und
die Menschen. Es macht ihnen viel
Spaß. Aber Brigitte hat jetzt nur
noch 26 Mark. Die anderen sagen
alle: ‚Danke für die Fahrt'.

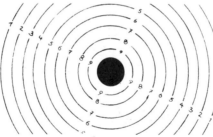

Dann gehen die Mädchen zur
Schießbude. Drei Schuß kosten 50
Pfennig. Brigitte zahlt mit einem
5-Mark-Stück und bekommt
DM 4,50 zurück. Alison hat ein
50-Pfennig-Stück. Sie schießen gut,
und jede bekommt eine
Papierblume.

Die beiden Jungen gehen zur
Losbude. Ein Los kostet 50 Pfennig,
aber drei Lose kosten nur eine
Mark. David gewinnt einen
Teddybär. Aber Ralf gewinnt nichts
mit seinen drei Losen.

‚Wo sind denn nur die Mädchen?'
fragt Ralf.
‚Hier sind wir schon,' sagt Brigitte.
‚Ich habe eine Blume für dich,
David.'
‚Ich auch,' sagt Alison.
‚Und was kriege ich?' fragt Ralf.
‚Den Teddybär,' antwortet David.
Ralf macht erst ein langes Gesicht,
aber dann lacht er und sagt:
‚Kommt, ich spendiere ein Eis.'

Kommst du mit zum Jahrmarkt?

Es ist Oktober. Auf dem Marktplatz
ist Jahrmarkt.

Das Riesenrad

Die Achterbahn

Ein Autoscooter

Ein Karussell

Eine Schiffsschaukel

Haut den
Lukas

Eine Losbude

FANTOMAS

Die Geisterbahn

Eine Schießbude

Auf dem Jahrmarkt

ACHTERBAHN 2,-

Karussell

Zucker-
watte
DM 1~

Bratwurst	2,80	Bier	2,50
Bockwurst	2,40	Cola	1,80
Hamburger	3,-	Apfelsaft	2,-
Schaschlik	4,-	Limo	1,60
Belegtes Brötchen	2,50	Orangensaft	2,20
Frikadelle	2,30		
Pommes Frites	1,70		
Chips	1,50		
Käsestangen	1,80		

GUMMIBÄRCHEN
50g PACKCHE
DM 1,25

Eis 1,00
Sahne -,50

Los
DM 0,50

AUTOSCOOTER 1.20

GEISTER BAHN

DM 0,70
SCHIFFSSCHAUKEL

WURFBUDE 0,10

RIESERADZ 1.-

HAUT DEN LUKAS   SCHLAG: -,50

SCHIESS-BUDE   SCHUSS: -,50

Grammatik auf einen Blick

1 Plural nouns. Saying 'books' instead of 'book' etc.

In German there is no single rule for making words plural, but there are a number of common changes which take place.

a *Most feminine nouns add an **-n** in the plural, e.g.*

| eine Kassette | zwei Kassette**n** |

Other words which do this are die Gitarre, die Postkarte, die Platte, die Tüte, die Blume, die Schwester.

b *Many words add an **-e**, e.g.*

| ein Film | zwei Film**e** |

Other words which do this are der Schuh, der Ohrring, das Geschenk.

c *Some add **-er** and an **Umlaut** to the main vowel, e.g.*

| ein Buch | zwei B**ü**ch**er** |

Similarly, das Fahrrad, das Haus, der Mann.

d *Some (mostly words borrowed from other languages) add an **-s**, e.g.*

| ein Radio | zwei Radio**s** |

Similarly, das T-Shirt, der Job, die Kamera.

e *Most masculine and neuter nouns ending in **-er** stay **unchanged** in the plural, e.g.*

| ein Hamburger | zwei Hamburger |

Similarly, der Sticker, der Rechner, der Plattenspieler, der Computer.

f *Other patterns include adding just an **Umlaut**, e.g.*

| ein Bruder | zwei Br**ü**der |

and adding an **-e** as well as an **Umlaut**, e.g.

| eine Wurst | zwei W**ü**rst**e** |

As you can see, there are certain common patterns, but there is no easy rule. When you learn a word, try to learn its plural as well!

2 Asking what things cost

| Was **kostet** das Poster? |
| Es **kostet** DM 4,50. |

| Was **kosten** die Postkarten? |
| Sie **kosten** 50 Pfennig. |

If you are talking about more than one thing, **kostet** becomes **kosten**.

3 Saying what you are going to buy, what you spend your money on or what you are saving for

Notice the change in the word for 'the':

	Der Computer	kostet DM 300.
Gut, ich kaufe	**den** Computer.	
Ich gebe mein Geld für	**den** Computer	aus.
Ich spare für	**den** Computer.	

A similar change occurs in the word for 'a':

	Ein Rechner	ist nicht teuer.
Ich gebe mein Geld für	**einen** Rechner	aus.
Ich spare für	**einen** Rechner.	

These changes (**der → den, ein → einen**) only occur with masculine words. This is known as changing from the **Nominative Case** (**der, ein**) to the **Accusative Case** (**den, einen**). Feminine (**die, eine**), neuter (**das, ein**) and plural (**die**) do not change when they are in the Accusative Case.

4 Saying how many you want of something at a snack bar or café

| Einmal Zweimal Viermal | Vanille, Bratwurst, Zitrone, | bitte. |

Literally **einmal** means 'one time' or 'once', **zweimal** 'twice', etc.

5 Saying you will buy something

Notice the use of **mir** (literally 'to me') in the phrase:

| Ich kaufe mir ein Eis. | *I'm going to get myself an ice cream.*

7 Willkommen in Osnabrück
- *getting to know a German town*
- *asking the way*
- *understanding and giving directions*
- *finding out from the Tourist Office what there is to do and see in a town*
- *finding out about the people in a town*

Welche Stadt ist das?

Beschreibe deinem Partner/deiner Partnerin eine dieser Städte.

Beispiel: *Du sagst:* ‚Es gibt einen Dom, drei Kinos, einen Bahnhof und ein Freibad. Welche Stadt ist das?'
Und dein(e) Partner(in) antwortet hoffentlich: ‚Gütersloh'.

Osnabrück – meine Stadt

„Ich wohne in Osnabrück, nicht weit von Hannover.

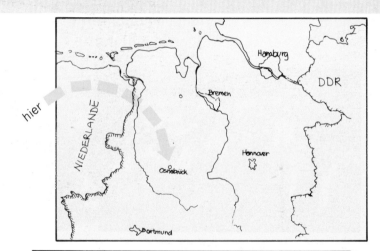

1 der Dom

2 die Stadtmauer

5

Das Haus Walhalla in der Bierstraße. Heute ist hier ein Restaurant.

3 das Rathaus

Das Schloß **4** ist aus dem Jahr 1690. Hier ist 1727 König Georg der Erste von England gestorben. Heute ist hier die Universität.

6 Osnabrück nach dem Zweiten Weltkrieg (1945).

7 In der Stadthalle gibt es manchmal Popkonzerte.

8

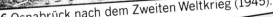

9 Hochhaus mit Wohnungen

Moderne Häuser in der Weststadt

Neue Büros in der Möserstraße

10

Tip des Tages

How to ask what there is to see in a town

| Was gibt es | in | der Stadt Osnabrück | zu sehen? |

How to say what there is in a town

	den einen	Dom.
Es gibt	die eine	Stadthalle.
	das ein	Rathaus.

Wer spricht?

Schreibe 1c usw. in dein Heft.

a Entschuldigung. Wo ist das Krankenhaus, bitte?

b Wo ist hier die nächste Bank, bitte?

c Wo ist das Stadion, bitte?

f Entschuldigung. Wo ist hier das nächste Hallenbad, bitte?

d Wo ist hier der nächste Campingplatz, bitte?

e Entschuldigung, wo ist hier die Disko, bitte?

Entschuldigung

Stelle deinem Partner/deiner Partnerin Fragen.

Beispiel: 1 — Wo ist hier der Campingplatz, bitte?
— Da drüben.

Stadtplan

Richtig oder falsch? Wo ist das?
Höre gut zu. Sieh dir den Stadtplan
an, und schreibe **richtig** *oder* **falsch**
in dein Heft.

Dom

Hauptbahnhof

Schloß

Museum

P
Parkplatz

i
Verkehrsamt

⊕
Krankenhaus

Ⓕ
Fußgängerzone

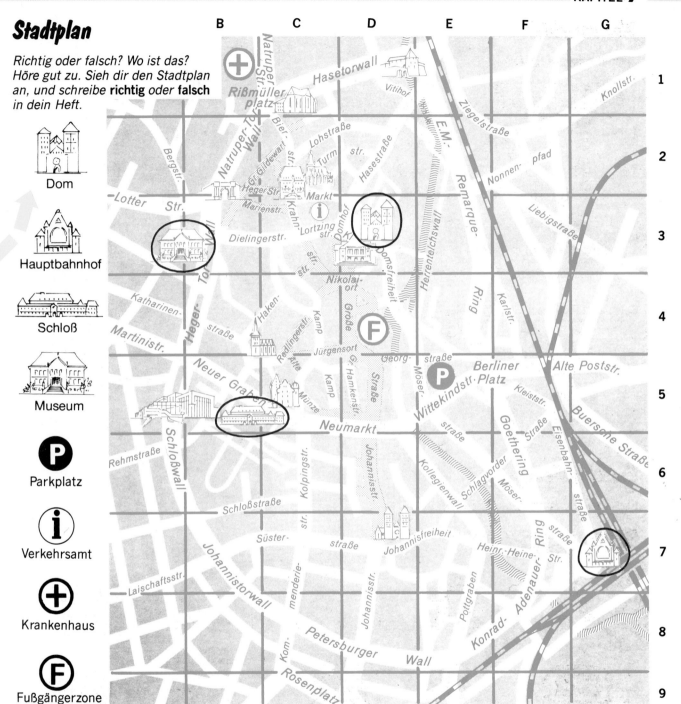

Ich suche das Verkehrsamt

Sieh dir den **Stadtplan** *an, und stelle Fragen.*

Beispiel: 1 — Ich suche das Verkehrsamt, bitte.
— Ja, das ist hier — in der Krahnstraße.

1 **i**	2 🏛	3 **⊕**	4 **Ⓕ**
5 🏛	6 🏰	7 ⛪	8 **P**

Ist hier ein Kino in der Nähe?

Partnerarbeit

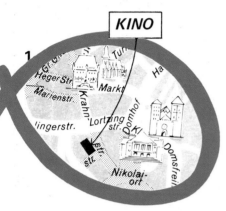

KINO

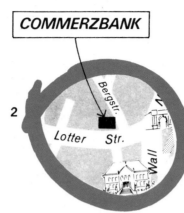

COMMERZBANK

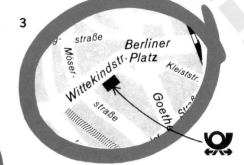

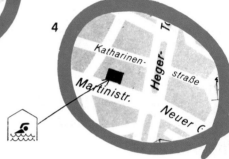

Beispiel: 1 — Entschuldigung. Ist hier ein Kino in der Nähe, bitte?
— Ja. In der Krahnstraße. Hier.

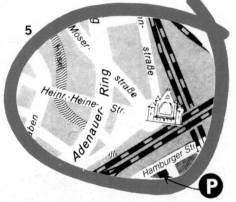

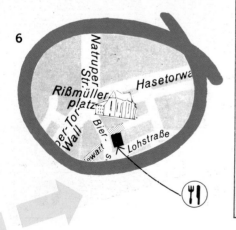

| Tip des Tages |

How to ask the way to a place

| Entschuldigung. | Wo ist hier | der / die / das | nächste | Park? / Post? / Kino? |

| Entschuldigung. | Wo ist | der Bahnhof? / die Poststraße? / das Rathaus? |

How to say you are looking for somewhere (in town)

| Entschuldigung. | Ich suche | den Dom. / die Stadthalle. / das Schloß. |
| | | einen Parkplatz. / eine Bushaltestelle. / ein Krankenhaus. |

How to ask if a place is nearby

| Entschuldigung. | Ist hier | ein Parkplatz / eine Bank / ein Restaurant | in der Nähe? |

Stadtrundfahrt

Straßenschilder

Wegbeschreibungen

A **B**

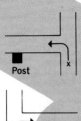

1 Entschuldigung. Wo ist die nächste Post?

Danke schön.

Die nächste Post? Hier links.

2 Entschuldigung. Wo ist das Freibad?

Danke schön.

Das Freibad ist da rechts.

3 Entschuldigung. Wo ist der Bahnhof?

Danke schön.

Der Bahnhof? Hier geradeaus.

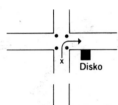

4 _____ . _____ _____
die nächste _____ ?

Danke schön.

Hier bis zur Ampel und dann rechts.

Bitte schön.

5 _____ ?

_____

Hier bis zur Kreuzung und dann links.

_____

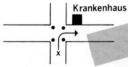

6 _____ ?

_____

_____

7 _____ ?

_____

_____

8 _____ ?

_____

_____

9 _____ ?

_____

_____

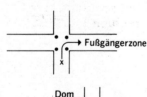

10 _____ ?

_____

_____

Erste Straße links

Partnerarbeit.

Beispiel: — Wo ist das
Krankenhaus, bitte?
— Die erste Straße links.
— Danke.

Rathaus

Dom

Post

Sportplatz

Krankenhaus

Bahnhof

Du
bist
hier
X

Ich suche die Post

Höre gut zu, und schreibe IF usw.

B

C

10 Minuten

2 km

D

500 m

A ← 1 km

100 m

E

5 Minuten

10 Minuten

200 m

F

H

G

Tip des Tages

Understanding and giving directions

Hier **links** ist der Dom.
Hier **rechts** ist die Stadthalle.
Das Schloß ist **geradeaus**.

The first/second/third street on the left/right

Die	erste zweite dritte	Straße	links. rechts.

Asking and saying how far somewhere is

Ist das weit von hier?	Ja, Nein,	hundert Meter. ein Kilometer. zwei Minuten zu Fuß. zehn Minuten mit dem Bus.

Up to the crossroads/traffic lights

bis zur	Kreuzung Ampel

On the left-/right-hand side

auf der	linken rechten	Seite

Im Verkehrsamt

Guten Tag.
Was für Informationsmaterial
haben Sie über die Stadt?

Wir haben . . .

1 einen Stadtplan, . . .

2 Broschüren, . . .

Osnabrück
Osnabrück
Osnabrücker
ZOO
mit Sommerrodelbahn
und Zooschule

Osnabrück

Osnabrück
Hotel-
nachweis

5 Hotellisten
und Prospekte
über Restaurants,
Konzerte und
Ausflüge. Wir
haben auch Fahrkarten.

OSNABRÜCKER LAND

DER DOM
ZU OSNABRÜCK

3 Posters, . . .

4 Bücher, . . .

Was kann ich heute nachmittag machen?

Was gibt es hier zu sehen? Höre gut zu! Wie ist die
richtige Reihenfolge?

Beispiel: *Du hörst: Es gibt den Dom!
Das ist **D** — Du schreibst **D**.*

| Es gibt | den Dom.
einen Zoo. |
|---|---|
| | die Stadtmauer.
eine Fähre. |
| | das Schloß.
ein Freibad. |

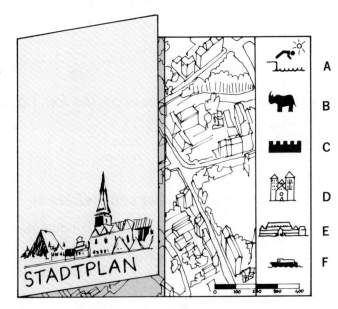

STADTPLAN

A

B

C

D

E

F

Du da hinten

Im Klassenraum:

Wo ist das, bitte?

Höre gut zu.

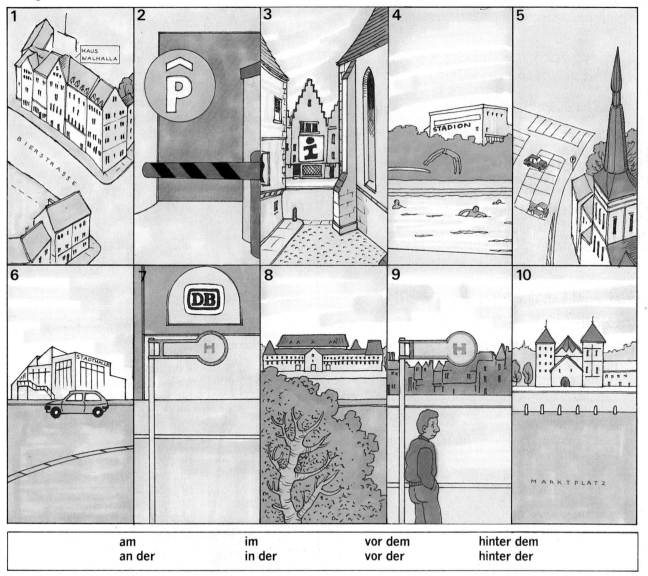

am	im	vor dem	hinter dem
an der	in der	vor der	hinter der

Menschen in Osnabrück

Tip des Tages

How to ask for things in a Tourist Information Office

| Ich möchte | einen Stadtplan.
eine Broschüre.
eine Hotelliste. |

How to ask for general information

| Ich möchte |

| Informationsmaterial über | Restaurants.
Ausflüge. |

How to ask what you can do in the afternoon

| Was kann ich | heute nachmittag | machen? |

How to suggest activities to someone

| Du kannst | den Dom besichtigen.
schwimmen gehen. |
| Sie können | den Zoo besuchen. |

How to say where something or someone is

Das Haus ist Michael ist	in der Bierstraße. in der Stadtmitte. im Hallenbad.	*in*
Walter ist Der Dom ist	an der Haltestelle. am Marktplatz.	*next to,* *at*
Das Auto ist Der Park ist	vor der Stadthalle. vor dem Schloß.	*in front of* *(outside)*
Das Verkehrsamt ist Das Stadion ist	hinter der Kirche. hinter dem Freibad.	*behind*

da hinten	*at the back*
hier vorn	*at the front here*
da drüben	*over there*

Ali T., türkisch, 14. Ich bin hier in O. geboren. Meine Eltern wohnen schon 16 Jahre hier. Ich habe nur wenige deutsche Freunde.

Ellen M., deutsch, 15. Meine Familie kommt aus Rheine. Wir wohnen hier seit 2 Jahren. Die Stadt ist ganz nett, die Schule nicht so.

Hans K., deutsch. Ich bin 1919 hier geboren. Nach dem 1. Weltkrieg. O. ist jetzt ganz modern. Aber ein paar alte Häuser sind noch da.

Kurt Z., deutsch, 42. Ich bin verheiratet und habe 2 Kinder. Ich habe einen guten Job bei Karmann. Ich bin Fußballfan.

Ian G., britisch, 38. Ich bin Major in der Rheinarmee und habe ein Haus am Stadtrand. Meine Frau geht gern bei Hertie und Horten einkaufen.

Heide L., deutsch, 21. Ich studiere hier an der Uni und wohne im Studentenheim. Ich bummle gern durch die Fußgängerzone.

Laura M., italienisch, 16. Ich gehe zur Schule. Mein Vater hat eine Pizzeria. Da helfe ich abends. Ich gehe nicht oft aus, nur manchmal ins Kino. Deutsche Freunde? Ja, viele.

Jochen B., deutsch, 28. Ich bin Polizist und bin hier geboren. Probleme gibt es selten, nur manchmal mit den Demonstranten oder sonntags mit Fußballrowdys.

Gerd B., deutsch, 34. Als Busfahrer kenne ich O. ganz gut. Wir fahren aber nicht in die Innenstadt, die ist nur für Fußgänger. Da gibt es schöne Kneipen. Die haben gutes Bier!

Volker S., deutsch, 19. Ich bin seit August hier Soldat. Da bekomme ich nicht viel Geld, aber ich habe einen Job. In der Kaserne sind wir 10 Mann in einem Raum! Zu Hause ist es besser.

Martin F., deutsch 37. Ich bin Lehrer am Carolinum. Das ist die älteste Schule in Deutschland. Viele junge Leute finden heute keinen Job. Das ist ein großes Problem.

Theo K., griechisch, 55. Ich habe hier eine Taverne. Meine Frau kocht griechische Spezialitäten. Die Deutschen kommen gern zu uns. Speisen und Musik aus Griechenland sind populär.

Lies die Dialoge. Wer ist das?

A
— Was machen Sie hier in Osnabrück?
— Ich bin Soldat.
— Wohnen Sie hier in der Stadtmitte?
— Nein, am Stadtrand.

B
— Hallo, wie alt bist du?
— Sechzehn.
— Hast du einen Job hier?
— Ich gehe noch zur Schule, aber manchmal arbeite ich abends in einem italienischen Restaurant.

C
— Sind Sie in Osnabrück geboren?
— Nein. Ich bin Studentin hier.
— Was machen Sie in der Freizeit?
— Bummeln und Einkaufen.

D
— Guten Tag. Sind Sie hier in Osnabrück geboren?
— Nein, aber ich habe ein Restaurant hier.

E
— Guten Tag. Sind Sie hier geboren?
— Ja, und ich arbeite auch hier bei der Polizeiwache.

F
— Hallo, wie alt bist du?
— Vierzehn.
— Bist du hier geboren?
— Ja, aber meine meisten Freunde sind Türken.

Wer spricht?

Höre gut zu und schreibe in dein Heft, wer spricht.

Beispiel: 1 Hans K.

Wer ist das?

Partnerarbeit. Partner(in) A ist Interviewer. Partner(in) B ist einer der Menschen in Osnabrück, aber welcher? Stelle die richtigen Fragen (aber nicht: ‚Wie heißen Sie?'), und gib die passenden Antworten.

TEIL 5

Einige Informationen: Gastarbeiter in Deutschland

Die BRD ist ein freies Land. Viele
Ausländer suchen politisches Asyl
in der BRD. Es kommen aber auch
viele Fremde, die in Deutschland
wohnen und arbeiten wollen. Diese
Gastarbeiter kommen aus vielen
Ländern: aus England, aus Italien,
aus Spanien, aus Griechenland,
aus Jugoslawien und die meisten
aus der Türkei.

Über 2 Millionen Türken wohnen
schon lange in Deutschland.
Deutschland ist jetzt ihre Heimat.
Gastarbeiter arbeiten überall: in
Geschäften, in Autofabriken, in
Restaurants und oft auf Baustellen.
Sie arbeiten auch in Schulen,
Krankenhäusern — ja, überall.

Fragen

1 Why do many foreigners seek
   political asylum in Germany?
2 What German name is given to
   those foreigners who come to
   Germany to live and work?
3 From which countries do they
   usually come?
4 Where do the majority of these
   come from?
5 Where do they find jobs?

Aus England

Aus der Türkei

Aus Jugoslawien

Aus Griechenland

Aus Spanien

Aus Italien

Wann bist du geboren?

Wann bist du geboren?

Ich bin 1928 geboren

Herr Beethoven. Wann sind Sie geboren?

Ich? Geboren? 1770.

Tip des Tages

How to ask where somebody was born

| Wo | bist du sind Sie | geboren? |

How to say where you were born

| Ich bin | hier in Osnabrück | geboren. |

How to ask when somebody was born

| Wann | bist du sind Sie ist dein Bruder ist deine Schwester | geboren? |

How to say when somebody was born

| Ich bin Er ist Sie ist | neunzehnhundert-fünfundsiebzig 1727 | geboren. |

Einige Informationen
Viele Wege führen nach Osnabrück

OSNABRÜCK

Osnabrück ist eine alte Stadt in Nordwestdeutschland.
Es ist ein Verkehrsknotenpunkt:
Hier kreuzen sich Autobahnen . . .   und Eisenbahnlinien.

Auch Kanalschiffe kommen
nach Osnabrück.

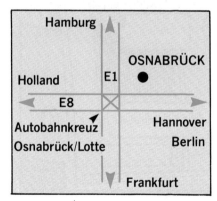

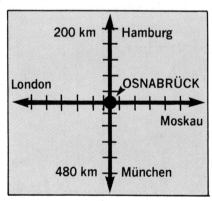

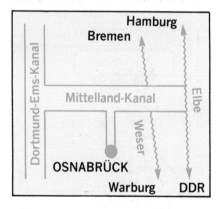

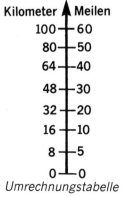

Umrechnungstabelle

Der Hafen

Fragen über Osnabrück

1 Wo liegt Osnabrück?
2 Was ist die E8?
3 Wie weit ist Osnabrück von München?
4 Wieviel Meilen sind hundert Kilometer?
5 Wie heißen die zwei Kanäle in der Nähe von Osnabrück?

Wo ist das Hallenbad?

Wo ist der Ausgang?

Wie ist es richtig?

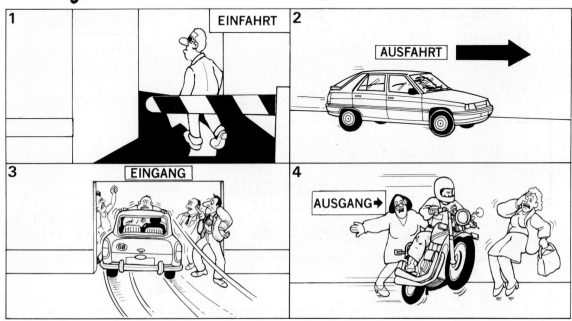

Welche Linie ist das?

*Höre gut zu. Welche Linie ist das,
und welche Nummer?*

Beispiel: 1 Das ist **A**, die Linie 19.

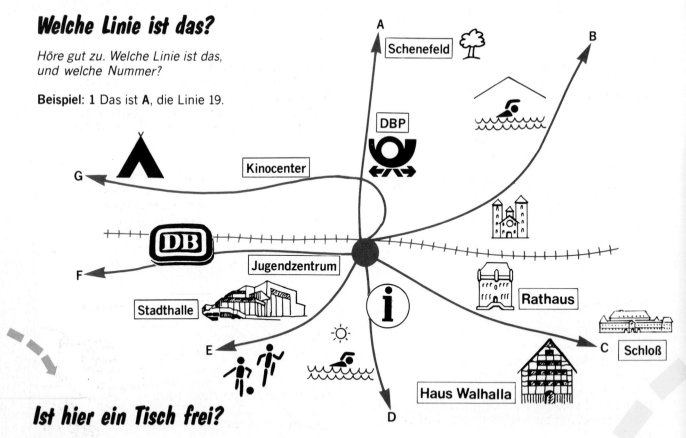

Ist hier ein Tisch frei?

Wo sitzen die Leute, und wieviel sind sie? Höre gut zu!

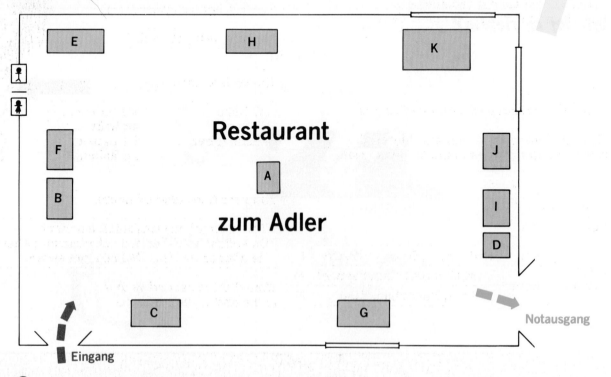

1 Asking questions

Wo ist hier das Krankenhaus?
Wo ist hier die nächste Disko?
Ist hier ein Kino in der Nähe?
Ist der Campingplatz weit von hier?
Was gibt es in der Stadt zu sehen?
Wo habe ich geparkt?
Was kann man heute nachmittag machen?
Wo bist du/sind Sie geboren?
Wann bist du/sind Sie geboren?

2 Giving directions

Das Rathaus ist hier links.
Der Dom ist hier rechts.
Die Stadthalle ist geradeaus.
Das ist die erste Straße links.
Das ist die zweite Straße rechts.
Hier geradeaus bis zur Ampel und dann links.
Hier geradeaus bis zur Kreuzung und dann rechts.
Die Post ist in der Poststraße.
Das Café ist auf der rechten Seite.
Das Museum ist auf der linken Seite.

3 Saying precisely where something is

After the prepositions **vor** and **hinter**, the words for 'the' change in the following way:

F	M	N
die	der	das
der	dem	dem

Vor Hinter	der	Stadtmauer, Post, Stadthalle.	F
	dem	Dom, Campingplatz, Bahnhof.	M
		Rathaus, Hallenbad, Kino.	N

4 Other points to note:

a There are some changes in the words for 'the/a' when masculine nouns (like **der** Parkplatz, **der** Dom, **der** Campingplatz, **der** Stadtplan) are the direct object of a sentence.

Subject	Verb	Direct Object
Es	gibt	**einen** Dom/**den** Dom.
		einen Campingplatz.
		den Campingplatz.
Sie	hat	**den** Stadtplan.
Ich	suche	**den** Parkplatz.
Peter	sucht	**einen** Parkplatz.
Ich	möchte	**einen** Stadtplan.

b Expressions relating to giving directions.

Zehn Minuten zu Fuß.
Fünf Minuten mit dem Bus.

c Saying where you were born.

Ich bin in . . . geboren.

d Saying when you were born.

Ich bin 1980 geboren.

e The verb **to have**

ich **habe** . . .	wir **haben** . . .
du **hast** . . .	ihr **habt** . . .
er/sie/es **hat** . . .	Sie **haben** . . .
	sie **haben** . . .

f The verb **to be able** (**können**).

Was **kann** ich in Osnabrück machen?
Du **kannst** im Hallenbad schwimmen gehen.
Sie **können** im Haus Walhalla gut essen.

Note that the second verb is at the end of the sentence.

8 Beim Einkaufen

- *finding out about shops*
- *talking about quantities*
- *buying food and drink*
- *shopping in a department store and buying stamps*
- *talking about what you've bought and who it's for*

Was kann man hier kaufen?

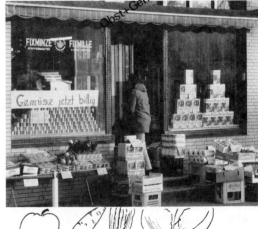

Wo bist du denn?

Beispiel: 1 *Du hörst:* ‚Hier kannst du Schuhe kaufen. Wo bist du denn?'
Du sagst: ‚Im Schuhgeschäft.'

Ingrid und Franz gehen einkaufen

Partnerarbeit
*Dein(e) Partner(in) wählt ein
Geschäft und schreibt die Nummer
in sein (oder ihr) Heft. Kannst du
raten, wo er/sie ist?*

Stelle die Frage:
‚Wo bist du denn, in der
Konditorei? Im Sportgeschäft?'

Oder: ‚Kannst du hier Seife
kaufen?' usw.

Es ist Dienstagnachmittag. Ingrid
fährt in die Stadt. Zuerst geht sie in
die Metzgerei. Dort kauft sie
Schinken und Wurst.

Dort trifft sie Franz. Er kauft sich
Turnschuhe. Dann fährt Ingrid
wieder nach Hause, aber Franz
geht gleich in den Supermarkt. Er
macht ein paar Einkäufe.

Metzgerei

Dann geht sie in die Drogerie und
kauft Zahnpasta. Danach geht sie
in die Apotheke und kauft Tabletten
Sie geht dann in die Buchhandlung
und kauft sich eine *Bravo*.

drogerie

APOTHEKE

Deutscher Supermarkt

BUCHHANDLUNG

Schließlich geht er ins
Schuhgeschäft, aber es ist da alles
zu teuer. Wie schade! Also, nach
Hause!

Später geht sie noch ins
Gemüsegeschäft, in die Bäckerei
und ins Sportgeschäft.

Bleib gesund iß Gemüse!

SPORTSHOP

Wo sind sie? Wo gehen sie hin?

Höre gut zu. Wo sind sie, oder wo gehen sie hin?
Wähle 1 oder 2 und schreibe es in dein Heft.

Beispiel: A *Du hörst:* ‚Franz geht in die Stadt.
Zuerst geht er **ins** Sportgeschäft.'
Das ist **Bild 2**. *Du schreibst also* **A2**.

A Sportgeschäft

B Bäckerei

C Drogerie

D Buchhandlung

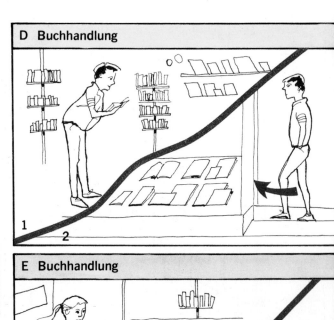

E Buchhandlung

F Metzgerei

TEIL **1**

G Supermarkt

H Supermarkt

Was machen Franz und Ingrid?

Wie ist es richtig? Schreibe die Geschichte in dein Heft in der richtigen Reihenfolge.

1
Und wo ist Ingrid jetzt? Im Supermarkt, natürlich! Dort kann man fast alles kaufen!

2
Ingrid will auch eine *Bravo* kaufen. Sie geht in die Buchhandlung . . .

3
Ingrid ist schon in der Bäckerei.

4
Schließlich geht er in den Supermarkt.

5
Franz ist jetzt in der Buchhandlung.

6
Es ist Mittwochnachmittag. Franz geht in die Stadt. Zuerst geht er ins Sportgeschäft.

7
. . . aber Franz ist nicht mehr da. Er ist in der Metzgerei.

8
Fünf Minuten später geht sie in die Drogerie. Sie will Zahnpasta kaufen.

Tip des Tages

How to say somebody is in a shop

Franz ist	im	Schuhgeschäft. Supermarkt.
	in der	Metzgerei. Buchhandlung.

How to say you are going into a shop

Ich gehe	ins	Schuhgeschäft.
	in den	Supermarkt.
	in die	Metzgerei. Buchhandlung.

The names of some shops

das	Schuhgeschäft	shoe shop
	Sportgeschäft	sports shop
	Modegeschäft	boutique
	Warenhaus	department store

die	Metzgerei	butcher's
	Bäckerei	baker's
	Konditorei	confectioner's/cake shop
	Drogerie	'drugstore'
	Buchhandlung	book shop
	Apotheke	chemist's

der	Supermarkt	supermarket
	Markt	market

Wieviel ist das?

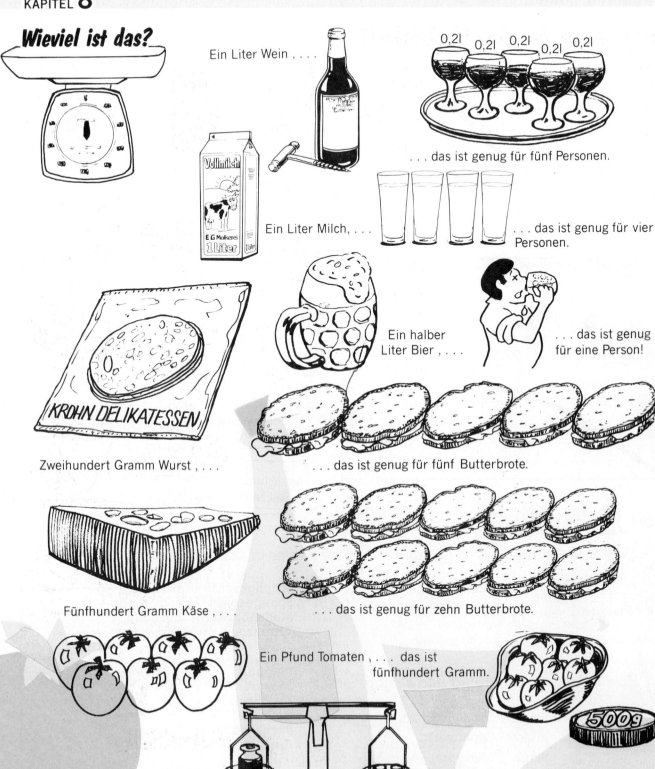

Ein Liter Wein , . . .

0,2l 0,2l 0,2l 0,2l 0,2l

. . . das ist genug für fünf Personen.

Ein Liter Milch, . . .

. . . das ist genug für vier Personen.

Ein halber Liter Bier , . . .

. . . das ist genug für eine Person!

KROHN DELIKATESSEN

Zweihundert Gramm Wurst , . . .

. . . das ist genug für fünf Butterbrote.

Fünfhundert Gramm Käse , . . .

. . . das ist genug für zehn Butterbrote.

Ein Pfund Tomaten , . . . das ist fünfhundert Gramm.

500g

Ein Kilo , ... das ist genau zwei Pfund.

Was kaufen die Leute im Geschäft?

Höre gut zu, und schreibe **1h**, **2s** *usw. in dein Heft.*

a — 1,5 kg — Käse
b — 5kg — Kartoffeln
c — 300g — Käse
d — Coca Cola
e — Konfitüre
f — Kekse

g — Suppe
h — 1 kg — Käse
i — Kaffee
j — Pralinen
k — Mars
l — Honig

m — Marzipan
n — Apfelsaft
o — Mayonnaise
p — Heringssalat
q — Milch
r — Heringe

s — Margarine
t — Seife
u — Bier
v — Wurst
w — Zahnpasta
x — Gummibärchen

Wie ist das richtig?

Zeichne die Bilder in dein Heft, und schreibe das richtige Wort darunter.

Beispiel:

eine Packung Kaffee   ein . .

eine Tüte	ein Becher
eine Dose	ein Liter
eine Packung	ein Riegel
eine Flasche	
eine Tube	ein Glas
eine Kiste	ein Stück
eine Schachtel	ein Kilo

| zweihundert | Gramm |
| dreihundert | |

Einkaufslisten

Sieh dir **Was kaufen die Leute im Geschäft?** *an. Partnerarbeit. Diktiere deinem Partner/deiner Partnerin eine Einkaufsliste.*

TEIL **2**

127

Im Supermarkt muß man oft selbst Obst und Gemüse abwiegen. Es ist aber sehr praktisch; man spart viel Zeit dabei. Man wählt sein eigenes Obst und Gemüse aus und wiegt es selbst —vollautomatisch. Keine Verkäufer sind da.

Hier sind die Bons:

Vollautomatik

Heute gibt es Probleme mit der Maschine! Trage die sechs Bons in dein Heft ein. Höre gut zu, und schreibe die richtigen Gewichte und Preise und die Obst- und Gemüsesorten auf die Bons.

Preis je 1 Kg:			DM
	DM		
Kirschen	5,10	Kartoffeln	1,75
Äpfel	4,05	Karotten	3,20
Bananen	7,20	Erbsen	5,10
Aprikosen	3,65	Zwiebeln	2,80
Pfirsiche	3,75	Tomaten	3,98
Pflaumen	3,20	Bohnen	4,50
		G = Gemüse	
O = Obst			

1

500g _____	DM 1,99
_____ Äpfel	DM 4,05
Endpreis:	DM 6,04

2

_____ Zwiebeln	DM 1,40
_____ Tomaten	DM 3,98
2kg _____	DM 3,50
Endpreis:	DM 8,88

3

750g _____	DM 5,40
_____ Kirschen	DM 2,04
Endpreis:	DM 7,44

4

_____ Karotten	DM 2,56
600 g _____	DM 3,06
_____ Äpfel	DM 6,08
Endpreis:	DM 11,70

5

_____ _____ _____	
_____ Bananen	DM 7,20
Endpreis:	DM 12,45

6

_____ _____ _____	
_____ _____ _____	
_____ _____ _____	
Endpreis: DM _____	

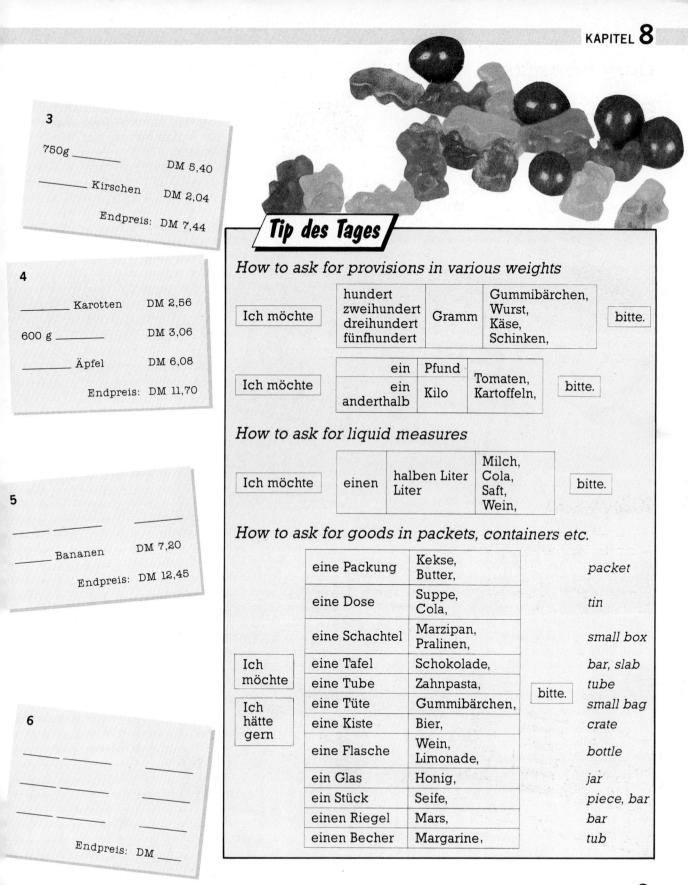

Tip des Tages

How to ask for provisions in various weights

Ich möchte	hundert zweihundert dreihundert fünfhundert	Gramm	Gummibärchen, Wurst, Käse, Schinken,	bitte.

Ich möchte	ein	Pfund	Tomaten, Kartoffeln,	bitte.
	ein anderthalb	Kilo		

How to ask for liquid measures

Ich möchte	einen	halben Liter Liter	Milch, Cola, Saft, Wein,	bitte.

How to ask for goods in packets, containers etc.

	eine Packung	Kekse, Butter,		packet
	eine Dose	Suppe, Cola,		tin
	eine Schachtel	Marzipan, Pralinen,		small box
Ich möchte	eine Tafel	Schokolade,		bar, slab
	eine Tube	Zahnpasta,		tube
Ich hätte gern	eine Tüte	Gummibärchen,	bitte.	small bag
	eine Kiste	Bier,		crate
	eine Flasche	Wein, Limonade,		bottle
	ein Glas	Honig,		jar
	ein Stück	Seife,		piece, bar
	einen Riegel	Mars,		bar
	einen Becher	Margarine,		tub

Hanse SB

Beim Einkaufen

Höre gut zu. Was kaufen Jörg und Frau Jührend? Trage den Bon in dein Heft ein, und fülle ihn aus.

Hanse SB

Stark in Preis, Leistung, Qualität und Frische

Unsere Wochenangebote

Schweineschnitzel
zart und saftig
1 kg **8.99**

Dr. Oetker Pizza
Salami oder Romana
gefroren
je 300/320-g-Packung **2.49**

Rama Frühstücksmargarine
500-g-Becher **1.79**

Schwartau Extra Konfitüre **1.99**
450-g-Glas

De Beukelaer Prinzenrolle oder **Butterkeks**
je 250/400-g-Packung **2.22**

Schnitzelbraten
ohne Fett und Schwarte
1 kg **7.99**

Deutsche Molkereibutter **1.94**
250-g-Packung

Frischer Rinderleber
zart und saftig
1 kg **4.99**

Kraft Scheibletten
sortiert
45/50% Fett i.Tr.
200-g-Packung **1.99**

Hawesta Herings-Delikatessen
sortiert
je 200-g-Dose **1.79**

Rouladen
zart und saftig
1 kg **11.99**

Kühne Holsteiner Faßkraut **1.79**
850-ml-Glas

Popp allerfeinster Heringssalat
rot
200-g-Becher **1.79**

Erasco
Erbsen-, Linsen-, Bohnen- oder Kartoffelsuppe
je 0,8-l-Dose **1.79**

Der große Klare aus dem Norden Bommerlunder
40 Vol.%
0,7-l-Flasche **13.99**

Nienhöfener gekochter Hinterschinken
100 g **1.99**

Tempo Küchentücher **2.99**
4er Packung

Feiner alter Asmussen
Jamaica-Rumverschnitt
40 Vol.%
0,7-l-Flasche **9.99**

Nienhöfener Jagdwurst
100 g **1.29**

Persil Vollwaschmittel
phosphatfrei
3-kg-Tragepackung **9.99**

Flensburger Pilsener
24/0,33-l-Flaschen
Kiste ohne Pfand **16.99**

Gut von Holstein Friesländer Gouda
48% Fett i.Tr.
100 g **-.89**

Irischer Frühling Seife
150-g-Stück **-.79**

Erasco Fertiggerichte
sortiert
800-g-Dose **2.49**

Wilstermarschkäse
45% Fett i.Tr.
100 g **-.99**

84er Baden-Wein Spätburgunder Weißherbst
QbA
1-Liter-Flasche **6.99**

Sarotti Schokolade
100-g-Tafel **1.09**

Ihr SB-Warenhaus an der BAB-Ausfahrt Eidelstedt

-Hanse SB-

	7,99
	1,79
	1,99
	2,22
	16,99
	4,95
	2,58
	9,99
	48,50

Tip des Tages

How shop assistants might address you

Was darf's sein?

How to say you would like something

Ich möchte	einen Becher Margarine. eine Flasche Cola. ein Pfund Karotten. zwei Dosen Tomatensuppe.

How they might ask if you want anything else

Sonst noch etwas?

How to say that's all

(Nein,) danke. Das ist alles.

Warenhäuser

Warenhäuser in der
Bundesrepublik:

Warenhäuser in der DDR:

Warenhäuser in Österreich:

Warenhäuser in der Schweiz:

Im Warenhaus

In den Abteilungen.

Wegweiser

Sieh dir das Bild an, und höre gut zu. Wo bekommen die Leute Schallplatten, Topfpflanzen usw.?

Wo kann ich das hier bekommen?

Sieh dir den Wegweiser an, und mache Dialoge mit einem Partner/einer Partnerin.

Beispiel: *Partner(in) A:* Entschuldigung, wo bekomme ich hier Topfpflanzen?
Partner(in) B: Im Untergeschoß — hier müssen Sie nach unten.
Partner(in) A: Ach ja, danke.

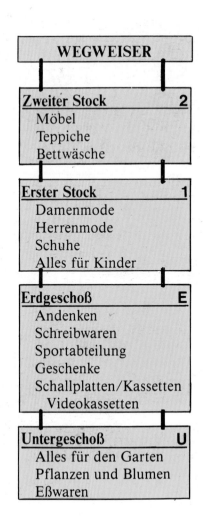

WEGWEISER	
Zweiter Stock	**2**
Möbel	
Teppiche	
Bettwäsche	
Erster Stock	**1**
Damenmode	
Herrenmode	
Schuhe	
Alles für Kinder	
Erdgeschoß	**E**
Andenken	
Schreibwaren	
Sportabteilung	
Geschenke	
Schallplatten/Kassetten	
Videokassetten	
Untergeschoß	**U**
Alles für den Garten	
Pflanzen und Blumen	
Eßwaren	

Ich hätte gern . . .

*Wo sind die Leute? Schreibe **1-12** in dein Heft, und höre gut zu. Schreibe 1A, usw.*

Ich hätte gern . . . Partnerarbeit

Du bist im Warenhaus und du suchst den Wegweiser. Du siehst keinen Wegweiser, aber ein Verkäufer steht da. Dein(e) Partner(in) spielt die Rolle des Verkäufers/der Verkäuferin.

Beispiel: *Du sagst: ‚Entschuldigung. Ich hätte gern ein T-Shirt'.
Dein(e) Partner(in) antwortet: ‚Ein T-Shirt. Ja, im ersten Stock.'*

Auf der Post

Was paßt zu wem? Höre gut zu.

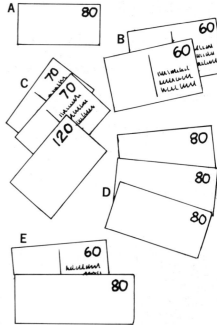

Zeichne die Briefumschläge und Postkarten in dein Heft, und schreibe die richtigen Adressen darauf.

Beispiel: A

Mr. J. James,
3 Village Way,
Little Wenlock,
Shropshire,
England

Hier sind die Adressen:

Chantal Grené,
17 avenue des Capucins,
72200 LA FLÈCHE,
Frankreich

Alain Heuland,
163 rue de Rivoli,
33100 BORDEAUX,
Frankreich

Partnerarbeit: Was kostet ein Brief nach Schottland?

*Sieh dir die Briefe und Postkarten und **Tip des Tages** an. Mache Dialoge mit deinem Partner/deiner Partnerin.*

Beispiel: *A*: Was kostet ein Brief nach Schottland, bitte?
B: Ein Brief nach Schottland? 80 Pfennig bitte.

Meg Holden,
2600 Virginia Street,
Apt. 1186,
Amarillo,
TEXAS,
TX 79109,
Amerika

Mr. J. James,
3 Village Way,
Little Wenlock,
Shropshire,
England

Jens Schweiger,
Zum Sportplatz 9,
GRAZ,
Österreich

Uli Lubbers,
Mühlenweg 75,
WIEN,
Österreich

Thomas Kurz,
Heldenkamp 18,
WIEN,
Österreich

Andrew McMahon,
31 Kelvin Road,
North Road,
Bellshill,
GLASGOW,
Schottland

Morag Anderson,
Edinburgh Way,
Glenalmond,
Perthshire,
PH1 3SU,
Schottland

Tip des Tages

How to ask (in a large shop or department store) where you can buy things

Wo kann ich hier	Schallplatten einen Schal Postkarten einen Notizblock einen Radiergummi	bekommen?

Likely replies

Im	Untergeschoß. Erdgeschoß.	
	ersten zweiten dritten	Stock.

How to request things in shops

Ich hätte gern Ich möchte	eine Topfpflanze. ein T-Shirt. einen Bleistift.

How to ask what it costs to send letters or postcards

Was kostet	ein Brief eine Postkarte	nach	England? Amerika? Frankreich? Italien? Nordirland?

Likely replies

Sechzig Siebzig Achtzig Neunzig	Pfennig.

Eine Mark.	
Eine Mark	zehn. zwanzig. dreißig. vierzig. fünfzig.

How to ask for stamps

Eine Briefmarke			sechzig achtzig	Pfennig.
Zwei Drei Vier	Briefmarken	zu	einer Mark	zehn. zwanzig. fünfzig.

How to ask for one/two/three (stamps) when you've already been told the cost

Eine	(Marke),	
Zwei Drei Vier Fünf	(Marken), (Stück),	bitte.

Was hast du heute gekauft?

Was antworten sie? Höre gut zu.

Dorit

Rebecca

Susi

Peter

Rachel

einen
Computer
Pullover

eine
Hose
Kassette

Ich habe . . .

. . . gekauft

ein
Eis

Make-up
Ohrringe

Aldimarkt

Er ist im Supermarkt und kauft Brot, Butter, Zucker, Wurst und Käse.

Und du? Warst du auch in der Stadt?

Ja, ich habe . . .

. . . gekauft.

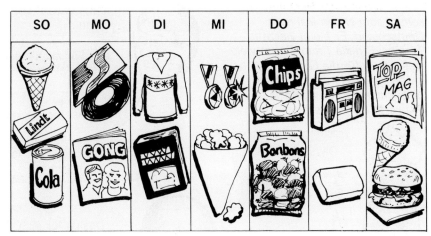

Was hast du gestern gekauft?

Er **war** im Supermarkt und
hat Brot, Butter, Zucker, Wurst
und Käse **gekauft** .

Partnerarbeit.
Beispiel: *Partner(in) A:* Heute ist Mittwoch. Was hast du gestern gekauft?
Partner(in) B: Ich habe gestern einen Pullover und ein Buch
gekauft.

Wo hat man die Bananen gekauft?

Bei **Magnet**? *Bei* **Spar**? *Bei* **Aldi**? *Bei* **Kaufpark**? *Oder bei* **Familia**?
—Man hat die Bananen bei **Spar** *gekauft.*
Und den Wein? Wo hat man den Wein gekauft?
Stelle deinem Partner/deiner Partnerin Fragen.

David kommt nach Hamburg

David ist vierzehn Jahre alt und kommt zum ersten Mal nach Deutschland. Er bleibt vierzehn Tage bei Familie Timm. Er hat viele Geschenke für die Familie mitgebracht. Höre gut zu. Was bekommen sie von David? Antworte auf Englisch.

Ich habe ein paar Geschenke mitgebracht. Das ist für Sie, Frau Timm.

Für mich? Vielen Dank.

Das ist für Sie, Herr Timm.

Danke schön. Das ist sehr nett von dir.

Das ist für Arko.

Das ist für dich, Anton.

Danke.

Und das ist für dich, Mitzi.

Was hat David für seine Familie in England gekauft?

Es ist Davids letzter Abend bei Familie Timm. Frau Timm fragt: ‚Was hast du für deine Familie gekauft?'
Höre gut zu. Was paßt zu wem?

| Für seinen Bruder
Für seine Schwester
Für seine Mutter
Für seinen Vater
Für seinen Hund
Für seine Katze | . . . hat er . . . | ein Portemonnaie
einen Radiergummi
eine Maus
ein T-Shirt
einen Ball
ein Popmagazin | . . . gekauft. |

Angela war auch eine Woche bei einer Familie in Deutschland

Was hat sie für ihre Familie in England gekauft?

Für ihren Bruder
Für ihre Schwester
Für ihre Mutter
Für ihren Vater
Für ihren Hund
Für ihre Katze
Für ihre Freundin
Für ihren Freund

. . . hat sie . . .

. . . gekauft.

Dialoge

Du hast diese Geschenke für deine
deutsche Gastfamilie gekauft.
Was für Geschenke sind es?

Mache Dialoge mit einem
Partner/einer Partnerin, oder
schreibe sie in dein Heft.

Beispiel: *Ich:* Ich habe ein paar
Geschenke
mitgebracht.
Herr Schmidt,
das ist für Sie.
Herr S: Für mich? Vielen
Dank. Oh, wie
schön! Eine
Flasche Kognak.

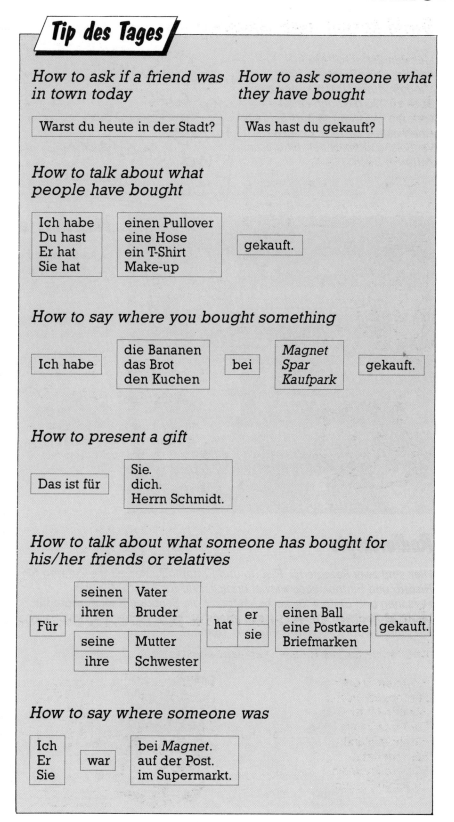

Tip des Tages

How to ask if a friend was in town today

Warst du heute in der Stadt?

How to ask someone what they have bought

Was hast du gekauft?

How to talk about what people have bought

Ich habe	einen Pullover	
Du hast	eine Hose	gekauft.
Er hat	ein T-Shirt	
Sie hat	Make-up	

How to say where you bought something

Ich habe	die Bananen	bei	Magnet	gekauft.
	das Brot		Spar	
	den Kuchen		Kaufpark	

How to present a gift

Das ist für	Sie.
	dich.
	Herrn Schmidt.

How to talk about what someone has bought for his/her friends or relatives

Für	seinen	Vater	hat	er	einen Ball	gekauft.
	ihren	Bruder		sie	eine Postkarte	
	seine	Mutter			Briefmarken	
	ihre	Schwester				

How to say where someone was

Ich	war	bei *Magnet*.
Er		auf der Post.
Sie		im Supermarkt.

Ich habe den Zettel verloren. Was war darauf?

Lies den Zettel mit einem Partner/einer Partnerin fünf Minuten durch. Dann mache das Buch zu: Du hast den Zettel verloren. Was war darauf? Schreibe einen neuen Zettel in dein Heft. Vergleiche ihn nachher mit diesem Zettel im Buch.

100 g Wurst
10 Eier
500g Tomaten
5 Pfd Kartoffeln
6 Dosen Coca Cola
1 Tafel Schokolade
1 Pfd Äpfel
300g Gouda
1 Brot (500g)
6 Tüten Kartoffelchips
1 Packung Butterkekse

Was darf es heute sein?

Schreibe eine Einkaufsliste, und dann mache Dialoge mit deinem Partner/deiner Partnerin.

Guten Tag. Was darf es heute sein?

Guten Tag. Ich möchte . . .

Sonst noch etwas?

Ja, haben Sie . . .?

Das macht DM . . .

Hier, bitte.

Danke schön. Auf Wiedersehen.

Auf Wiedersehen.

Radiorezepte

Hier sind zwei Rezepte für Risotto und Eintopf. Du kennst die Zutaten für Risotto und Eintopf, aber wieviel brauchst du für Risotto für **vier** Personen und Eintopf für **sechs**? Höre dir die Sendung **Radiorezepte für heute** im Radio an. Wieviel Champignons brauchst du für Risotto für vier Personen? Fünfzig Gramm? Hundert Gramm?

Eintopf

1 _____ g Mehl
2 _____ g Pfeffer
3 _____ g Salz
4 _____ Kilo Fleisch
5 _____ Kilo Kartoffeln
6 _____ g Karotten
7 _____ ml Wasser
8 _____ Zwiebel

Risotto

1 _____ g Champignons
2 _____ Tomaten
3 _____ g (_____ Löffel) Margarine
4 _____ Scheiben Schinken
5 _____ g Reis
6 _____ Bouillonwurfel für _____ Liter Wasser
7 _____ g Hähnchen
8 _____ g Karotten
9 _____ g Bohnen
10 _____ g Krabben
11 Salz, Pfeffer und Gewürze

Einige Informationen: Ein Briefkasten

Deutsche Briefkasten sind gelb. Hier steckt man die Briefe an der Seite ein, und vorne sieht man die Zeiten der Briefkastenleerung. Die Post leert diesen Briefkasten ziemlich oft: Der rote Punkt zeigt, daß es jeden Tag eine Leerung gibt.

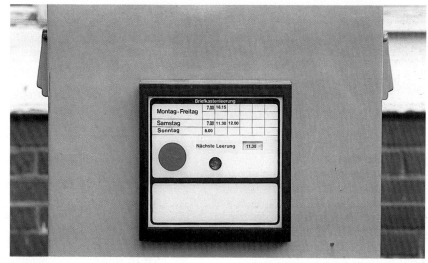

Briefkastenleerung			
Montag - Freitag	7.00	18.15	
Samstag	7.00	11.30	12.00
Sonntag	8.00		

Nächste Leerung 11.30

Was kaufen sie auf der Post?

Trage diese Tabelle in dein Heft ein. Höre gut zu, und fülle die Lücken aus.

	Wieviel	Stückpreis	Gesamtpreis
1			
2			
3			
4			
5			
6			
7			
8			

Fragen

Beantworte die Fragen auf Englisch . . .

1 You post a letter here at 8.10 pm on a Tuesday. Have you missed the last post?
2 If you posted a letter here on Saturday afternoon, when would it be collected?
3 What symbol shows that this box is emptied regularly?
4 On what day was this photograph taken? How can you tell?
5 In what ways is this postbox different from British ones?

. . . und auf Deutsch.

A Welche Farbe hat ein deutscher Briefkasten?
B Du willst einen Brief schicken. Wo steckst du den Brief ein?
C An welchem Tag gibt es die meisten Leerungen?
D Es ist Sonntagnachmittag. Wann ist die nächste Leerung?
E Wie oft leert man diesen Briefkasten am Donnerstag?

Frank und Erika im Warenhaus

Frank und Erika sind in einem Warenhaus. Was machen sie? Höre gut zu. Willst du mit Erika oder mit Frank gehen? Warum?

Grammatik auf einen Blick

1 In the . . .

In German, if you need to say 'in the', there are two forms.

Ingrid ist **im** Supermarkt. Franz ist **im** Sportgeschäft.	M (**im** is short N for **in dem**)
Ich bin **in der** Bäckerei.	F

2 Into the . . .

If you are moving **into** a shop, area or space, you use the following:

Ingrid geht **in den** Supermarkt.	M
Ich gehe **in die** Bäckerei.	F
Franz geht **ins** Sportgeschäft.	N (**ins** is short for **in das**)

Here the words **geht/gehe** tell you someone is moving from one spot **into** another.

3 Asking for goods by weight

Gramm Pfund Kilo	These words do not change in the plural.

Zweihundert Gramm Käse.	200g of cheese.
Ein Pfund Tomaten.	A pound of tomatoes.
Zwei Kilo Kartoffeln.	Two kilos of potatoes.

4 Asking for goods in containers

Eine	Packung Kekse. Dose Cola. Schachtel Pralinen. Tafel Schokolade. Tube Zahnpasta. Tüte Gummibärchen. Kiste Bier. Flasche Wein.	A packet of biscuits. tin of coca cola. box of chocolates. bar of chocolate. tube of toothpaste. bag of jelly babies. crate of beer. bottle of wine.
Ein	Stück Seife.	bar of soap.
Einen	Becher Margarine. Riegel Mars.	tub of margarine. Mars bar.

Note In 3 and 4 you do not translate the word 'of' into German.

5 Saying you would like something

Ich hätte gern . . .	or	Ich möchte . . .

Ich hätte gern einen Schal. Ich möchte zwei Briefmarken zu einer Mark.	I'd like a scarf. I'd like two 1 Mark stamps.

6 Asking where you can obtain goods

Wo kann man hier Schallplatten bekommen?

Where can you buy/get records (in) here?

Wo kann ich hier einen Schal bekommen?

Where can I get a scarf (in) here?

Note Whenever you ask if you can **do** something (**buy** clothes, **go** out, **watch** television) in German, the word you use to say what you can **do** goes to the end of your sentence.

Wo kann ich hier Fußballschuhe **bekommen**?

Where can I **buy/get** football boots in here?

7 Saying where you were/have been

Ich war . . .

Wo warst du? Ich war in der Stadt.	Where have you been? /Where were you? I've been/I was in town.

8 Saying what you have done

Was hast du gekauft? Ich habe einen Schal gekauft.	What have you bought? I've bought a scarf.

Note The word 'bought' (**gekauft**) goes to the end of your sentence. It is called the **past participle** of the verb 'to buy'.

9 Saying something is pleasing to you or tastes good to you

Notice the use of **mir** ('to me') in these phrases.

Die Kassette gefällt **mir**. Die Wurst schmeckt **mir** gut.	I like the tape (it's pleasing to me). The sausage tastes good (to me).

10 Saying that something is for somebody

Der Schal ist **für** Peter.	The scarf is for Peter.
Das ist **für** Sie, Herrn Bromma.	That's for you, Herr Bromma.

11 Saying 'for my brother/sister' etc.

Notice the way **mein** changes after **für**.

Das T-Shirt ist für **meinen** Bruder.	The T-shirt is for my brother.	(M)
Der Schal ist für **meine** Schwester.	The scarf is for my sister.	(F)
Die Karotte ist für **mein** Pferd.	The carrot is for my horse.	(N)
Der Cognac ist für **meine** Eltern.	The brandy is for my parents.	(PL)

Note By substituting **meinen/meine/mein/ meine** with the following, you can say 'for your . . . , for his . . . , for her . . .':

These words **mein/dein/sein/ihr** tell us who things belong to, so they are called **possessive adjectives** (because we possess or own them).

dein	für deinen Bruder für deine Schwester für dein Pferd für deine Eltern	for your brother etc.
sein	für seinen Bruder für seine Schwester für sein Pferd für seine Eltern	for his brother etc.
ihr	für ihren Bruder für ihre Schwester für ihr Pferd für ihre Eltern	for her brother etc.

So viele schöne Geschäfte!

So viele tolle Sachen zu kaufen!

Und was suche ich? Ein Glas Gurken!

9 Wie fährt man?

- talking about ways of going places
- finding out information and buying tickets
- using public transport
- planning a journey
- describing a journey you have made

Wie kommst du dahin?

Welches Bild ist das? Höre gut zu.

Beispiel: 1 *Du hörst:* ‚Wie kommst du zur Schule?'
‚Ich gehe zu Fuß. Es sind nur zehn Minuten.'

Das ist Bild **E**. *Du schreibst* **IE**.

B

C

D

F

G

H

Wie fahren sie dahin?

Schreibe diese Sätze in dein Heft,
und fülle die Lücken aus.

Beispiele:

Ich komme _____ zur Schule.

Ich komme *mit dem Rad* zur Schule.

Ich _____ nach New York.

Ich *fliege* nach New York.

1
Ich fahre _____ in die Stadt.

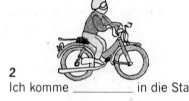

2
Ich komme _____ in die Stadt.

3
Ich fahre _____ zum Sportplatz.

4
Ich fahre _____ nach Harwich . . .

. . . und _____ nach Hamburg.

Gespräche

Wie ist das richtig? Lies den Text höre gut zu, und wähle die richtigen Antworten.

Heike

1 a Zwei Mädchen und ein Junge gehen am [Freitag / Samstag / Sonntag] zu einem Konzert.

b Die Popgruppe heißt [Evi Bamm / Ede Funk / Edelweiß].

c Das Popkonzert ist in [Köln / Freiburg / München].

d Ein Mädchen fährt mit dem [Wagen / Zug / Bus] dorthin.

e Der Junge Heino fährt mit der [Bahn / U-Bahn].

2 a Die Klasse plant eine Klassenfahrt nach [Lindau / London / Lohne].

b Sie fahren mit [der Bahn / der Fähre] nach Ostende,

c dann fahren sie weiter mit [dem Zug / dem Bus / der Fähre] nach Dover . . .

d und schließlich mit [dem Wagen / der Bahn / dem Moped] nach London.

e Es kostet [DM 880,- / DM 800,- / DM 1800,-] für [4 / 14 / 40] Tage.

5
Ich _____ nach Australien.

6
Ich gehe _____ zur Disko.

Und du? Wie kommst du dahin?
Schreibe fünf Sätze in dein Heft.

Einige Informationen:
Für junge Leute

Viele Jugendliche haben ein Moped oder ein Mofa. Sie fahren damit zur Schule, zum Sport, zur Disko, in die Stadt. Mofas und Mopeds kosten nicht viel, und sie verbrauchen sehr wenig Benzin. Mit fünfzehn kann man in Deutschland ein Mofa oder ein Moped fahren.

Viele Jugendliche fahren mit dem Rad. In vielen Städten gibt es Radwege (d.h. Wege speziell für Radfahrer).

Tip des Tages

How to ask how someone travels to places

Wie kommst du	zum Schwimmbad?
	zur Disko?
	zu Ullas Party?
	nach München?

How to ask how someone gets there

Wie kommst du dahin?

How to say how you travel to places

| Ich | komme fahre | mit | dem | Rad Bus Auto Mofa | zum Schwimmbad. nach England. |
| | | | der | Bahn S-Bahn U-Bahn Straßenbahn Fähre | |

Ich gehe zu Fuß.

Ich fliege.

Entschuldigung . . .

Was paßt zu wem? Höre gut zu,
und schreibe **1E** usw. in dein Heft.

Entschuldigung . . .

Ich bin hier fremd

Wie stellt man die Fragen? Sieh dir
die Bilder an, höre gut zu, dann
wiederhole die passenden Fragen.

1

Pinneberg-Mitte	10.02	10.57	11.
Peinerhof	10.10	11.05	11
Prisdorf	10.13	11.08	
Kummerfeld	10.20	11.15	
Borstel-Hohenraden	10.25	11.20	
Wulfsmühle	10.29	11.24	

4

3km?

8km?

10km?

5

hinten   in der Mitte   vorn

Bitte ab **19 Uhr** **vorn** einsteigen und Fahrausweis vorzeigen

3

Hier ENTWERTEN
Fahrkarte für 1 Einzelfahrt
Kurzstrecke
Kindertarif
Preis
1.60 DM
893399
MUSTER

Hier ENTWERTEN
Fahrkarte für 1 Einzelfahrt
2 Zonen
Preis
2.30 DM
893399
MUSTER

Partnerarbeit
Sieh dir die Bilder oben an, und
mache Dialoge mit deinem
Partner/deiner Partnerin.
Beispiel: — Wann fährt der nächste
Bus?
— Um 10.02 Uhr.
— Fährt der Bus Richtung
Prisdorf?
— Ja, gleich nach
Peinerhof.
— Wo kauft man eine
Karte?
— . . . . .

Einige Informationen

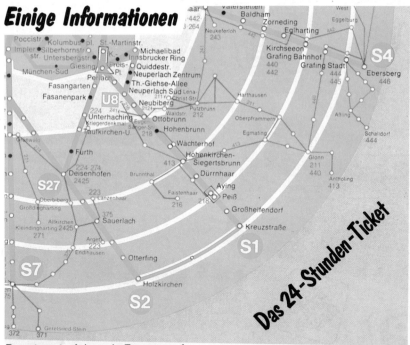

In München gibt es für Sie eine Fahrkarte, die Ihnen den Weg zu allen Zielen öffnet: das 24-Stunden-Ticket. Sie können damit 24 Stunden lang beliebig häufig mit S-Bahn, U-Bahn, Straßenbahn und Omnibussen fahren.

Es gibt 24-Stunden-Tickets für Erwachsene und für Kinder - je eines für das Stadtgebiet (blaue Zonen im Tarifschemaplan) und je eines für das gesamte Tarifgebiet (blaue und grüne Zonen im Tarifschemaplan). Den Tarifschemaplan finden Sie an allen Bahnhöfen und Haltestellen.

Die Preise der 24-Stunden-Tickets:

Erwachsene

Innenraum (Stadtgebiet)	DM 6,-
Gesamttarifgebiet	DM 10,-

Kinder (vom vollendeten 4. bis zum vollendeten 15. Lebensjahr)

Innenraum (Stadtgebiet)	DM 2,-
Gesamttarifgebiet	DM 4,-

Beantworte folgende **Fragen** *auf Englisch:*

1 Which forms of public transport in Munich can you use if you buy a '24 hour ticket'?
2 Name the two groups of people for whom these tickets are intended.
3 Where can you find the circular tarif maps?
4 How much is an adult's ticket for the inner zone?
5 What kind of ticket can an adult buy for DM 10,- and where will it entitle him or her to travel?
6 Who qualifies for children's tickets (give the ages)?
7 How much must children pay if they want to travel anywhere shown on the tarif map?

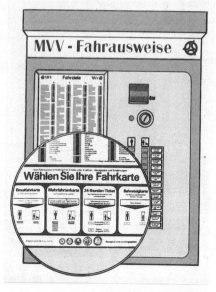

Am Automaten

Busfahrkarten kann man natürlich auch im Bus kaufen. Am besten kauft man Fahrkarten aber am Automaten — das geht viel schneller und ist billiger, mindestens zehn Pfennig billiger als im Bus. Schwarzfahren kann dagegen am teuersten sein. Schwarzfahren heißt: ohne Fahrkarte fahren.

Noch ein paar Fragen
— *beantworte sie auf Englisch.*
1 Name two places where you can buy bus tickets in Germany.
2 Which is better? Give two reasons why.
3 What does *schwarzfahren* mean?
4 Translate the caption beneath the black hand.

SCHWARZFAHREN IST TEUER

Am Bahnhof

Andrea kommt mit dem Taxi zum Bahnhof. Sie hat viel Gepäck. Sie steigt aus dem Taxi und bezahlt 25 Mark. Die Taxis sind teuer in Deutschland.
Der Parkplatz ist links neben dem Bahnhof. Sie holt einen Kofferkuli für den schweren Koffer und geht in den Bahnhof.

Was gibt es am Bahnhof?

Taxi

Gepäck im Schließfach

Warteraum

Informat

FAHRKARTEN

ALLE KARTEN

PRESSE STILKE BÜCHER

PAVILLON
Würstchen · Brötchen · Kaffee

R Reservation
Reservierungs-schalter

100 5 10 1
Geldwechsel

KINO

Intercity Restaurant im Obergeschoss
auch für Sie da...

S Fahrgeldstelle	Blumen
Post	Bücher Zeitschriften
IC Restaurant	Brot, Kuchen
Reisebüro	Zigarren Zigaretten
Friseur	Spielhalle

1. Stock

BANK

BLUME 2000

BLUME 2000

Fundbüro

BAHNPOLIZEI

Apotheke

Museumstraße / Elbe
Neue Große Bergstraße / Max-Brauer-Allee

WC

KIOSK
Getränke · Brötchen · Spirituosen · Würstchen

Zum Bierfass
ASTRA frisch vom faß

Wie heißt das auf Englisch?

Lies die Schilder, und schreibe in dein Heft, wie sie auf Englisch heißen.

1

↑ ↑
ZU DEN GLEISEN

2

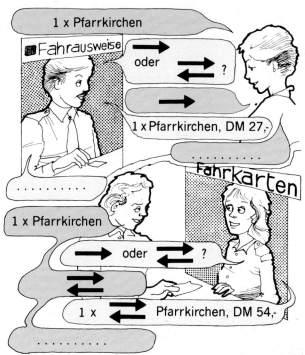

Gleis 1. Zug: S6 Tutzing
2 2. Zug: S3 Maisach
RICHTUNG LAIM - PASING / SOLLN

3

ⓘ
Information

Fahrkarten

Junior-Paß

JUNIOR-PASS.

Wer schon 12, aber noch keine 23 ist (oder Student bzw. Schüler unter 27), der braucht bei der Bahn keinen vollen Fahrpreis zu bezahlen. Denn schließlich gibt's den Junior-Paß. Mit dem reist man ein ganzes Jahr lang zum halben normalen Fahrpreis.

Preis (mit Bild): DM 110,-

Einmal nach Pfarrkirchen, bitte

Was sagen sie? Wie heißen die Fragen? Höre zu, und sieh dir die Fahrkarten an.

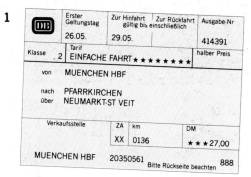

1 x Pfarrkirchen

Fahrausweise

oder ?

1 x Pfarrkirchen, DM 27,-

Fahrkarten

1 x Pfarrkirchen

oder ?

1 x Pfarrkirchen, DM 54,-

1

(DB)	Erster Geltungstag	Zur Hinfahrt gültig bis einschließlich	Zur Rückfahrt	Ausgabe-Nr
	26.05.	29.05.		414391
Klasse 2	Tarif EINFACHE FAHRT ★★★★★★★			halber Preis

von MUENCHEN HBF
nach PFARRKIRCHEN
über NEUMARKT-ST VEIT

Verkaufsstelle	ZA	km		DM
	XX	0136		★★★27,00

MUENCHEN HBF 20350561 Bitte Rückseite beachten 888

2

(DB)	Erster Geltungstag	Zur Hinfahrt gültig bis einschließlich	Zur Rückfahrt	Ausgabe-Nr
	15.06.	18.06.	25.06.	414620
Klasse 2	Tarif HIN-UND RÜCKFAHRT			halber Preis

von MUENCHEN HBF
nach PFARRKIRCHEN
über NEUMARKT-ST VEIT

Verkaufsstelle	ZA	km	DM
	XX	0272	★★★54,00

MUENCHEN HBF 20351619 Bitte Rückseite beachten

Tip des Tages

How to ask if someone is new to the area

Sind Sie hier fremd?

How to say you are a stranger

Ich bin hier fremd.

How to ask if a bus goes to a particular place

Fährt der Bus Richtung Rellingen?

How to ask and say where to buy your ticket

Wo kauft man eine Karte?

Im Bus.
Am Automaten.

How to ask and say where to get in

Wo steigt man ein?

(Hier) vorn.

How to ask and say when the next train leaves

Wann fährt der nächste Zug	nach	Hamburg? Kiel? München?

Um	09.00 11.15 23.51	Uhr

How to ask if you must pay a supplement

Muß man Zuschlag bezahlen?

How to say the train is late

Der Zug hat	fünf acht fünfzehn	Minuten	Verspätung.
	eine halbe Stunde		

How to ask and say which platform the train leaves from

Von welchem Gleis fährt der Zug?

(Von) Gleis	eins. zwei. sechs.

How to ask for single tickets

Einmal Dreimal	**einfach**	nach	Bonn, Kiel, Hamburg,	bitte.

How to ask for return tickets

Einmal Zweimal Viermal	nach	Bonn Kiel Hamburg	**hin und zurück,**	bitte.

Partnerarbeit

Jetzt bist du dran. Sieh dir die Tabelle an, und stelle Fragen.

Beispiel: 1 *(Du bist in Petershausen)*
— Ich will zur Haltestelle Kreuzstraße. Welche Linie ist das?
— Das ist die S2 bis München Hauptbahnhof.
— Muß ich umsteigen?
— Ja, in München. Dann fahren Sie mit der Linie S1 weiter.

	Du bist hier ●	Du willst nach ➡
1	Petershausen	Kreuzstraße
2	Erding	Ismaning
3	Tutzing	Maisach
4	Holzkirchen	Freising
5	München Hbf.	Harras
6	Mühtal	Deisenhofen
7	Dachau	Ebersberg
8	Olympiazentrum	Kieferngarten

Welche Linie ist das?

Wo fahren die Passagiere hin? Höre gut zu, und schreibe die richtige Linie (**S1**, **S4** oder **U2**, **U3** usw.) in dein Heft.

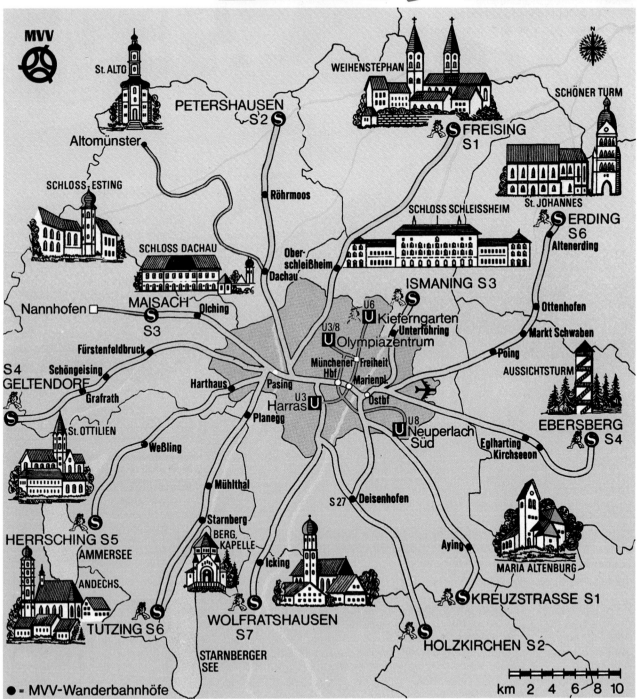

Einige Informationen: Vergessen Sie nicht, Ihre Fahrkarte zu entwerten!

In Deutschland muß man seine Fahrkarte selbst entwerten. Das heißt, man muß das Datum auf die Fahrkarte am Automaten drucken lassen. Sonst gibt es im Zug Probleme! In München sehen die Entwerterautomaten so aus:

E

Dies Zeichen, das schwarze E auf gelbem Grund kennzeichnet die blauen Entwerterautomaten. Bei der S-Bahn und bei der U-Bahn stehen sie an den Bahnsteigzugängen; bei der Straßenbahn und bei den Bussen befinden sie sich im Fahrzeug.

Fragen

1 What colour are the date stamping machines in Munich?
2 What colour background appears behind the black E?
3 Where are the date stamping machines on S-Bahn and Underground lines?
4 Where are the machines situated for bus and tram passengers?

Zuggespräche

Sieh dir die Bilder an, höre gut zu, und vervollständige folgenden Text:

Junger Mann:	_____ . Sie sitzen auf meinem _____
Passagierin:	Wieso denn?
Junger Mann:	Ich habe _____ . Sehen Sie mal hier. Und hier ist auch meine _____ .
Passagierin:	Ach, Entschuldigung. Hier ist kein _____ mehr frei. . . . Kann man im _____ essen?
Junger Mann:	Ja. Vorne gibt es einen _____ .
Passagierin:	Dann gehe ich _____ Speisewagen.
Zugbegleiter:	Fahrkarten, bitte . . . Ist noch jemand _____ ?
Junger Mann:	Nein. Wie _____ sind wir, bitte?
Zugbegleiter:	In wenigen Minuten _____ wir in _____ an.
Junger Mann:	Danke.
Bahnhofansager:	Bitte zurücktreten. Bitte _____ . Der Zug läuft auf _____ fünf _____ .
Alte Dame:	Hier steige ich _____ .
Junger Mann:	_____ ich Ihnen mit Ihrem _____ _____ ?
Alte Dame:	Gerne. Vielen _____ , junger Mann.
Junger Mann:	_____ zu danken. _____ _____ .
Alte Dame:	Auf Wiedersehen.

RESERVIERT

SPEISEWAGEN

Kassel Hbf.

GLEIS 5

TEIL **3**

Schilder

1

2

D436

Leipzig-
Halle (S)-Magdeburg - Ludwigslust-
Schwanheide-Büchen-
Hamburg Altona

3

2

Nichtraucher

4

Sitzplatz für
Schwerbehinderte

5

● **Nicht hinauslehnen** ●

6

Nichts hinauswerfen

7

8

Waschraum

Kein Trinkwasser

9

Restaurant

12

Türgriff erst
bei Stillstand
des Zuges
betätigen

10

Wasser.
Fußhebel bedienen

11

Nicht öffnen, bevor der Zug hält
Do not open, before train stops
Ne pas ouvrir avant l'arrêt du train
Non aprire prima che il treno sia fermo

Offen
Open
Ouvert
Aperto

Platz   Entschuldigung

Auf Wiedersehen

Dank   Kann   kommen

Kassel   zum

Fahrkarte

aus   Gepäck helfen

Gleis . . . . . ein

Zug   zurücktreten

reserviert

zugestiegen

Nichts   Platz   weit

Speisewagen

Fragen

1 You see sign 2 on a train. What number is the train and where has it come from? Find out which country this city is in.

2 Which sign shows that you should give up your seat to a disabled person?

3 Which sign tells you not to lean out of the window?

4 Which other sign would you find near a window? What is its message?

5 Which two signs are very important when you are about to get off the train?

6 What should you not do if you see sign 9?

7 What kind of compartment would you be in if sign 3 was showing?

8 Find the German for:

a washroom
b use the foot pedal
c disabled people
d platform 4

e before the train stops
f non-smoking
g door handle
h do not open.

Wer kontrolliert die Fahrkarten?

Wähle **A**, **B** *oder* **C** *usw.*

Tip des Tages

How to ask if you must change trains

> Muß ich umsteigen?

*How the conductor will tell you
you have not date stamped your ticket*

> Sie haben Ihre Fahrkarte nicht entwertet.

*How to say politely that someone is
sitting in your seat*

> Entschuldigung, Sie sitzen auf meinem Platz.

How to ask if you can eat on the train

> Kann man im Zug essen?
> Gibt es einen Speisewagen (im Zug)?

*How to ask where to date stamp
your ticket*

> Wo kann man seine Fahrkarte entwerten?

How to say you have reserved

> Ich habe reserviert.

*How a conductor asks if anyone else
has just boarded the train*

> Ist noch jemand zugestiegen?

How to say you're arriving at a place in a few minutes

In	fünf wenigen zwei	Minuten		kommen wir	in	Kassel Bonn Kiel		an.

*Railway announcement:
Stand back, please!*

> Bitte zurücktreten!

*How to offer to help someone with
their luggage*

> Kann ich Ihnen mit Ihrem Gepäck helfen?

Das Jugendzentrum Pinneberg plant eine Reise nach Helgoland

Zwanzig junge Leute vom Jugendzentrum Pinneberg wollen vier Tage auf Helgoland verbringen.

Helgoland ist eine kleine Insel in der Nordsee. Sie hat rote Felsen, weißen Sand und grünes Land.

Es ist oft windig am Strand, und viele Leute sitzen im Strandkorb oder in den Dünen und sonnen sich.

Auf Helgoland kann man Minigolf und Tennis spielen, segeln, angeln, surfen und natürlich schwimmen. Abends kann man auch in die Disko gehen. Außerdem ist Helgoland autofrei und zollfrei.

Viele Touristen besuchen die Insel für einen Tag und machen dort Einkäufe, denn Tabak, Wein, Kaffee, Tee, Parfüm, Käse und Fleisch sind billiger als in Deutschland.

Wie fahren wir dorthin?

Bernd
Am besten fliegen wir. Das geht viel schneller.

Peter
Was kostet der Flug?

Birgit
Ich fliege lieber.

Kirsten
Das Flugzeug ist zu teuer! Es kostet über DM 300.

Gaby
Ja, das stimmt. Es kostet aber viel mehr. Mit dem Schiff ist es billiger.

Volker
Ich will nicht fliegen. Ich habe immer Flugangst.

Andrea
Ich nicht! Ich fahre lieber mit dem Schiff.

Ralf
Wieviel Stunden fliegt man?

Dietrich
Ist das ein Linienflug oder Charter?

Anja
Nein, mit dem Schiff gibt es Ermäßigung erst ab 25 Personen. Aber mit der Bahn ja!

Monika
Wir fahren am besten mit dem Bus nach Cuxhaven und dann direkt mit dem Schiff nach Helgoland.

Martin
Und ich bin immer seekrank.

Dorit
Wieviel Stunden fährt man mit dem Schiff?

Stefan
Bekommen wir Ermäßigung für die Gruppe?

Herr Timm
Ruhe jetzt! Ich habe eine gute Idee. Wir fahren mit der S-Bahn nach Hamburg und dann mit dem Zug nach Cuxhaven. Mit dem Bus zum Hafen und dann mit dem Schiff nach Helgoland. Wir fliegen dann zurück und fahren vom Flugplatz nach Pinneberg mit dem Bus. Martin, du nimmst Tabletten gegen Seekrankheit, und du, Volker, fährst allein mit dem Schiff zurück. OK?

Ja, OK.

Wie kommt man nach Helgoland?   Mit dem Flugzeug?

HADAG AIR
SOMMERFLUGPLAN

Hamburg — Helgoland — Hamburg

Vorsaison
1. April bis 30. Juni

Hauptsaison
1. Juli bis 31. August

Nachsaison
1. September bis 30. September

HADAG
'ne Brise Urlaub

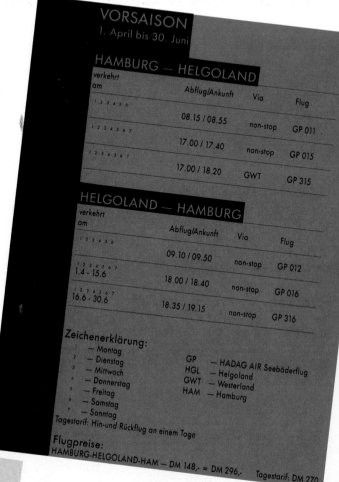

VORSAISON
1. April bis 30. Juni

HAMBURG — HELGOLAND

verkehrt am	Abflug/Ankunft	Via	Flug
1 2 3 4 5 6	08.15 / 08.55	non-stop	GP 011
1 2 3 4 5 6 7	17.00 / 17.40	non-stop	GP 015
1 2 3 4 5 6 7	17.00 / 18.20	GWT	GP 315

HELGOLAND — HAMBURG

verkehrt am	Abflug/Ankunft	Via	Flug
1 2 3 4 5 6	09.10 / 09.50	non-stop	GP 012
1 2 3 4 5 6 7 1.4 - 15.6	18.00 / 18.40	non-stop	GP 016
1 2 3 4 5 6 7 16.6 - 30.6	18.35 / 19.15	non-stop	GP 316

Zeichenerklärung:
1 — Montag
2 — Dienstag
3 — Mittwoch
4 — Donnerstag
5 — Freitag
6 — Samstag
7 — Sonntag

GP — HADAG AIR Seebäderflug
HGL — Helgoland
GWT — Westerland
HAM — Hamburg

Tagestarif: Hin-und Rückflug an einem Tage

Flugpreise:
HAMBURG-HELGOLAND-HAM — DM 148,- = DM 296,-   Tagestarif: DM 270,-

HADAG AIR   Wir fliegen jeden Tag

Hamburg — Helgoland — Hamburg
Während der Saison mehrmals täglich
Fordern Sie den neuesten Flugplan an

Auskünfte und Buchungen bei Ihrem Reisebüro,
der Kurverwaltung Helgoland oder bei der **HADAG AIR,**
2000 Hamburg 63, Flughafen   Tel. (0 40) 50 10 04 / 5
Telex: 02-174496

Buchungen auf Helgoland
Kurverwaltung:
Flugplatz: (0 47 25) 7 02 70, Telex: 0232194
Reisebüro Mailänder   (0 47 25) 677
                            (0 47 25) 566

FLIEG MIT!
· Linienflüge · Charterflüge ·

Fragen

1 What are the dates of the main tourist season?
2 At what time does the 8.15 flight from Hamburg arrive in Helgoland?
3 What is the time of the last flight from Helgoland?
4 What is the cost of a day return flight?
5 What is the cost of a single ticket?
6 What is the telephone number of the airport in Hamburg?
7 What is the name of the travel agency which arranges bookings?
8 What is the telephone number of the airport on Helgoland?

Mit dem Schiff?
Oder mit der Bahn und mit dem Schiff?

Kombi-Preise

Tages-Rückfahrkarten		Hamburg-Hbf. und Harburg-Helgoland
Erwachsene	53,00	68,00
Kinder Schwerbehinderte	26,50	34,00
Jugdl. ab 6 Pers.	25,00	42,00
Erw.	für DDR-Einwohner	40,00	—
Kd.	und Helgoländer	20,00	—

Saison-Rückfahrt (2 Monate gültig)		
Erwachsene	68,00	105,00
Kinder Schwerbehinderte	34,00	52,50
Jugdl. ab 6 Pers.	32,00	63,00
Erw.	für DDR-Einwohner	46,00	—
Kd.	und Helgoländer	23,00	—

Gruppen ab 25 Personen		Einfach
Erwachsene	35,00	—
Kinder	17,50	—

Tages-Rückfahrt		
Erwachsene	40,00	57,00
Kinder	25,00	28,50
Bundeswehr ab 10 Personen	26,50	—
25 Personen	20,00	—

Saison-Rückfahrt		
Erwachsene	46,00	61,00
Kinder	25,00	30,50

	Abfahrt	Ankunft
Hamburg Hbf. Cuxhaven	8.00	9.47
Busverbindung Hbf. -Neue Seebäderbrücke Neue Seebäderbrücke -Hbf.	10.00 ca. 18.50	10.15 ca.19.05
Cuxhaven Hamburg Hbf.	19.50	21.42

Fragen

1 What is the name of the ship?
2 At what time does the ship leave Cuxhaven?
3 How long is the journey to Helgoland?
4 At what time does the connecting train from Hamburg leave for Cuxhaven?
5 On the return journey from Helgoland, how long do you have to wait in Cuxhaven for the train to Hamburg?
6 How do you get from Cuxhaven station to the boat?
7 What is the cost of a daily return by boat for a group of more than six young people?
8 For how long are the season return tickets valid?
9 What is the cost of a single boat ticket for an adult in a group of more than 25 people?
10 How much does the combined rail/boat return season ticket cost for a child in a group of more than 25 people?

Der erlebnisreiche Tagesausflug zur roten Schatzinsel

HELGOLAND

Täglich vom 30. April — 2. Oktober

Cuxhaven — Helgoland
mit dem großen, weißen Seebäderschiff MS Wappen von Hamburg
Abfahrt: 10.30 Uhr ab Cuxhaven, Neue Seebäderbrücke
ca. 12.30 Uhr an Helgoland
Rückfahrt: 16.30 Uhr ab Helgoland
ca. 18.30 Uhr an Cuxhaven

Oder mit dem Flugzeug und mit dem Schiff?

Kombinierte Flug-Schiffsreise:
CUXHAVEN-HELGOLAND-HAMBURG DM 185,-
(oder umgekehrt)

Mir geht's nicht gut

Wie kommt die Familie Timm nach Spanien?

Höre gut zu, und wähle die richtige Antwort.

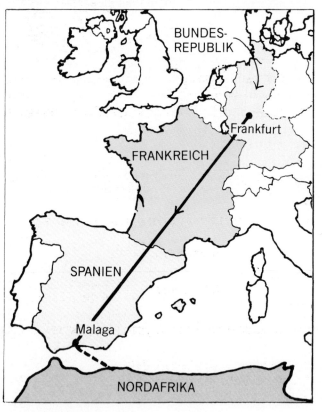

1 Von zu Hause zum Flughafen?
  A mit der S-Bahn
  B mit dem Taxi
  C mit dem Wagen
  D mit dem Bus

2 Von Frankfurt nach Malaga?
  A mit Charter
  B mit Linienflug

3 Vom Flugplatz in Malaga zum Hotel?
  A mit dem Zug
  B mit dem Taxi
  C mit dem Bus
  D mit dem Wagen

4 Sie machen eine Tour in Südspanien:
  A mit dem Bus
  B mit dem Wagen
  C mit dem Taxi
  D mit dem Zug

5 Sie besuchen Nordafrika:
  A mit dem Schiff
  B mit dem Flugzeug

Wir fahren nach England

Die Englischlehrer an der Realschule Ramskamp in Pinneberg planen einen Austausch mit einer Schule in Bristol. Höre gut zu. Was sagen die Lehrer? Wie will Herr Gerecht fahren? Was meint Herr Fichte? Was sagt Frau Heinemann? Und Herr Ziegert?

Ich fahre lieber mit . . .

Herr Fichte

Am besten fahren wir mit . . .

Herr Ziegert

Nein, am besten fahren wir . . .

Herr Gerecht

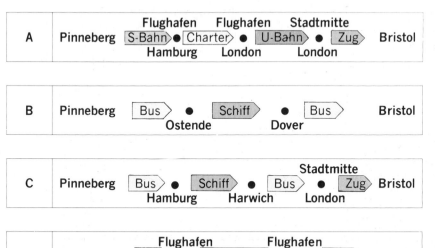

A Pinneberg — S-Bahn (Flughafen Hamburg) • Charter (Flughafen London) • U-Bahn (Stadtmitte London) • Zug — Bristol

B Pinneberg — Bus • Schiff (Ostende) • Bus (Dover) — Bristol

C Pinneberg — Bus (Hamburg) • Schiff (Harwich) • Bus (London) • Zug (Stadtmitte) — Bristol

D Pinneberg — Auto (Flughafen Hamburg) • Linienflug (Flughafen London) • Bus — Bristol

Ich fahre lieber mit . . .

Frau Heinemann

Und du? Wie fährst du lieber dahin?

Tip des Tages

How to describe how you prefer to travel

Ich fliege lieber.

Ich fahre lieber | mit dem Schiff. mit der S-Bahn.

How to describe the best way to travel

Am besten | fliegen wir. | fahren wir | mit dem Zug. mit der Fähre.

How to ask how long a journey takes

Wie lange | fährt man?
Wieviel Stunden | fliegt man?

Telefongespräch

Gerold ist mit der Schule in Bristol. Es ist sechs Uhr abends, und er ist bei seiner englischen Familie. Er will seine Familie in Deutschland anrufen.

Darf ich meine Familie anrufen?

Ja, natürlich. Weißt du die Nummer von England nach Deutschland?

Ja, ich wähle 010 und dann 49 und dann meine Telefonnummer ohne die Null.

Ja, richtig.

Gerold: Hallo Mutti. Ich bin's.
Mutter: Ja, wie geht's dir denn? Alles in Ordnung?
Gerold: Ja, klar. Mir geht's gut. Die Familie ist sehr nett. Davids Mutter spricht gut Deutsch. Sie hat zwei Jahre in Bonn gewohnt.
Mutter: Ja wirklich? Das wußte ich gar nicht. Wie war die Reise?
Gerold: Die Fahrt mit der Bahn war ganz gut, aber die vier Stunden auf der Fähre waren fürchterlich. Die See war so stürmisch, und wir waren alle seekrank. Ich habe dann im Bus nach London geschlafen.
Mutter: Seid ihr nicht mit dem Zug gefahren?
Gerold: Doch, von London nach Bristol . . . mit einem Intercity . . . Mutti, jetzt bin ich aber saumüde. Ich gehe sofort ins Bett. Tschüs. Schöne Grüße zu Hause.
Mutter: Tschüs. Bis bald. Mach's gut!

Ich bin gut angekommen

Hallo Raphael!
Das Wetter hier ist fantastisch! Viel wärmer als in Deutschland. Wir sind um 1900 Uhr in Liverpool angekommen. Der IC-Zug aus London hatte eine Stunde Verspätung.
Dein Michael

Raphael Ziegert
Passauer Str. 10
8063 Pfaffenhofen

Germany

Liebe Anja!
Ich bin gut angekommen. Die Reise war aber lang. Wir sind mit dem Bus von Harwich nach London gefahren und dann weiter mit dem Zug nach Bristol. Bristol ist eine sehr schöne Stadt.
Viele Grüße
Deine Dorit

Anja Stegemann
Bahnhofstraße 25

2080 Pinneberg

Federal Republic of Germany

KAPITEL **9**

Kannst du einen Satz bilden?

1

gut · Ich · um · bin · Liverpool · sechs · Uhr · in · angekommen.

2

London · dann · habe · nach · geschlafen. · im · Bus · Ich

3

gefahren. · Bus · wir · sind · von · dem · nach · Harwich · London · mit

----

4

Bonn · Sie · Jahre · gewohnt. · in · hat · zwei

Was paßt zu wem?

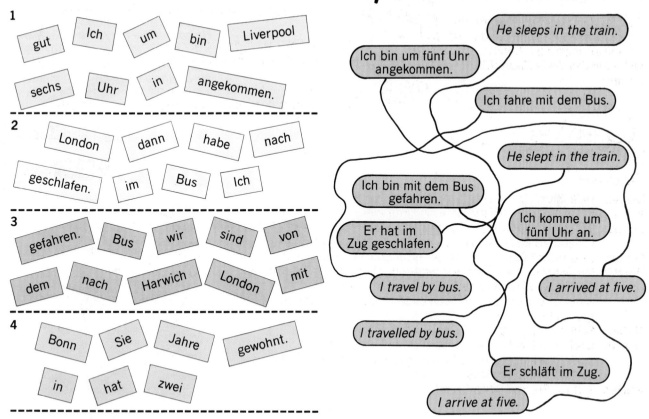

- He sleeps in the train.
- Ich bin um fünf Uhr angekommen.
- Ich fahre mit dem Bus.
- He slept in the train.
- Ich bin mit dem Bus gefahren.
- Ich komme um fünf Uhr an.
- Er hat im Zug geschlafen.
- I travel by bus.
- I arrived at five.
- I travelled by bus.
- Er schläft im Zug.
- I arrive at five.

Wie war die Reise?

Beispiel:

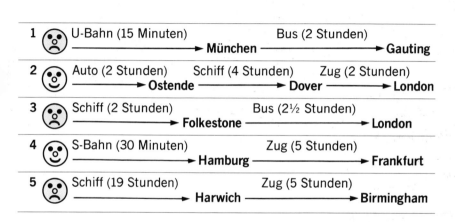

Bus (20 Minuten) → Hamburg — Zug (4 Stunden) → Frankfurt

Die Reise war gut. Wir sind zwanzig Minuten mit dem Bus nach Hamburg gefahren, und dann sind wir vier Stunden mit dem Zug weiter nach Frankfurt gefahren.

1. U-Bahn (15 Minuten) → München — Bus (2 Stunden) → Gauting
2. Auto (2 Stunden) → Ostende — Schiff (4 Stunden) → Dover — Zug (2 Stunden) → London
3. Schiff (2 Stunden) → Folkestone — Bus (2½ Stunden) → London
4. S-Bahn (30 Minuten) → Hamburg — Zug (5 Stunden) → Frankfurt
5. Schiff (19 Stunden) → Harwich — Zug (5 Stunden) → Birmingham

. = gut, fantastisch, prima, Spitze

= nicht gut, fürchterlich, furchtbar, mies

TEIL **5**

163

Tip des Tages

How to talk about things you have done

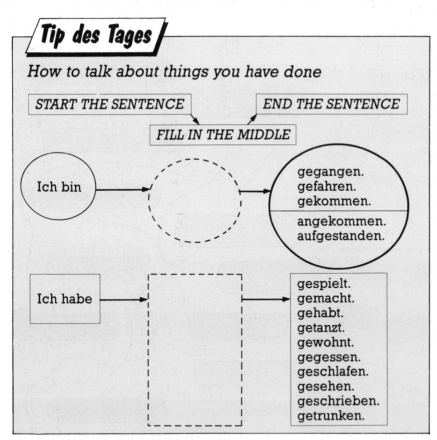

START THE SENTENCE → ← END THE SENTENCE

FILL IN THE MIDDLE

Ich bin →

gegangen.
gefahren.
gekommen.

angekommen.
aufgestanden.

Ich habe →

gespielt.
gemacht.
gehabt.
getanzt.
gewohnt.
gegessen.
geschlafen.
gesehen.
geschrieben.
getrunken.

Zollfrei

Aufgabe
Helgoland is a duty free area. Make a list of the items you can buy free of duty. What is the minimum age for buying alcoholic drinks there?

ZOLLFREI

Im Reiseverkehr von Helgoland nach dem Zollgebiet sind zollfrei als Reise-mitbringsel:

Tabakerzeugnisse: 200 Zigaretten oder 100 Zigarillos oder 50 Zigarren oder 250 g Rauchtabak.

Alkoholische Getränke: 1 l Spirituosen mit einem Weingeistgehalt von mehr als 22 Vol% oder 2 l Spirituosen mit einem Weingeistgehalt von 22 Vol% oder weni-ger oder 2 l Schaumwein, daneben 2 l sonstiger Wein.

Kaffee: 250 g Kaffee oder 100 g Kaf-feeauszüge oder -essenzen.

Tee: 100 g Tee oder 40 g Teeauszüge oder -essenzen.

Parfüms: 50 g, Toilettenwasser 1/4 l. **Tabakerzeugnisse, alkohol. Getränke und Kaffee:** Nur für Reisende im Alter von mind. 17 Jahren.

Sonstige Waren: a) aus Drittländern (z. B. Schweiz, Japan, Schweden, Norwegen) bis zu einem Warenwert von insgesamt 100,- DM.

b) die nachweislich aus dem freien Ver-kehr eines Mitgliedstaates der EWG stammen bis zu einem Warenwert von insgesamt **460,- DM. Butter 5 kg, Käse 5 kg, Fleisch und Fleischwaren** (einschl. Konserven) **insges. 3 kg.**

Schüleraustausch mit England

Dreißig Schüler der Gesamtschule in Elmshorn in Norddeutschland waren letzten Sommer zehn Tage bei Familien in Südengland. Die englische Schule hatte ein Programm für die deutsche Gruppe gemacht. Es gab einen Ausflug mit dem Bus, eine Fahrt mit dem Zug nach London, zwei Tage in der Schule, eine Disko für englische und deutsche Schüler, ein Tennisspiel ‚England gegen Deutschland', einen Nachmittag im Schwimmbad und eine Grillparty in einem Jugendzentrum. Die englischen Familien haben am Wochenende ein privates Programm für die deutschen Gäste organisiert.

Aufgabe
What was on the programme for the pupils from the comprehensive school in Elmshorn when they took part in an exchange with the school in England?

TEIL **6**

Hamburger Ⓢ-Bahnverkehr S5

Pinneberg an	ab	Prisdorf ab	Tornesch ab	Elmshorn an	nach
	4.54	4.57	5.02	5.09	—
Ⓢ☇ 5.12	☇ 5.14	5.18	☇ 5.23	☇ 5.30	—
Ⓢ 5.32	5.34	5.37	5.42	5.49	Kiel Hbf
Ⓢ 5.45	5.47	5.50	Ⓐ 5.55	Ⓐ 6.00	—
Ⓢ 5.52	⑥ 5.54	⑥ 6.07	⑥ 6.02	Ⓐ 6.08	—
ⓈⒶ 6.02	Ⓐ 6.04	Ⓒ 6.17	⑥ 6.12	⑥ 6.18	Heide
Ⓢ 6.12	⑥ 6.14		Ⓒ 6.21	Ⓒ 6.27	—
Ⓢ 6.22	⑥ 6.24		⑥ 6.31	⑥ 6.37	Heide
Ⓢ 6.22	Ⓐ 6.24	6.27	Ⓐ 6.32	⑥ 6.39	—
Ⓐ 6.31	⑥ 6.36		Ⓐ 6.43	Ⓐ 6.49	—
Ⓢ 6.52	6.54		7.02	7.09	Kiel Hbf / Flensburg
		6.57		⑥ 7.20	—
Verbundfahrausweise gelten nicht			☇ 7.28	☇ 7.34	—
☇ 7.20	☇ 7.23		☇ 7.42	Ⓒ 7.48	—
Ⓢ 7.12	☇ 7.35	Ⓒ 7.38	☇ 7.44	Ⓐ 7.51	Kiel Hbf
Ⓢ 7.32	☇ 7.36	Ⓐ 7.39		8.07	—
Ⓢ 7.32					
Verbundfahrausweise gelten nicht			☇ 8.12	☇ 8.19	Itzehoe
Ⓢ 7.52	☇ 8.04	☇ 8.07	† 8.26	† 8.33	Itzehoe
④ⓈⒶ 8.02	† 8.19	† 8.22	☇ 8.33	☇ 8.39	—
Ⓢ 8.12	☇ 8.26		☇ 8.43	☇ 8.50	—
Ⓢ 8.21	☇ 8.35	8.38		9.20	Westerla
Ⓢ 8.32		9.08	9.13	9.08	—
Ⓢ 8.52	9.05			☇ 9.55	—
④ⓈⒶ 9.02			☇ 9.48	† 9.57	—
Verbundfahrausweise gelten nicht	☇ 9.40	☇ 9.43	† 9.51	☇ 10.30	West
Ⓢ 9.32	☇ 9.44	☇ 9.47	☇ 10.23	† 10.33	Kiel
Ⓢ 9.32	☇ 10.15	† 10.18	† 10.44		Fle
Ⓢ 10.12	† 10.37	† 10.40		10.42	—
Ⓢ 10.32				10.42	W
Verbundfahrausweise gelten nicht				☇ 11.10	—
Verbundfahrausweise gelten nicht			☇ 10.58	☇ 10.52	—
Ⓢ 10.52	☇ 10.55		11.18	11.30	—
Verbundfahrausweise gelten nicht		11.15		☇ 11.46	—
Ⓢ 11.12				☇ 11.46	—
Verbundfahrausweise gelten nicht				12.10	—
			11.58	12.03	—
Ⓢ 11.52	11.55		12.18	12.23	—
Ⓢ 12.12	12.15			12.33	—
	12.27			12.38	—
	12.26			12.42	—
Verbundfahrausweise gelten nicht			☇ 12.58	12.51	—
				☇ 13.10	—
				† 13.28	—
				☇ 13.03	—
				† 13.21	—

Hamburger Ⓢ-Bahnverkehr S5

Pinneberg an	ab	Hmb-Altona an	Gleis	Hamburg Hbf an	Gleis
❶ 2.25	❶Ⓢ 2.30	❶Ⓢ 2.53	—	❶Ⓢ 3.06	—
Ⓐ 4.06	Ⓢ☇ 4.10	Ⓢ☇ 4.33	—	Ⓢ☇ 4.46	—
4.47	Ⓢ 4.50	Ⓢ 5.13	—	Ⓢ 5.26	—
5.28	Ⓢ 5.10	Ⓢ 5.33	—	Ⓢ 5.46	—
Ⓐ 5.36	Ⓢ 5.30	Ⓢ 5.53	—	Ⓢ 6.06	—
Ⓐ 5.46	Ⓢ 5.38	Ⓐ 5.54	8		—
⑥ 5.48	Ⓢ 5.50	Ⓢ 6.13		Ⓢ 6.26	—
Ⓐ 5.57	Ⓢ 5.59	Ⓐ 6.13		Ⓢ 6.26	—
Ⓒ 6.07	Ⓐ 6.10	Ⓐ 6.33	—	Ⓢ 6.46	—
Ⓐ 6.15	Ⓢ 6.10	Ⓢ 6.43	—	Ⓢ 6.46	—
Ⓐ 6.27	Ⓐ 6.20	Ⓐ 6.41	—	Ⓢ 6.56	—
Ⓐ 6.39	Ⓐ 6.28	Ⓐ 6.54	—		—
Ⓐ 6.45	Ⓐ 6.40	Ⓢ 7.13	10		—
Ⓒ 6.45	Ⓐ 6.50	Ⓢ 7.13			—
—	—	☇ 6.59	8	Ⓢ 7.26	—
Ⓐ 7.05	Ⓐ 7.06	Ⓐ 7.06	6	Ⓢ 7.26	—
⑥ 7.07	Ⓢ 7.10	Ⓐ 7.22	11		—
Ⓐ 7.11	Ⓐ 7.20	Ⓢ 7.33			—
7.28	Ⓢ 7.30	Ⓐ 7.43	11	Ⓢ 7.46	—
—	—	† 7.22		ⓈⒶ 7.56	—
☇ 7.43	☇ 7.44	Ⓢ 7.53	8		—
☇ 7.53	☇ 7.44	☇ 7.44		Ⓢ 8.06	—
—	④ⓈⒶ 8.00	☇ 7.57	10		—
—	—	④ⓈⒶ 8.23		④ⓈⒶ 8.36	—
Ⓒ 8.07	Ⓢ 8.10	Ⓐ 8.08	10		—
Ⓐ 8.11	Ⓢ 8.20	❼ 8.08		❼ 8.29	14
☇ 8.38	④ⓈⒶ 8.40	Ⓢ 8.33	—	Ⓢ 8.46	—
† 8.46	Ⓢ 9.03	Ⓢ 8.43	—	Ⓢ 8.56	—
—	Ⓢ 8.50	Ⓢ 9.13	—	④ⓈⒶ 9.16	—
—	—	☇ 8.54	9		—
☇ 8.48	☇ 8.52	☇ 9.06	11		—
☇ 9.20	☇ 9.30	Ⓢ 9.53	—	Ⓢ 10.06	—
—	—	☇ 9.34	10		—
† 9.40	Ⓢ 9.50	Ⓢ 10.13	—	Ⓢ 10.26	—
☇ 10.05	Ⓢ 10.10	Ⓢ 10.33	—	Ⓢ 10.46	—
—	Ⓢ 10.30	Ⓢ 10.22	10		—
† 10.18		Ⓢ 10.53		10.44	12
—	—	10.34	8	Ⓢ 11.06	—
☇ 10.42	Ⓢ 10.50	Ⓢ 11.13			—
11.08	Ⓢ 11.10				—
☇ 11.47					—

☇ = an Werktagen
† = an Sonn- und Feiertagen
Ⓐ = an Werktagen außer Samstag
Ⓑ = täglich außer Samstag
Ⓒ = an Samstagen und an Sonn- und Feiertagen
② = Dienstag
⑤ = Freitag
⑥ = Samstag
❶ = am 1. I.
❸ = auch 24. und 31. XII.
❹ = nicht 24. und 31. XII.
❺ = außer Freitag

⑥ = auch 27. XII., 3. I. und 18. IV.
❼ = Samstag, auch 17. IV., nicht 27. XII., 3. I. und 18. IV.
❽ = auch 25. XII. und 1. I.
❾ = am 25. XII. und 1. I. von Husum, ab 8.14
❿ = an Werktagen nach Sonn- und Feiertagen
⓫ = täglich außer an Werktagen nach Sonn- und Feiertagen
⓬ = an Werktagen außer Freitag, auch 29. V., nicht 16., 30. IV., 27. V.
⓭ = Freitag, auch 16., 30. IV., 27. V., nicht 26. XII., 17. IV., 1. und 29. V.

⓮ = Freitag, auch 30. IV., 27. V., nicht 26. XII., 2. I., 17. IV., 1., 29. V.
⓯ = täglich außer Freitag, auch 26. XII., 2. I., 17. IV., 1., 29. V., nicht 30. IV. und 27. V.
⓰ = täglich außer Samstag, auch 30. V., nicht 24., 25., 31. XII. und 17. bis 19. IV.
⓱ = Nächte von Werktagen auf den folgenden Tag
⓲ = Nächte Sonntag auf Montag, auch 19./20. IV., 26./27. XII., 1./2. I., 3./4. III., 20./21. u 21./22. IV.
㉛ = im reinen Zwischenortsverkehr der Hamburger Bahnhöfe zuschlagpflichtig
㊴ = ab Hmb-Altona als D

㊵ = zu Fahrausweisen bis 50 km sowie zu Strecken-zeitkarten ist Schnellzugzuschlag erforderlich; nur 2. Kl
D = Schnellzug
E = Eilzug
Ⓢ = Abfahrtzeit der elektrischen Ⓢ-Bahn in Pinneberg Anschluß aus Richtung Elmshorn
🚲 = mit Gepäck- und Fahrradbeförderung
🚲1) = ② bis ⑥
🚲5) = ⑥ und †

Änderungen der angegebenen Gleise aus betrieblichen Gründen bleiben vorbehalten.

Wann fährt der nächste Zug nach Elmshorn, bitte?

Gruppenarbeit. Mache zwei Dialoge mit deinen Partnern/Partnerinnen.

Beispiel: Partner(in) **A** will nach Elmshorn fahren. Es ist 6.00 Uhr.
Partner (in) **B** arbeitet bei der Auskunft.
Partner (in) **C** arbeitet am Fahrkartenschalter.

(Bei der Auskunft)
A Wann fährt der nächste Zug nach Elmshorn, bitte?
B Um 6.14 Uhr.
A Von welchem Gleis?
B Gleis drei.
A Wann kommt der Zug in Elmshorn an?
B Um 6.27 Uhr.

(Am Fahrkartenschalter)
A Einmal nach Elmshorn, bitte.
C Einfach oder hin und zurück?
A Hin und zurück.
C DM 9,50. Bitte schön.
A Danke. Auf Wiedersehen.
C Auf Wiedersehen.

Was bedeutet das?

Look again at the timetable and find out the meanings of the symbols listed by the departure times.

Fahrpreise 2.Klasse	→	⇄
Elmshorn	5,-	9,50
Itzehoe	16,-	30,-
Heide	32,-	61,-
Neumünster	26,-	50,-
Kiel	35,-	67,-
Husum	38,-	72,-
Hamburg-Altona	4,50	8,50

TEIL **6**

Bus-Schiffsreise nach London

Beantworte folgende **Fragen** auf Englisch:

1 How will people on this trip travel to London?
2 When will they leave Frankfurt-am-Main?
3 Where will they cross the Channel?
4 When do they expect to reach London?
5 How long will they stay at the hotel?
6 What will they do before setting off on the return journey via Dover?
7 What is the supplementary charge to those wanting single rooms?
8 Give two features of the coach they will be travelling in.
9 What kind of hotel rooms are on offer?

Grammatik auf einen Blick

1 Asking questions about travelling

a *Where . . . ?* | Wo | | kauft man eine Karte?
steigt man ein?
kann man seine Karte entwerten? |

b *When . . . ?* | Wann | | fährt der nächste Zug?
fährt der Bus nach Rellingen? |

c *Can I . . . ?* | Kann ich | | Ihnen helfen? |
Can one . . . ? | Kann man | | im Zug essen? |

d *Must I . . . ?* | Muß ich | | umsteigen? |
Must one . . . ? | Muß man | | Zuschlag bezahlen? |

e *How long . . . ?* | Wieviel Stunden |
| Wie lange | | fliegt man?
fährt man? |

Note In **c** and **d** the second verb is at the end of the sentence.

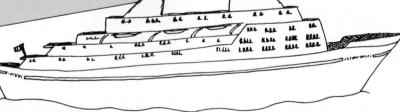

Bus-Schiffsreise nach London

26.-28.10.
incl. 1 Übern./Frühstück nur DM 259,-

Die Themse-Metropole London ist Ziel einer 2 1/2-tägigen Bus-Schiffsreise vom Freitag, den 26.10. bis Sonntag, den 28.10. Für nur 259 Mark pro Person können Sie, verehrte Blitz-Tip-Leser dabei sein!

Hier der Reiseverlauf in Kürze, der von Himmelreich-Reisen veranstalteten Reise:

Freitag, 26.10. 21 Uhr Abfahrt in Frankfurt/Main, 21.45 Uhr Abfahrt in Mainz und um 22 Uhr Abfahrt in Wiesbaden. Fahrt über die BAB Köln-Aachen nach Calais.

Samstag, 27.10. Am frühen Morgen Ankunft in Calais und anschließend Überfahrt nach Dover. Danach Weiterfahrt in die britische Hauptstadt. Ankunft gegen Mittag. Der Rest des Tages steht Ihnen zur freien Verfügung. Übernachtung im Hotel.

Sonntag, 28.10. Nach dem Frühstück Rückfahrt über Dover – Calais in das Rhein-Main-Gebiet, das wir am späten Sonntagabend wieder erreichen werden.

Reisepreis pro Person: nur DM 259,-

Einzelzimmer-Zuschlag DM 50,-

Leistungen: Fahrt im modernen Schlafsesselbus ab und bis Frankfurt/Main, Mainz und Wiesbaden, Fähr-Überfahrt, 1 Hotelübernachtung mit Frühstück. Zimmer mit Dusche/Bad/WC.

Buchung und Information:
Blitz-Tip-Reiseshop
Im Reisebüro Bayern
Große Langgasse 12
6500 Mainz
Tel. (0 61 31) 23 17 33 und
Horten-Reisebüro
Kirchgasse 28
6200 Wiesbaden
Tel. (0 61 21) 37 70 01

2 *Describing means of transport*

After **mit** use either **dem** (for masculine and neuter words) or **der** (for feminine words).

| Ich fahre mit | dem | Wagen, Bus, Zug. Rad, Mofa. | M N |
| | der | Straßenbahn, Fähre, Bahn. | F |

3 *Word order*

Notice that you say **how** you go somewhere before you say **where** you go.

| Ich fahre | mit dem Bus | zum Schwimmbad. |

4 *Talking about things which have happened in the past*

START THE SENTENCE   END THE SENTENCE

a | Present Tense of **haben** | | Past Participle |
| | | Regular verbs **ge** _____ **t** |
| | | Irregular verbs **ge** _____ **en** |

| Ich habe Hast du Er hat Wir haben | Karten deine Hausaufgaben zwei Stunden in der Disko drei Jahre in Bonn | gespielt. gemacht? getanzt. gewohnt. |

| Ich habe Hast du Sie hat Habt ihr | im Zug Gaby und Susi eine Tasse Kaffee eine Postkarte | geschlafen. gesehen? getrunken. geschrieben? |

b | Present Tense of **sein** | | Past Participle |
| | | Mostly irregular verbs **ge** _____ **en** |

| Ich bin Bist du Er ist | zu Fuß nach Hause mit der Bahn mit der Fähre | gegangen. gefahren? gekommen. |

Note the past participles of these **separable verbs**:

ankommen ⟶ **angekommen**
aufstehen ⟶ **aufgestanden**

| Der Zug ist Sie sind | um sieben Uhr sehr spät | angekommen. aufgestanden. |

10 Wir feiern

- *talking about what is happening when*
- *inviting people to something*
- *accepting or turning down invitations*
- *describing people and saying what you think of them*
- *talking about what you have done and people you have met*

Was fehlt?

Schreibe folgende Sätze auf, und fülle die Lücken ein!

> BREAKDANCE-STUNDEN
> HIER — JEDE WOCHE!
> Am fünften, _____,
> neunzehnten und _____
> Oktober.
>   Nur DM 5,-

> Jeden Mittwoch ist Kinder-Billigtag
> im Hallenbad!
> Diesen Monat am zweiten, _____,
> sechzehnten und _____.

> JEDE WOCHE IM SCREENKINO!
> **MONTAGS IST TRICKFILMTAG**
> am zehnten, siebzehnten,
> _____ und _____ Mai,
> ab 13.30 Uhr.

Was ist in Hamburg los?

SPORT & FREIZEIT ZENTRUM EICHENHOF

2100 Hamburg 90 Marmstorf Bremer Straße 320 Telefon 040/760 30 53

Verlangen Sie mehr!

mehr Sport
Tennis, Squash, Body-Building, Aerobic, Kampfsport, Ballett, Jazz-Dance, Gymnastik, Tanzen, Kegeln . . . .

+ mehr Freizeit und Kommunikation
Organisierte Feste, Veranstaltungen, Programme für Kinder, . . . Billard, Schach-, Skat-, Backgammon

+ mehr Service
Sonnenstudio, Friseur, Kosmetik, Massage, Sauna (auch Dampfbad), Ruheraum, Video-Fernsehen, Boutique, Mini-Club

+ mehr Gastronomie
Für Jugendliche „Sport-Bar" – für alle „Kö-Pi Eichenhof" – für den Feinschmecker „Restaurant Eichenhof" – „Bistro Eichenhof" – für erholsame Stunden „Terrasse Eichenhof" . . . .

+ mehr Individualität
spezielle Möglichkeiten an Sport und Freizeit für alle Altersgruppen, Geschäftsleute, Firmensport . . . .

+ mehr Spaß

+ günstige Konditionen

X *Keine Aufnahme-gebühr!*

Seien Sie preisbewußt!

Squash	ab DM 3,90
Sonnenturbo	ab DM 12,--
Fitness	ab DM 30,--

Body-Building **ab DM 35,--**
Goldene Clubcard
alles incl.   **DM 79,--**

Sporttermine

Am 6. Juli
117. Deutsches **Galopp-Derby**
in Hamburg-Horn.

Vom 9. bis 13. Juli
Golf-Europameisterschaften
der Juniorinnen auf dem Falkenstein.

Vom 16. bis 20. Juli
Deutsches Spring-, Dressur- und Fahrderby in Klein Flottbek

Am 2. August
Leichtathletik-Länderkampf
im 25-Kilometer-Straßenlauf für Frauen und Männer in der Harburger Innenstadt.

Am 16. und 17. August
Golf, Offenes Wettspiel um den Senatspreis der Freien und Hansestadt Hamburg, Deutsches Ranglistenturnier auf dem Falkenstein.

Am 13. September
Leichtathletik
„75 Jahre Hamburger Leichtathletik-Verband", Internationale Wettbewerbe mit Ostsee-Cup auf der Jahnkampfbahn.

Am 13. und 14. September
Internationales **Rad-Rennen**
„Rund um die Binnenalster".

Vom 13. bis 21. September
80. Internationale
Tennis-Meisterschaften
von Deutschland am Rothenbaum.

CATS

HAMBURG

Musik von
Andrew Lloyd Webber
Nach dem
„Old Possum's
Book of Practical Cats"
von T. S. Eliot
Premiere: 18. April
Täglich außer montags
Operettenhaus Hamburg

Fülle die Lücken aus.

1 Du willst *Cats* sehen? Aber heute geht das nicht — heute ist _____ .

2 Fahren wir mit dem Wagen nach Billbrook? Am Mittwoch kostet das nur DM _____ für die ganze Familie.

3 — Ich habe Pferderennen sehr gern!
— Dann gehen wir am ____ . _____ zum Deutschen Derby.

4 Wir können im Sportzentrum _____ spielen. Es kostet nur DM 3,90. Und nachher kommt ein kleiner Imbiß im _____ _____ .

5 — Was machen wir am ____ . _____ ?
— Mutti, du gehst zum Golf, und wir gehen mit Vati ins Kino. *Die Insel der blauen Delphine* soll gut sein.

6 — Ich habe Leichtathletik sehr gern.
— Ja, aber es macht viel mehr Spaß, wenn man selber Sport treibt. Ich möchte zum _____ - und _____ _____ gehen.
— Also gut. Aber ich gehe bestimmt zum _____ - _____ am 2. August.

7 — Also, 2 Kinder und 2 Erwachsene für *Lucky Luke* am 30. Das kostet DM 14. Ich rufe an und bestelle die Karten. Wie ist die Nummer?
— _____ .

8 Ich habe *Jenseits von Afrika* noch nie gesehen. Wollen wir zum _____ - _____ fahren?

9 Du bist zu jung! *Der Besessene* ist nur für _____ - jährige.

10 — Wo spielt dieses Musical über Katzen?
— Im _____ _____

SOMMER - KINDERKINO - FESTIVAL

	14.00 Uhr	16.00 Uhr
1.7.–4.7.	DUMBO - Der fliegende Elephant	Der schwarze Hengst kehrt zurück
7.7.–9.7.	Die Insel der blauen Delphine	Taschengeld
10.7.+11.7.	Die unglaubliche Reise	Taschengeld
14.7.–16.7.	Walt Disney's ROBIN HOOD	Krieg der Knöpfe
17.7.+18.7.	Flußfahrt mit Huhn	Krieg der Knöpfe
21.7.–23.7.	Winnie Puh & Tigger Dazu	Pipi außer Rand und Band
24.7.+25.7.	Pipi geht an Bord	Baron Münchhausen
28.7.–30.7.	Lucky Luke	Der Rabe
31.7.+1.8.	Lucky Luke	Die Brüder Löwenherz

Eintritt: Kinder DM 3,– - Ferienpaß DM 2,–
Erwachsene DM 5,– - Als Begleitperson von Kindern DM 4,–
Gruppen DM 2,– - oder Abgabe von Theatergutschein KdJ

Telefonische Bestellungen über 291 88 38 84

SOMMER - JUGENDKINO - FESTIVAL

	18.00 Uhr		
01.7.	Eine Nacht in Cassablanca	Marx Brothers	12 Jahre
02.7.	Die Hafenkneipe von Tahiti	John Ford	12 Jahre
07.7.	Der Besessene (M. Brando)		16 Jahre
08.7.	Der Texaner (Cl. Eastwood)		16 Jahre
09.7.	Mogambo (Cl. Gable / Gr. Kelly)	John Ford	12 Jahre
14.7.	Rumble Fish	F. Coppola	16 Jahre
15.7.	New York City Girl	Seydelman	12 Jahre
16.7.	Blues Brothers	J. Landis	12 Jahre
21.7.	Das siebente Siegel	I. Bergmann	16 Jahre
22.7.	Achteinhalb	Fellini	16 Jahre
23.7.	Kinder des Olymp	M. Carné	12 Jahre
28.7.	Gefahr aus dem Weltall (3-D)	J. Arnold	12 Jahre
29.7.	Fluß ohne Wiederkehr	O. Preminger	12 Jahre
30.7.	Lebenszeichen	W. Herzog	16 Jahre

Eintritt: Jugendliche DM 5,– - Ferienpaß DM 4,–
Theatergutschein des Kulturrings

MARKTHALLE
DAS VERANSTALTUNGS-ZENTRUM AM HAUPTBAHNHOF
U- S-Bahn Hauptbahnhof U-Bahn Steinstraße

Spielplan Mai/Juni
Moorfleeter Straße
2000 Hamburg 74

AUTO-KINO
HH-Billbrook

Programmansage Tel.: (0 40) 7 32 11 11

IHR WAGEN – IHRE LOGE

ufa

Sensationell
Einmalig
Aktuell!

Ab 1.5.: Paco
Ab 15.5.: Police Academy III.
Ab 22.5.: Runaway Train
Ab 29.5.: Männer
Ab 12.6.: American Fighter
Ab 26.6.: Jenseits von Afrika

Das sensationelle Autokino-Angebot:
TÄGLICH LANGE NACHT!
2 Filme DM 9,–
1 Film DM 7,–

Eintrittspreis: Pro Person und Vorstellung DM 7,–
außer Mittwoch – Familientag, DM 12,– pro Auto.

Das Jahr in Deutschland

Januar — und wir bekommen unsere Zeugnisse. Was für Noten habe ich dieses Jahr? Ganzen **Februar** sind wir auf der Schule. Ich erwarte die Ferien. Dieses Jahr fahre ich zum Skilaufen.

Der Urlaub liegt in Hamburg drei Wochen lang im **März**. Viele Schüler fahren mit ihren Eltern in die Schweiz, nach Österreich, Italien oder Frankreich auf Urlaub.

Im **April** folgt dann das Osterfest. Von Karfreitag bis Ostermontag haben die meisten Leute dann frei. Samstagabend kann man überall Osterfeuer sehen. Sonntagmorgen ist das traditionelle Ostereiersuchen. Die Eltern verstecken Süßigkeiten oder kleine Gegenstände und die Kinder suchen sie. Mir hat das immer großen Spaß gemacht.

Sechs Wochen später im **Mai** ist dann Pfingsten. Nun beginnt der Sommer, und viele Familien machen an diesem Wochenende Ausflüge.

Ende **Juni** gibt es dann Sommerferien. Sie dauern sechs Wochen. Dies ist die Hauptreisezeit.

Im **Oktober** folgen die Herbstferien. Bei uns ist es dann oft schlechtes Wetter. Ich bleibe meistens zu Hause.
Dann Winter. Sobald der erste Schnee fällt, gehe ich zum Rodeln oder baue einen Schneemann. Ich habe den Winter sehr gern.

Die Weihnachtsferien beginnen meistens zwei Tage vor dem Heiligen Abend. Am 24. **Dezember** sind die Geschäfte bis mittags geöffnet. Gegen sechs Uhr ist bei meiner Familie Bescherung mit Geschwistern, Eltern und manchmal Großeltern. Wir öffnen unsere Geschenke. Der erste und zweite Weihnachtstag ist dann Besuchstag für die Familie. Der 31. Dezember ist Sylvester. Gegen acht Uhr gehe ich zu einer Feier oder einem Ball. Um Mitternacht wird angestoßen. Die Glocken läuten in allen Kirchen, und mit viel Krach und Feuerwerk sagt man dem alten Jahr auf Wiedersehen.

Fragen

1 What do young people get in January?
2 How long a holiday do they get in March?
3 What traditional activities take place on Easter Saturday and Sunday?
4 What do many families do to mark the official start of summer?
5 When do the summer holidays begin?
6 On what date do Germans open their Christmas presents?
7 What happens at New Year?

Tip des Tages

Asking when something is

Wann ist	die Party?
	das Konzert?

Asking when someone's birthday is

Wann hast du Geburtstag?

Saying when your birthday is

Ich habe am	zweiten zwölften zwanzigsten	August Januar	Geburtstag.

Anjas Tagebuch

Trage das Tagebuch in dein Heft ein, höre gut zu, und mache die folgenden Notizen:

Sonjas Party
schwimmen
Kino mit Frank
Party bei Werner
Rollschuhlaufen

11	Mo		18	Mo
12	Di		19	Di
13	Mi	Pfadfinderinnen	20	Mi Pfadfinderinnen
14	Do *(heute)*		21	Do
15	Fr		22	Fr
16	Sa		23	Sa Opas Geburtstag
17	So		24	So

Wie sagt man das auf Deutsch?

1 What time?
2a Who else is coming?
 b See you soon then.
3a What's on?
 b Where do you live?
4 Is that all right?
5a Is Gabi coming as well?
 b Where shall we meet?

Beispiel:
A: Ich spiele morgen nachmittag Fußball. Kommst du mit?
B: Ja, gerne! Wo treffen wir uns?
A: Am Sportplatz.
B: Prima! Bis dann.

Morgen nachmittag

treffen?

Adresse?

Welche Antwort paßt?

1 Kommst du mit ins Kino?
2 Um wieviel Uhr?
3 Wer kommt denn noch?
4 Wo treffen wir uns?
5 Wo wohnst du?
6 Was läuft?
7 Kommt Gabi mit?
8 Also, bis dann!

a Ein Western.
b Ja, die kommt auch.
c Feldstraße 10.
d Ja, gerne.
e Anja, Frank — eine ganze Menge.
f Ja, tschüs!
g An der U-Bahn.
h Um halb drei.

So viele Einladungen!

Einladung
zu einer Party!
bei Frank

Samstag 4. Nov.
gegen 8.30
Berliner Str. 60

Grillparty
bei Meiers

Kleestraße 7

am 10. November
ab 19⁰⁰ Uhr.

u.A.w.g.

party

GEBURTSTAGSFEIER
bei Ingeborg Dau
Lindengasse 24
am 11. Nov. um 8 Uhr
Bring eine Flasche mit!

Fragen

1 If you went to the *Metropol* on 27th October, who would be in concert there?
2 On what dates is the Vienna Boys' Choir performing?
3 When could you go to the Christmas market in the *Lichtenrade* area of Berlin?
4 On what date are the Bolshoi Cossacks performing?
5 If you want tickets for the Brazilian festival just after Christmas, what number should you ring?
6 What is the main attraction in *Spandau* on New Year's Eve?
7 In which Division is the Bayern Munich football team?
8 Where do the men's volleyball matches take place?
9 Who is playing against the local women's volleyball team on 22nd November?
10 What kind of sporting event takes place from 16th — 21st October?
11 If you like ballroom dancing when should you go to the *Deutschlandhalle*?
12 What is the German for the ballet 'Swan Lake'?
13 On what dates could you see the famous 'Nutcracker' ballet?
14 Which city does Freddy Quinn sing a lot about?
15 When does the musical 'Peter Pan' finish its run?

Fülle die Lücken im Dialog aus!

Werner: Du, Hans. Mitte November wollen wir, Jens und ich, ein Wochenende auf dem Lande verbringen auf einem Bauernhof, oder so was. Kommst du mit?
Hans: Ich weiß nicht. Ich hab' doch so viele Einladungen. Warte mal. Ich schreibe alles in mein Tagebuch auf. Franks Party ist am _____1_____ . Eine Woche später hat _____2_____ Geburtstag. Ihre Party beginnt um _____3_____ Uhr. Aber wo ist die Party am zehnten? Ach ja, in der _____4_____ sieben. Und wie ist Franks Adresse? _____5_____ . OK. Alles klar. Aber für Ingeborgs Party muß ich eine _____6_____ mitbringen. So, jetzt hab' ich's. Da, also, Mitte November, hast du gesagt? Prima! Wohin fahren wir denn?

Wir gehen aus

BERLIN · INFO

Unterhaltung

27. 10. Chris Rea; Metropol, Telefon 852 40 80 (concert casse)
27. 10. Falco; Eissporthalle, Telefon 852 40 80 (concert casse)
1. 11. Jackson Browne; ICC Berlin, 852 40 80 (concert casse)
2. 11. Eurythmics; ICC, Telefon 852 40 80 (concert casse)
5. 11. Kim Wilde; Metropol, Telefon 852 40 80 (concert casse)
8. 11. Tuntenball ; Palais am Funkturm, Tel. 30 38–1 (AMK)
10. 11. RIAS-Parade; Deutschlandhalle, Tel. 30 38–1 (AMK)
17. 11. Mister Mister; Eissporthalle, 852 40 80 (concert casse)
19. 11. »a-ha«; Metropol, Telefon 852 40 80 (concert casse)
23. 11. Heino und die Lustigen Musikanten; ICC, 31 37 00 07 (Laur)
24. 11. Kool and the Gang; Eissporthalle, Telefon 852 40 80 (concert casse)
29./30. 11., 16 Uhr Weihnachtskonzert der Wiener Sängerknaben; Philharmonie, Telefon 31 37 00 07 (Laur)
29. 11. – 20. 12. jeden Sonnabend und Sonntag »Weihnachtsmarkt Bahnhofstraße« in Lichtenrade, 744 92 27
29. 11. – 28. 12. Weihnachtsmarkt in der City; Breitscheidplatz und Umgebung, Telefon 882 63 73/261 19 91 (Arbeitsgemeinschaft City)
29. 11 – 21. 12. jeden Sonnabend und Sonntag Alt-Spandauer Adventsmarkt in der Spandauer Altstadt, Telefon 33 03 22 34 (Kunstamt)
1. 12. George Benson; ICC, Telefon 852 40 80 (concert casse)
1. und 2. 12. The Dubliners; Quartier Latin, Telefon 852 40 80 (concert casse)

2. 12. Chris de Burgh; Deutschlandhalle, 30 30–1 (AMK)
3. 12. Ultravox; Metropol, Telefon 852 40 80 (concert casse)
5. 12. Die Bolschoi Don Kosaken; Hochschule der Künste, 852 40 80 (concert casse)
13. und 14. 12., 11 – 19 Uhr Adventsmarkt auf der Domäne Dahlem, Telefon 832 50 00
18. – 31. 12. Menschen – Tiere – Sensationen; Deutschlandhalle, Telefon 30 38–1 (AMK)
25./26. 12., 15 und 19.30 Uhr Weihnachts-Gala-Konzert der Original Wolga-Kosaken; Hotel Inter-Continental, 31 37 00 07 (Laur)
25. – 28. 12. und 31. 12. Festival do Brasil mit »Karneval in Rio«; Hochschule der Künste, Telefon 31 37 00 07 (Laur)
31. 12., ab 21 Uhr »Spandau gratuliert« Silvester-Feuerwerk und viele Aktivitäten auf der Spandauer Zitadelle, Kartenvorverkauf: Kunstamt Spandau, Telefon 33 03 22 34

Sport

Fußball: (1. Bundesliga) Blau-Weiß v. 1890 Berlin (706 39 22)
4. 10. B.-W. – Eintracht Frankfurt
18. 10. B.-W. – Bayern München
8. 11. B.-W. – Bayer Leverkusen
29. 11. B.-W. – Hamburger SV
Alle Spiele finden im Olympia-Stadion statt.
Volleyball: (1. Bundesliga Herren) Verein der Saunafreunde (301 70 71)
5. 10. VdS – Hamburger SV
19. 10. VdS – 1860 München
22. 10. VdS – Moerser SC

18. 11. VdS – USC Gießen
30. 11 VdS – ASV Dachau
Alle Spiele finden in der Sömmeringsporthalle statt.
Volleyball: 1. Bundesliga Damen) TSV Rudow I (622 24 89)
4. 10. TSV – 1. VC Schwerte
18. 10. TSV – SG-JDZ Feuerbach
7. 11. TSV – VfL Oythe
22. 11. TSV – VfL Hannover
29. 11. TSV – SV Lohof
Alle Spiele finden in der Jahn-Sporthalle statt.
4. 10. Rudern: Internationale Langstreckenregatta »Quer durch Berlin«, Spree (Landesruderverband Berlin 381 70 61)
11./12. 10. Motorsport: Intern.-Racing-Tag von Berlin, – Motorboot-Rennen –; Großer Wannsee (Motor-Boot-Club Berlin, Telefon 852 20 70)
16. – 21. 10. Radsport: 82. Berliner Sechstagerennen; Deutschlandhalle (AMK Berlin, Telefon 30 38–1)
27. – 31. 10. Segeln: Deutsche Meisterschaft, Europe; Große Breite und Wannsee (Berliner Segler Verband, 861 61 51)
1. 11., 19 Uhr Tanzen: Weltmeisterschaft, Allround der Professionalpaare in dèn Standard- und lateinamerikanischen Tänzen; Deutschlandhalle (Tanzschule Dieter Keller, Telefon 891 18 20)
8. 11. Volleyball: Europapokal der Pokalsieger, Verein der Saunafreunde – Keszkemet (Ungarn); Sömmering-Sporthalle, Telefon 301 70 71
19. – 23. 11. Reiten: Intern. Reit- und Springturnier CHI; Deutschlandhalle (AMK Berlin, Telefon 30 38–1)

29./30. 11. Eissport: Intern. Sprinter-Meeting und Weltcup-Rennen der Eisschnelläufer; Eisstadion Wilmersdorf (Eissportverband, 823 40 20)

Ballett im ICC
Telefon 30 38–1

14./29. 11. und 27. 12. »Schwanensee«
15. 11. und 28. 12. (16 Uhr) »Cinderella«
30. 11. (16.00 Uhr) »Der Nußknacker«, alles Rumänisches Staats-Ballett Fantasio
6. 12. »Der Nußknacker«
7. 12. »Die grüne Flöte«, beides Lübecker Kinder-Tanztheater
10. 12. Ballet Classique de Paris »Hoffmanns Erzählungen«

Musical

Bis Mitte November »La cage aux folles«; Theater des Westens, Telefon 312 10 22
10./12. 10. Volkstümliches Hamburger Musical mit Freddy Quinn; Urania, 31 37 00 07 (Laur)
17. 11. »West Side Story«, Broadway Musical Company New York; ICC, Telefon 30 38–1
23. 11. bis Ende Dezember, nachmittags »Peter Pan«; Theater des Westens, 312 10 22

Tip des Tages

Giving and accepting invitations

Morgen nachmittag Am 12. Mai Am Samstag	gebe ich eine Party.	Kommst du?	Ja, gerne.
	gehen wir in die Disko. gehe ich schwimmen.	Kommst du mit?	

Asking for more details

Wer kommt denn noch?
Was läuft denn im Kino?
Wo treffen wir uns?
Um wieviel Uhr?

Tut mir leid

*Listen to the six telephone conversations. Why are the invitations not accepted in each case? Write **1c** etc.*

The person being phoned

a *is ill*
b *is already going out somewhere else*
c *has to stay in because relatives are coming*
d *has no money*
e *doesn't want to (no reason given)*
f *is not in.*

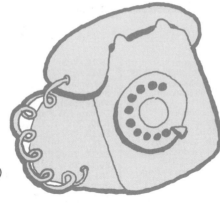

Niemand kommt!

Rolf gibt eine Party, aber seine Freunde kommen nicht. Weißt du warum? Trage die Tabelle in dein Heft ein, und schreibe die Namen ein.

Kurt
Tut mir leid.
Ich gehe schon aus.

Peter
Mir geht es nicht so gut.

Nein, ich kann nicht

Was sagen Kathrin und Bernd?
— Krämer.
— Kathrin?
— Ja. Birgit?
— Ja, wie geht's?
— Gut.
— Ich gehe heute abend ins Kino. Kommst du mit?
— _____ .
— Was machst du denn? Gehst du aus?
— Nein . . . aber ich kann nicht. Ich hab' kein Geld, du.
— Oh, schade.
— Ja, _____ .
— Naja — also bis bald.
— Tschüs.

Inge

Am Samstag gebe ich eine Party. Kommst du?

— Hier Schmidt.
— Bernd, du?
— Ja. Hallo, Ulrich.
— Du, hast du morgen Zeit?
— Morgen? Wann denn?
— Abends. Silke gibt 'ne Party.
— Ach nee.
— Komm doch.
— Nee, wirklich du, _____
— _____ .
— Schade. Na denn . . .
— Ja, tschüs.

Wir gehen am Mittwochabend ins Kino. Kommst du mit?

Ich gehe am Montag nach der Schule einkaufen. Kommst du mit?

Jetzt Partnerarbeit. Übt die Telefonate.

Beispiel: _Kurt_ geht aus.
_____ will fernsehen.
_____ hat Familienbesuch.
_____ ist krank.
_____ bleibt zu Hause.
_____ muß für die Schule arbeiten.

Erika
Aber am Mittwoch gibt es so einen
tollen Film im Dritten Programm!

Gerd
Ich mache Babysitting für meinen
kleinen Bruder.

Stephanie
Mein Onkel kommt und
meine Cousins.

Knut
Ich muß nächsten Donnerstag eine
Englischarbeit schreiben.

Hallo Inge!

_Du bist Inge. Gehst du oder gehst
du nicht? Hier ist dein Tagebuch.
Was sagst du?_

MONTAG	22	3.00 Krankenhaus! Aua!
DIENSTAG	23	
MITTWOCH	24	7.30 Computerclub
DONNERSTAG	25	
FREITAG	26	8.15 Fernsehen: Hitparade
SAMSTAG	27	
SONNTAG	28	Oma u. Opa kommen

Hast du Lust?

— Tag, Werner! Wir gehen gerade
zur Eisdiele. Hast du Lust?
— Ja, gerne. Ich komme mit.

— Tag, Claudia. Was machst du?
— Nichts Besonderes.
— Hast du Lust, Tischtennis zu
spielen?
— Ja, gut.
— Also, komm!

— Na, was machen wir?
— Hast du Lust, schwimmen zu
gehen?
— Nee, zu kalt. Ich bleibe lieber
hier und spiele Karten.

— Hör mal. Wir gehen heute
nachmittag in die Stadt. Kommst
du mit?
— Nee, ich habe keine Lust.

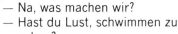

Am Montagabend gibt es eine
Grillparty bei Wagners. Hast
du Lust?

Wir gehen am Freitagabend
in die Disko im Jugendclub.
Kommst du?

Mache Dialoge mit deinem Partner/deiner Partnerin.

	Tennis **zu** spielen
Hast du Lust, . . . ?	in die Stadt **zu** fahren
Ich habe keine Lust, . . .	in die Disko **zu** gehen
	schwimmen **zu** gehen

Wenn, wenn, wenn . . .

Listen to the conversations. The people say they will go if:

A *it doesn't rain*
B *it's not too expensive*
C *there's a bus to get home on*
D *it's warm enough*
E *some other named person is coming*
F *some other named person isn't coming*
G *they've finished their homework*
H *their parents say they can*
I *they have time*
J *they don't have to go somewhere else.*

Die Clique am Samstagabend

Höre gut zu. Was stimmt? Schreibe **1c** *usw.*

1 **Uwe**
   a geht mit Heike aus
   b hat Besuch von seinem Onkel
   c bleibt zu Hause.

2 **Christina**
   a geht zum Jugendklub
   b sieht fern
   c macht ihre Hausaufgaben.

3 **Renate**
   a bleibt zu Hause
   b geht ins Konzert
   c geht ins Kino.

4 **Detmar**
   a geht zu Werners Party
   b geht mit Werner aus
   c geht ins Bett.

5 **Inge**
   a geht in die Stadt
   b arbeitet
   c geht einkaufen.

6 **Frauke**
   a macht ihre Hausaufgaben
   b geht zum Jugendklub
   c geht zu ihrem Freund.

7 **Stefan**
   a geht zu Jörg nach Hause
   b geht mit Freunden aus
   c bleibt zu Hause.

8 **Trudi**
   a geht zu Ilses Party
   b geht tanzen
   c geht zu Gabis Party.

Probleme

Für Robert ist alles immer sehr problematisch. Fünf Freunde laden ihn ein. Aber er sagt nicht ‚ja' oder ‚nein', er sagt immer ‚wenn . . . '. Was antwortet Robert?

Beispiel: 1B . . . *Ich komme gerne mit, wenn der Film nicht zu früh beginnt.*

1 **Jona:** Robert! Kommst du am Freitag mit ins Kino? Es läuft der neue Film von Wenders.
   Robert: Danke. Ich komme gerne mit, wenn _____ .

2 **Barbara:** Hast du Lust, morgen Tennis zu spielen?
   Robert: Naja, wenn _____ .

3 **Jürgen:** Am 25. gibt Channel Five ein Konzert in der Stadthalle. Ich kaufe dafür Karten. Hast du Lust?
   Robert: Ja gerne, wenn _____ .

4 **Alexander:** Wir machen am Wochenende eine Radtour aufs Land. Kommst du mit?
   Robert: Fährt der Stefan mit?
   Alexander: Stefan? Ich weiß nicht. Wieso?
   Robert: Naja, wenn _____ , dann komme ich auch.

5 **Heike:** Robert! Kommst du am Sonnabend zu meiner Party?
   Robert: Oh danke. Nur, ich mache so viel diese Woche . . .
   Heike: Also, wenn du Lust hast.
   Robert: Ja, danke. Ich komme bestimmt, wenn _____ .

zu warm?
beginnt zu früh?
kostet zu viel?
zu müde?
fährt Stefan mit?

Tip des Tages

Asking if someone would like to do something

Ich gehe morgen schwimmen. Hast du Lust?
Hast du Lust, morgen schwimmen **zu** gehen?
Hast du Lust mit**zu**kommen?

Saying you can't

Das geht leider nicht.
Ich kann leider nicht.

Saying you don't feel like it

Ich habe keine Lust.

Saying you're sorry

(Es) tut mir leid.

Saying you will do something if . . .

Ich komme mit,	wenn	es warm es nicht ich nicht zu müde	ist. regnet. bin.	*if it's warm* *if it's not raining* *if I'm not too tired*

Haarige Probleme

Partnerarbeit.
Suche dir eine Person aus. Wer bist du? Dein(e)
Partner(in) stellt Fragen, und du antwortest
,ja' oder ,nein'. Bist du ein Junge? Hast du lange
Haare? usw.
Dann ist dein(e) Partner(in) dran.

1 Jörg   2 Trudi   3 Dieter

7 Alexandra   8 Jutta   9 Christian   10 Fatma   11 Andreas   12 Renate

16 Susanne   17 Sabine   18 Birgit   19 Christof   20 Bettina   21 Arturo

So ein Durcheinander!

Sechs Fotos! Sechs Formulare!
Was nun?!

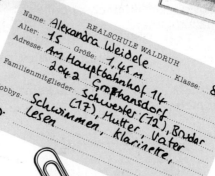

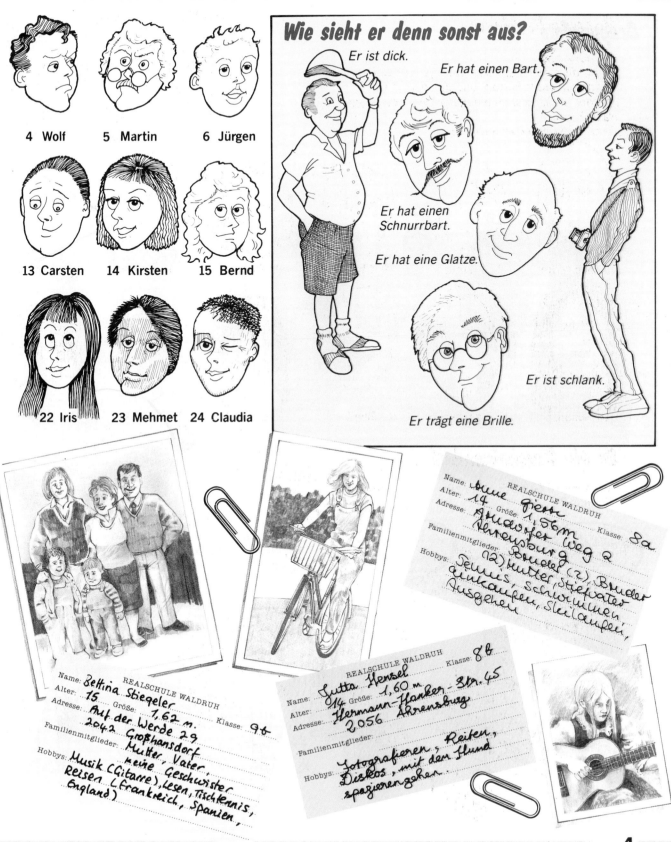

4 Wolf   5 Martin   6 Jürgen

13 Carsten   14 Kirsten   15 Bernd

22 Iris   23 Mehmet   24 Claudia

Wie sieht er denn sonst aus?

Er ist dick.

Er hat einen Bart.

Er hat einen Schnurrbart.

Er hat eine Glatze.

Er ist schlank.

Er trägt eine Brille.

REALSCHULE WALDRUH
Name: Anne gieen
Alter: 14   Größe: 1,56 m   Klasse: 8a
Adresse: Sandhofer Weg 2
Ahrensburg
Familienmitglieder: Bruder (2), Mutter, Stiefvater
(12) Mutter, Stiefvater
Hobbys: Tennis, Schwimmen, einkaufen, Skilaufen, Ausgehen

REALSCHULE WALDRUH
Name: Bettina Stiegeler
Alter: 15   Größe: 1,62 m.   Klasse: 9c
Adresse: Auf der Werde 29
2042 Großhansdorf
Familienmitglieder: Mutter, Vater, keine Geschwister
Hobbys: Musik (Gitarre), Lesen, Tischtennis, Reisen (Frankreich, Spanien, England)

REALSCHULE WALDRUH
Name: Jutta Hensel   Klasse: 8b
Alter: 14   Größe: 1,60 m.
Adresse: Hermann-Hanker-Str. 45
2056 Ahrensburg
Familienmitglieder:
Hobbys: Fotografieren, Reiten, Diskos, mit dem Hund spazierengehen.

Gruppenfoto

Kleider machen Leute

Fünf junge Leute gehen zusammen aus. Sie tragen alle sehr bunte Kleider.

a *Welche Farbe haben ihre Kleider? Zeichne die fünf jungen Leute in dein Heft, und schreibe einen Satz für jede Person.*
Beispiel: Margas Bluse ist weiß, ihr Rock ist schwarz und ihre Schuhe sind grau.

b *Was tragen diese Leute? Schreibe das in dein Heft.*
Beispiel: Marga trägt eine weiße Bluse, einen schwarzen Rock und graue Schuhe.

weiß
Margas Bluse
Nicolas Schuhe
Ralfs T-Shirt

Giselas Pullover
Nicolas Jacke

grün

Nicolas Hose
Jochens Hemd

gelb

braun

Jochens Schuhe

Giselas Hemd
Giselas Schuhe
Jochens Jacke

Giselas Hose
Margas Schuhe
Nicolas T-Shirt

grau

rot

blau

Ralfs Hose
Ralfs Schuhe

schwarz
Margas Rock
Jochens Hose

Tip des Tages

Asking what someone looks like

Wie sieht	er sie	aus?

Describing people

Er ist Sie ist	(ziemlich) groß. mittelgroß. (ziemlich) klein.

Er hat Sie hat	kurze mittellange lange	glatte lockige	braune hellbraune dunkelbraune blonde rote schwarze	Haare.

Talking about people's clothes

Sein/ihr Seine/ihre Sein/ihr	Pullover Jacke T-Shirt	ist	blau. rot. grün.
Seine/ihre	Schuhe	sind	grau.

Er Sie	trägt hat	einen blauen Pullover eine rote Jacke ein grünes T-Shirt graue Schuhe	an.

Gestern abend

Wer hat was gemacht? Höre gut zu.
Beispiel: *Sonja sagt:* „Am Abend
habe ich eine Party
gegeben.' *Das ist* **F.** *Du
schreibst also:* **Sonja F.**

Sonja Michael
Bernd
Sabine Miriam
Gerd Jutta
Kai

Was hast du gemacht?

*Was haben die acht jungen Leute gesagt?
Fülle die Lücken aus.*

Ich habe ein paar Freunde _____ .

Ich habe einen Film _____ .

Wir haben zusammen ein Bier _____ .

Ich bin zu Erikas _____ .

Ich habe meine Schularbeiten _____ .

Ich habe eine Party _____ .

Ich bin zu Hause _____ .

Ich habe Tennis _____ .

Ich bin zu einer Party _____ .

Wir haben Platten _____ .

Ich habe _____ .

gegangen
gesehen
getrunken
geblieben
gehört
gegeben
getroffen
gespielt
gemacht
ferngesehen

Köln, den 4. April

Liebe Miriam!

Ich weiß – ich habe so lange nicht
geschrieben! Es tut mir leid, aber ich habe
so viel gemacht! Diese Woche zum Beispiel: Am
Sonntag war ich bei meiner Schwester. Wir
haben bis ein Uhr morgens Karten gespielt.
Dann Montag habe ich mit Udo einen tollen
Film gesehen – "Zyklop" heißt es. Dienstag
bin ich zu einer Party gegangen, Mittwoch
auch. Donnerstag habe ich nachmittags
Tennis gespielt und bin abends zu Anja
gegangen. Gestern bin ich zu Hause geblieben
und habe meine ganzen Schularbeiten gemacht.

Heute abend gehe ich mit Georg in die Disko.
Du hast Georg letzten Sommer kennengelernt,
oder? Er hat blonde lockige Haare und
blaue Augen und geht auf die Berufsschule
hier in Köln.
   Mir geht's gut. Und Dir? Machst Du
noch Deinen Job in der Pizzeria?

Schreib bald, was Du alles machst!

            Es grüßt Dich,

                Deine Lois

KAPITEL **10**

Liebe Miriam

Read Miriam's letter then write down:

a what **Zyklop** is
b what Iris did on Wednesday
c why she decided to stay at home on Friday
d on what day of the week Iris is writing the letter
e what Iris did on Thursday evening
f why she stayed up so late at her sister's last Sunday
g when she was at Anja's house
h how Miriam earns extra money
i why she thinks Miriam will know who Georg is
j what Georg does.

Deine Woche

Mo Treffen mit Uli in der Stadt
Di Nachmittag - Kaffee bei Gerd
Mi Tischtennis
Do Party bei Nicole
Fr Disko mit Klaus
Sa Kino mit Petra u. Gabi - „Mad Max"
So Schularbeiten!

Hier ist die Seite aus deinem Tagebuch für diese Woche. Es ist Samstagnachmittag.
Schreibe deinem Freund einen Brief! Was hast du am Montag, Dienstag, Mittwoch, Donnerstag und Freitag gemacht? Und was machst du heute abend und morgen?

Was paßt zu wem?

Einige Mädchen und Jungen aus Petras Klasse.

Jürgen	toll	+
Annette	sehr sympathisch	
Udo	nett	
Peter	nicht schlecht	
Birgit	OK.	
Matthias	doof	
Ali	fies	−

Was hältst du von Elke?

	☺	😐	☹
Elke			
Hanno			
Iris			
Pamela			
Viktor			

Hast du die Berti kennengelernt?

Wie heißt das auf Deutsch?

A Oh well, it doesn't matter.
B She was all right.
C I'm sure she was there.
D What does she look like?
E I thought she was a bit stupid.
F Did you meet her?
G I know who you mean.
H I danced with her nearly all evening.
I She'd had too much wine to drink.
J What was she wearing?

Hier sind acht Sätze aus dem Gespräch. Aber was paßt zu wem?

1 Wie sieht sie
2 Ich habe mit ihr
3 Was hat sie
4 Ich habe sie ein bißchen doof
5 Ich glaube, sie hat zuviel Wein
6 Mit wem hast du
7 Ich habe ein tolles Mädchen
8 Wir gehen

a getrunken.
b denn getanzt?
c morgen aus.
d kennengelernt.
e getragen, dieses Mädchen?
f gefunden.
g aus?
h ein paar Minuten gesprochen.

Partnerarbeit

Partner A
Hast du Claudia kennengelernt?

Sie hat . . . Haare. Sie ist . . . (mittelgroß)

Schwarze Jeans, eine . . . Jacke usw.

Wie hast du sie gefunden?

Partner B

Claudia? Wie sieht sie aus?

Was hat sie getragen?

Ja, ich weiß, wen du meinst.

Tip des Tages

Saying what you did

Ich habe	ferngesehen. Volleyball gespielt. einen Film gesehen. ein paar Freunde getroffen.

Ich bin	zu Hause geblieben. zu einer Party gegangen.

Some questions about people you may have met

Hast du	(den) Rainer (die) Iris	kennengelernt?

Was hat	er sie	getragen?

Wie hast du	ihn sie	gefunden?

Asking what someone thinks of a person

Was hältst du von Wie findest du	Rainer? Elke?

Saying what you think of someone

Ich finde	ihn sie	toll. nicht schlecht. fies.

Gesucht: Der Junge aus Marburg, der am 27. Jan. in Koblenz am Bahnhof war und mir zulachte. Du hast mittellange, hellbraune Haare und hast eine schwarze Lederjacke getragen. Bitte schreib an Annette Brand, Strandweg 12, 3500 Burgdorf, Schweiz. Ich warte!

Hallo, Volker! Wir haben uns auf dem Campingplatz Waldruh im Schwarzwald kennengelernt. Ich habe sehr kurze, blonde Haare und heiße Birgit. Schicke Deinen Brief an: Birgit Neumeyer, Bahnhofstraße 44, 7901 Bernstadt.

Wo seid ihr? Die zwei schönen Mädchen aus Österreich, die am 12. Juli in der Disko in Corfu mit uns getanzt haben. Thomas u. Oliver denken noch an Euch! Ruft an unter 02 14/2 75 77.

Wo ist das Girl, das am 14. Juni um 13 Uhr im Gasthaus ‚Alpenhof' mit mir einen Milkshake getrunken hat? Du hast eine dunkelblaue Hose, einen rot-weiß-blauen Pulli und rote Schuhe getragen und hast blonde, schulterlange Haare. Bitte ruf mich an — Dein Thorsten. Telefon: 0 98/05 831

Ich suche Hartmuth aus Lübeck. Ich habe Dich in Portafino kennengelernt. Erinnerst Du Dich noch an Sabines Schwester Ruth? Dann schreibe bitte an: Ruth Köhler, Waldhäuserstraße 76, 8209 Stephanskirchen.

Der Junge mit dem Spaniel sucht das Mädchen mit dem Schäferhund. Du warst am 19. u. 21. August im Jenischpark. Bitte melde Dich bei Mathias Linden, Eichendorfstr. 10, 2000 Hamburg 13.

SOS Knut! Du warst in der Zeit vom 20. Juli bis 3. August auf Menorca im Hotel ‚Plaza Mayor'. Du hast dunkelbonde Haare und bist sehr groß. Ich bin das Mädchen mit dem Strohhut! Bitte melde Dich bei Katrin Wolfinger, Kropacher Weg 2, 6310 Gießen — heute!

Ich suche Dich, Nadine (15). Ich habe Dich in Westerland auf Sylt gesehen. Du hast einen blau-roten Bikini getragen. Wir haben ein paar Minuten lang über Musik gesprochen. Bitte schreib mit Foto an Gerd Krüger, Erikastr. 27, 2000 Hamburg 25.

Hilfe! Ich bin total verknallt in Dich! Du bist am 12. August zu einer Party in Düsseldorf gegangen. Du hast ein kurzes, schwarzes Kleid und keine Schuhe getragen. Du hast schöne, lockige Haare. Oh rette mich, bitte! Paul Fuhrmann, Goethestr. 2, 4000 Düsseldorf 1.

Treff-spezial-Ferien

Was weißt du?
a Which of these is from more than one person?
b Where was Birgit Neumeyer when she met a boy called Volker?
c How many of these people want the person they are looking for to phone rather than write?
d What did the boy who Annette Brand saw on the station in Koblenz do that made her remember him?
e How does Katrin from Gießen describe herself?
f Who was Ruth Köhler with when she met Hartmuth from Lübeck?
g What was Nadine wearing when Gerd talked to her on Sylt?
h Where did Paul from Düsseldorf meet the girl he is trying to get in touch with?
i How many of these are from girls and how many from boys?
j Who would you say gives the most detailed description of the person they are looking for?
k What does Mathias Linden have in common with the girl he is looking for?
l How many of the writers were abroad when they met the person they now wish to contact?
m Which of these do you think is the most amusing?
n Which is the most dramatic sounding?
o Which would you say is the most heartfelt?

Lieber Karl-Heinz . . .

Lieber Karl-Heinz!
Hier ist das Wetter viel
besser als zu Hause. Jeden
Tag Sonne! Ich bin gestern
im „Tower of London" gewesen,
vorgestern in Windsor. Wir
haben abends Tennis gespielt
oder sind zu Hause geblieben
und haben etwas ferngesehen.
Ich habe heute ein sehr
nettes englisches Mädchen
kennengelernt – lange Haare
und blaugrüne Augen. Ich
gehe mit ihr morgen abend
in die Disco. Ich habe
leider nur noch 3 Tage, dann
muß ich nach Hause kommen.
So ein Pech!
Also, bis dann, Axel

Karl-Heinz Gerlach
Werfelstr. 19
1000 Berlin 47

Germany

Lieber Karl-Heinz!
Nur noch 3 Tage, dann
bin ich wieder bei Dir!
Die Leute hier in Swansea
sind alle sehr nett. Ich
bin viel weggegangen
und habe viel englisch
gesprochen. Gestern bin
ich sogar zu einer Party
gegangen – aber mach
Dir keine Sorgen, ich ha-
be keinen tollen Eng-
länder kennengelernt.
Ich habe nur ein Glas
Bier getrunken und gar
nicht getanzt.
Ich vermisse Dich so!
Bis Montag! Deine Claudia

Karl-Heinz Gerlach
Werfelstr. 19
1000 Berlin 47
Germany

Teenager

Höre gut zu, und beantworte die Fragen auf Englisch.

1 a When is the party?
  b What does the boy say about his penfriend?

2 a On what day are they going swimming?
  b Who doesn't the second boy like very much?

3 a What does Uwe say he's doing tomorrow evening?
  b What is Andrea's hair like?

4 a What is said about Karola's height?
  b Where are they meeting?

5 a How does the first boy distinguish the girl he's talking about?
  b What does his friend say about her?

6 a What colour are Martin's eyes?
  b What is he doing while the girls are talking about him?

7 a When does he invite her out?
  b What is the first thing she wants to know?
  c What is the second?
  d How does he celebrate her acceptance?

8 a What is Robert's girlfriend called?
  b Which question of his mother's does Sebastian misunderstand?
  c Why hasn't his mother heard of Hanno before?
  d Why is Robert inviting Hanno to his party?

TEIL **6**

1 Saying when and where you are doing something

In a German sentence you always say **when** you are doing something before you say **where**. Information about **time** always comes before information about **place**. In English we can say:

I'm going to the cinema next Friday.	(where, when)
or	
Next Friday I'm going to the cinema.	(when, where)

In German you say:

Ich gehe nächsten Freitag ins Kino.	
or	(when, where)
Nächsten Freitag gehe ich ins Kino.	

2 Asking whether someone feels like doing something

You can tell someone what you're thinking of doing and then ask **Hast du Lust?**

> Ich gehe heute zum Jugendklub. Hast du Lust?

But if you begin your sentence with **Hast du Lust?**, the word **zu** then has to be used:

> Hast du Lust, heute zum Jugendklub **zu** gehen?

As you can see, the verb ('going') is kept till the very end of the sentence. Here is another example:

> Hast du Lust, morgen Tennis **zu** spielen?

Notice what happens if you use a verb like **mitkommen** or **fernsehen**:

> Hast du Lust mit**zu**kommen?

> Hast du Lust fern**zu**sehen?

3 Word order after wenn meaning 'if'

The usual German word order is totally changed if you use the word **wenn** (if). After **wenn** the verb goes right to the end of the group of words it is in.

Es **ist** zu warm.	It's too warm.

but

Wenn es zu warm **ist**	**If** it's too warm.

4 Agreement of adjectives. Saying what sort of hair and what colour clothes someone has

In German, words like 'long', 'short', 'red' and 'white' (**adjectives**) have endings when used in front of words like 'hair', 'skirt' or 'shoes' (**nouns**). These endings are different depending on whether the word they are describing (the noun) is masculine, feminine, neuter or plural.

	M	F
Er trägt	einen ro**ten** Pulli	eine ro**te** Hose
Sie trägt	einen weiß**en** Rock	eine weiß**e** Jacke

N	PL
ein ro**tes** Hemd	ro**te** Schuhe
eine weiß**es** T-Shirt	weiß**e** Schuhe

If you use more than one adjective, they all have the same ending.

> Sie hat einen kurz**en**, ro**ten** Rock an.
> Er hat kurz**e**, blond**e**, lockig**e** Haare.

Note

'Hair' can be either singular or plural in German. There is no difference in meaning.

Sie hat	langes, braunes Haar.
	lange, braune Haare.

5 Him and her

Ich finde	**ihn** / **sie**	sehr nett.	him / her

11 Mir ist schlecht

- *talking about feeling ill*
- *talking about injuries in sport*
- *talking about minor ailments*
- *talking about accidents that have happened*
- *going to the doctor's, dentist's or chemist's*

Ich habe Kopfschmerzen

Mein Fuß tut weh

A Kopfschmerzen B Zahnschmerzen
C Magenschmerzen D Rückenschmerzen
E Ohrenschmerzen F Halsschmerzen

G Meine Hand I Mein Fuß
H Mein Bein J Mein Arm

Was fehlt dir?

Partnerarbeit. Sieh dir die Bilder an, wähle eines, und sage deinem Partner/deiner Partnerin, was dir fehlt.

Beispiel: *Du sagst:* Ich habe Rückenschmerzen . . . welches Bild ist das? *Dein(e) Partner(in) antwortet:* Bild fünf.

Gesundheit!

Mein Kopf tut weh.

Ich bin fit und gesund.

Ich habe einen Schnupfen.

METALL HAMMER

Ich habe eine Erkältung.

Mir ist so heiß. Ich habe Fieber.

Normal.

Ich bin müde.

Ich habe eine Grippe.

Ich kann nicht kommen

Was sagen die Leute?
Höre gut zu, und beantworte
folgende Fragen auf Englisch.

Dialoge 1 bis 4:
1 What do the people claim they cannot do?
2 What reasons do they give?
3 What changes their mind?

Ich kann nicht . . . ich bin krank

Partnerarbeit. Dein(e) Partner(in)
will Tennis oder Fußball usw. mit
dir spielen. Sage ihm/ihr, warum du
nicht kommen kannst.

Beispiel: — Kommst du Tennis
spielen?
— Ich kann nicht . . . ich bin krank.
— Was ist mit dir?
— Ich habe Rückenschmerzen.

Tip des Tages

How to say you have a headache, toothache etc.

Ich habe	Kopfschmerzen.	headache
	Zahnschmerzen.	toothache
	Magenschmerzen.	stomach ache
	Rückenschmerzen.	backache
	Ohrenschmerzen.	earache
	Halsschmerzen.	a sore throat

How to say parts of your body hurt

Mein	Kopf Arm Fuß	tut weh.
Meine	Hand	

How to say you have various ailments

Ich habe	eine	Grippe. Erkältung.	flu cold
	einen Schnupfen.		headcold, runny nose
	Heuschnupfen.		hayfever

How to say you have a (high) temperature

Ich habe Fieber.

How to say you are tired

Ich bin müde.

How to say you are hot, cold or feeling unwell

Mir ist	heiß. kalt.
	schlecht.

How to ask somebody how they are feeling

Wie geht's?

How to answer

Danke. Gut.

Nicht so gut. | Ich habe . . . Ich bin . . .

How to ask what is wrong with someone

Was	fehlt	dir?
	ist mit	
	hast du?	

Die neue Turnhalle

Höre gut zu. Was macht die Clique in der neuen Turnhalle? Vervollständige folgende Sätze in dein Heft.

1 Kurt läuft _____ .
2 Jens und Heidi trainieren _____ .
3 Sabine, Silvia, Guido und Ralf spielen _____ .
4 Jutta geht in den _____ - _____ .
5 Bernd und Anke spielen _____ , dann gehen sie

_____ .

6 Robert trainiert _____ .
7 Dirk und Astrid spielen _____ .

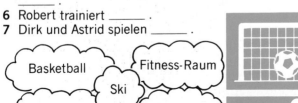

Basketball
Fitness-Raum
Ski
Volleyball
Badminton
Schwimmen
Karate

Was sagt Long John Silver?

Wem gehören die Körperteile? Sage, was die Leute sagen.

Im Jugendzentrum

Was paßt zu wem? Höre gut zu,
und schreibe **Jens C** *usw. in*
dein Heft.

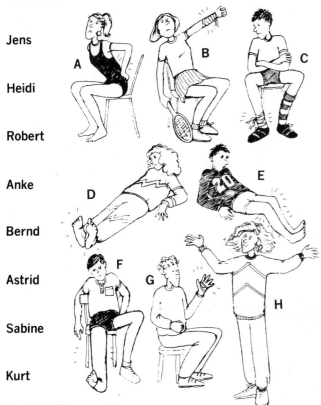

Jens

Heidi

Robert

Anke

Bernd

Astrid

Sabine

Kurt

Tip des Tages

How to say you have sprained
your wrist or your ankle

| Ich habe mir | das | Handgelenk Fußgelenk | verstaucht. |

How to say you have broken
your leg or arm

| Ich habe mir | das Bein den Arm | gebrochen. |

How to say your legs, arms or feet ache

| Meine | Beine Arme Füße | tun weh. |

In der Imbißstube

Die Clique hat Hunger. Kurt, Jens, Heidi, Guido, Jutta und Robert gehen in eine Imbißstube und bestellen etwas zu essen und zu trinken. Höre gut zu, lies die Speisekarte, und beantworte die Fragen auf Englisch in deinem Heft.

WESERHOF IMBISS	
Currywurst m/Brot	DM 1,50
Schinken-Bratwurst m/Brot	DM 1,50
Bockwurst m/Brot	DM 1,50
Jägerschnitzel	DM 4,20
Zigeunerschnitzel	DM 4,50
Frikadelle	DM 1,80
Halbes Hähnchen	DM 3,50
Eintopf	DM 2,80
Tomatensuppe m/Brot	DM 1,80
Spiegelei	DM 1,10
Portion Kartoffelsalat	DM 0,90
Portion Pommes Frites	DM 1,20
Pils 0,2l vom Faß	DM 1,40
Sprite 0,2l	DM 1,20
Cola 0,2l	DM 1,30
Kännchen Kaffee	DM 3,10
Kännchen Tee	DM 3,20

Fragen

1 What does Robert order with his fried egg?
   What reasons does he give for his choice?
2 What does Jutta order?
   Why doesn't she order a bigger meal?
3 What does Heidi order with her chicken?
   What reason does she give for her order?
   What does she decide to drink?
4 Who finds the *Zigeuner* sauce too spicy?
   What does he order to eat?
5 Why doesn't Kurt want to drink coffee?
6 Why does Jens also turn down the offer of coffee?
   What does he decide to eat and drink?
7 Who shares a pot of coffee with Guido?

Krank im Urlaub

Welches Bild ist das? Höre gut zu, und zeige auf die Bilder.

Wespenstiche
Lebensmittelvergiftung
Sonnenbrand
Heimweh

Ich darf nicht . . . ich bin allergisch dagegen

*Was paßt zu wem? Höre gut zu, und schreibe **1A** usw. in dein Heft.*

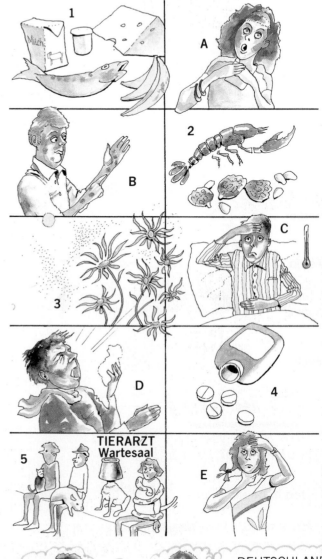

TIERARZT
Wartesaal

Stefan

Sabine

Britta

DEUTSCHLAND

Kurt

ich (Jens)

Gymnasium Schwarzenberg

Grillparty!

GRILLPARTY
Samstag 13 August
am Strand
Eintrittskarten:
DM 10,-

ZUM STRAND

GYMNASIUM SCHWARZENBERG

Englandaustausch

Bitte in Druckbuchstaben oder mit Schreibmaschine ausfüllen!

Name: _Fey_

Vorname: _Sven_

Anschrift: _Beerentaltrift_

2000 Hamburg 90   Tel.: _040/7908784_

Geb.: _03.12.1977_   Größe in cm: _165_

Ist Ihre Tochter/Ihr Sohn krank oder kürzlich ernsthaft krank gewesen?

Falls ja, bitte Angaben: _____

Bestehen Allergien _Ja gegen Muscheln_

Kann sie/er an sportlichen Veranstaltungen teilnehmen? ja/nein

Darf sie/er schwimmen?   ja/nein

Krankenkasse: _DAK_

Haftpflichtversicherung: _Deutscher Herold_

Darf Ihre Tochter/Ihr Sohn

— mit dem Austauschpartner abends ausgehen?   ja/nein

— an Discoveranstaltungen teilnehmen?   ja/nein

— mit dem Fahrrad fahren?   ja/nein

Tip des Tages

How to say you have certain allergies

Ich bin allergisch gegen	Tiere. Muscheln. Aspirin. Wespenstiche. Käse.	*animals* *mussels* *aspirin* *wasp stings* *cheese*

How to say you have food poisoning

Ich habe eine Lebensmittelvergiftung.

How to say you have sunburn

Ich habe Sonnenbrand.

How to say you cannot eat something

Ich darf	keinen Käse keine Schokolade	essen.

How to say you're not allowed (to)

Ich darf nicht.

How to say you are homesick

Ich habe Heimweh.

Der Skiball

Im Januar oder im Februar fahren viele Klassen nach Österreich oder in die Schweiz. Dort fahren sie zehn Tage oder zwei Wochen Ski.

Im März oder im April gibt es dann oft einen Skiball. Das ist eine Party für die Gruppe, die zusammen den Skikurs gemacht hat. Die Schüler und Schülerinnen zeigen Fotos, sprechen über die Klassenfahrt, trinken Cola oder Kaffee, hören Musik und einige . . . nicht alle . . . tanzen. Einige können nicht tanzen, denn sie haben sich das Bein beim Skifahren gebrochen. Sie müssen sechs oder sieben Wochen ein Gipsbein tragen.

Interlaken ist sehr beliebt. Viele Klassen fahren dorthin. Autobahnen und Eisenbahnen verbinden Interlaken mit den Flughäfen Zürich, Genf und Basel.

Wie kommt man nach Interlaken?

1 Touristen aus Köln fliegen nach . . .
2 Italiener fliegen nach . . .
3 Österreicher fliegen nach . . .
4 Touristen aus Frankreich fliegen nach . . .
5 Von den Flughäfen in der Schweiz nach Interlaken gibt es . . . und . . .

TEIL **4**

Probleme beim Skifahren *Was paßt zu wem? Höre gut zu.*

Was ist passiert?

Fülle die Lücken aus.

1 Anna hat sich _____ _____ _____ .
2 Jutta hat _____ _____ _____ _____ .
3 Jochen _____ _____ _____ _____ _____ .

4 Klaus _____ _____ bekommen.
5 Peter ____ ____ ____ ____ ____ ____ ____ .
6 Andrea _____ _____ _____ _____ verletzt.

Renate ruft ihre Mutter an

Renate

Meyer.
    Ach, grüß dich Renate.
Wie geht's denn?
    Was!?
Ach nein!
    Wie denn?
Wo war das?
    Wo?
Wie geht's dir denn jetzt?
    Schreib mir bitte bald ganz
    genau drüber.
Tschüs!

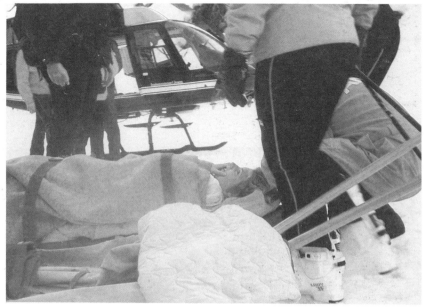

Interlaken den 2. Februar

liebe Mutti, lieber Vati !
Mir geht's jetzt viel besser, aber es ist nicht
sehr interessant im Krankenhaus! Das
Problem war ... ich bin zu schnell gefahren
und der Schnee war gefroren und glatt
wie Eis. Ich bin gegen einen Baum gefahren, und weiter weiß ich nichts. Ich
bin im Krankenhaus aufgewacht, und
die Krankenschwester hat gesagt: "Du
hast Dir das Bein und die Schulter
gebrochen." Glücklicherweise die linke
Schulter. Ich kann wenigstens noch
schreiben.

Interlaken, den
2. Februar

Viele Grüße und Küsse,
eure Renate

Was haben sie sich gebrochen?

Was sagt Harald? Mache Sätze.

Harald

Anna

Ich habe mir . . .   Sie hat sich . . .

Was ist in diesem Haus passiert?

Höre gut zu.

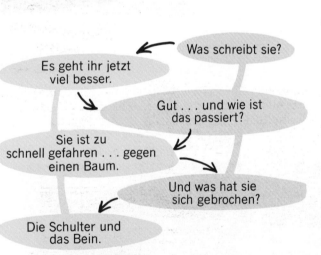

Was schreibt sie?

Es geht ihr jetzt
viel besser.

Gut . . . und wie ist
das passiert?

Sie ist zu
schnell gefahren . . . gegen
einen Baum.

Und was hat sie
sich gebrochen?

Die Schulter und
das Bein.

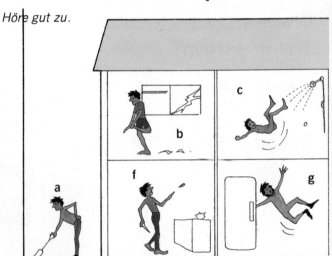

Tip des Tages

How to say that you have broken
part of your body

	den	Finger Fuß	
Ich habe mir	die	Hand Schulter	gebrochen.
	das	Bein Handgelenk	

How to describe parts of the body
that others have broken

Er Sie	hat sich	den Finger die Schulter das Bein	gebrochen.
Sie	haben sich		

Kann ich morgen in die Sprechstunde kommen?

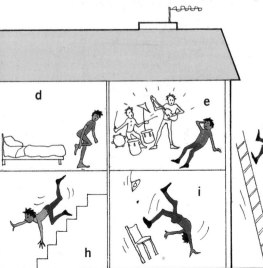

Bernd

Jochen und Gaby

Er hat sich . . .   Sie haben sich . . .

. . . gebrochen.

Fragen

Beantworte auf Deutsch:

1 Es ist Donnerstagnachmittag. Du rufst Dr. Schaal an. Wie ist die Nummer? Und kannst du morgen nachmittag in die Sprechstunde kommen?
2 Welche Ärzte sind für junge Leute?
3 Eine Frau hat Probleme. Welcher Arzt ist am besten für sie geeignet?
4 Du hast am Freitagabend Zahnschmerzen. Wann kannst du am frühsten in die Sprechstunde kommen?
5 Dein Hund ist krank, und du mußt am Mittwoch zum Tierarzt. Von wann bis wann sind die Sprechstunden am Mittwoch?

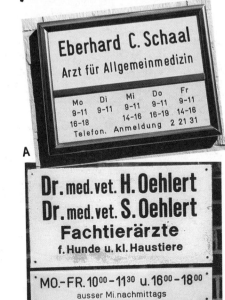

A

Eberhard C. Schaal
Arzt für Allgemeinmedizin

	Mo	Di	Mi	Do	Fr
	9-11	9-11	9-11	9-11	9-11
	16-18		14-16	16-19	14-16

Telefon. Anmeldung   2 21 31

D

Dr. med. vet. H. Oehlert
Dr. med. vet. S. Oehlert
Fachtierärzte
f. Hunde u. kl. Haustiere

MO.-FR. 10⁰⁰-11³⁰ u. 16⁰⁰-18⁰⁰
ausser Mi. nachmittags

C Joachim Schreck
Zahnarzt

Sprechstunden:
Mo., Di., Do. 7⁰⁰-12⁰⁰ 14⁰⁰-18⁰⁰
Mi. und Fr. 7⁰⁰-12⁰⁰
Tel.: 611 33

APOTHEKE

E

Dr. med. H. Maurin
Arzt für Frauenheilkunde u. Geburtshilfe

Dr. med. J. Gätjen
Arzt für Innere Medizin
alle Kassen

Gemeinschaftspraxis
Dr. med. Volker Vogler
Dr. med. Norbert Puls
Kinderärzte

B

F

Beantworte auf Englisch:

6 You have an appointment on Tuesday at 1.30 pm, but you cannot remember where. Look at the signs and work out which practice it must be.
7 Why does it not matter which *Krankenkasse* (medical insurance scheme) you belong to if you visit Dr. Gätjen?

8 Your friend owns a horse which becomes ill. Why would you not recommend the vets on sign D?
9 Which evening do Dr. Vogler and Dr. Puls set aside for teenagers, and when is the time that you should only go to them in an emergency?

10 Using a dictionary if necessary, find out
   a why some people might be put off by the dentist's name,
   b which doctor's name is particularly appropriate, and why,
   c which phrase tells you that patients can arrange to see Dr. Maurin outside normal surgery hours.

TEIL 5

Ist am Freitag noch ein Termin frei?

Trage die Tabelle in dein Heft ein. Höre gut zu, und schreibe den Namen und den Termin auf.

	NAME	ZEIT
Mo		
Di		
Mi		
Do		
Fr		

Herr Ziegert
Frau Stegemann
Frau Timm
Herr Carolus
Herr Bromma
Frau Heinemann
Frau Fichte
Herr Meyer
David Jones
Herr Schmidt

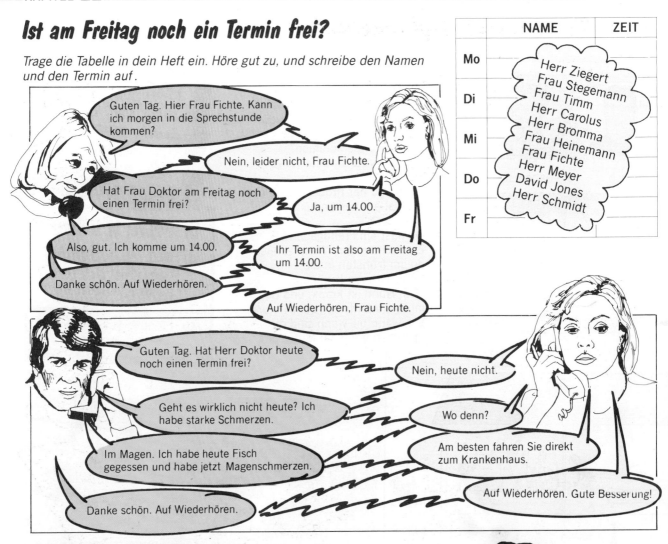

Guten Tag. Hier Frau Fichte. Kann ich morgen in die Sprechstunde kommen?

Nein, leider nicht, Frau Fichte.

Hat Frau Doktor am Freitag noch einen Termin frei?

Ja, um 14.00.

Also, gut. Ich komme um 14.00.

Ihr Termin ist also am Freitag um 14.00.

Danke schön. Auf Wiederhören.

Auf Wiederhören, Frau Fichte.

Guten Tag. Hat Herr Doktor heute noch einen Termin frei?

Nein, heute nicht.

Geht es wirklich nicht heute? Ich habe starke Schmerzen.

Wo denn?

Im Magen. Ich habe heute Fisch gegessen und habe jetzt Magenschmerzen.

Am besten fahren Sie direkt zum Krankenhaus.

Auf Wiederhören. Gute Besserung!

Danke schön. Auf Wiederhören.

In der Sprechstunde

Ärztin: Guten Tag, Frau Timm. Bitte nehmen Sie Platz. Wie kann ich Ihnen helfen?

Fr. Timm: Ich habe Kopfschmerzen und kann nicht schlafen.

Ärztin: Ich verschreibe Ihnen diesmal Baldriparan. Nehmen Sie drei Tabletten pro Tag. Eine zwanzig Minuten vor dem Frühstück, eine zwanzig Minuten vor dem Mittagessen und die dritte Tablette vor dem Abendessen. In vierzehn Tagen kommen Sie bitte wieder.

Fr. Timm: Vielen Dank, Frau Doktor. Auf Wiedersehen.

Ärztin: Auf Wiedersehen, Frau Timm.

Haben Sie etwas gegen Kopfschmerzen?

*Was paßt zu wem? Sieh dir die
Bilder an, höre gut zu, und
schreibe **1D** usw. in dein Heft.*

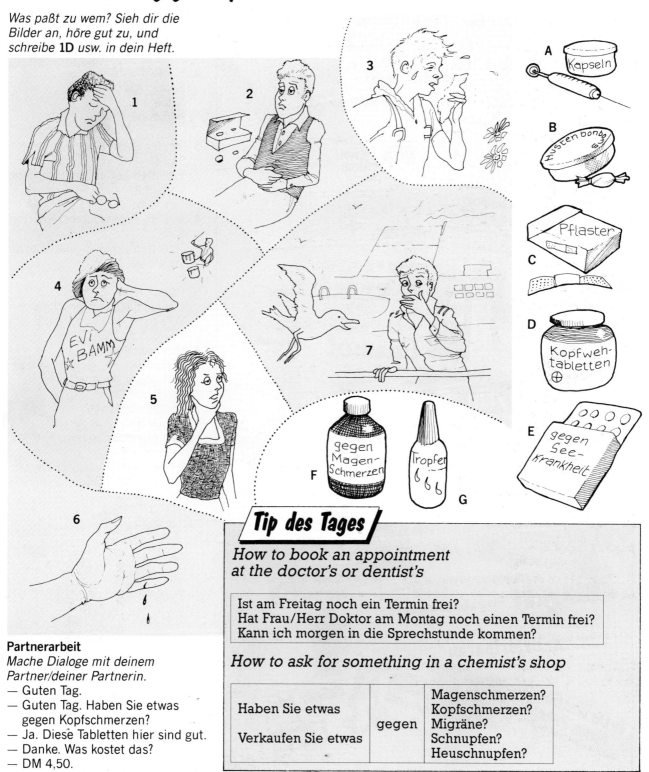

A Kapseln

B Hustenbonbons

C Pflaster

D Kopfweh-tabletten

E gegen See-krankheit

F gegen Magen-Schmerzen

G Tropfen

Tip des Tages

How to book an appointment at the doctor's or dentist's

Ist am Freitag noch ein Termin frei?
Hat Frau/Herr Doktor am Montag noch einen Termin frei?
Kann ich morgen in die Sprechstunde kommen?

How to ask for something in a chemist's shop

Haben Sie etwas	gegen	Magenschmerzen?
		Kopfschmerzen?
Verkaufen Sie etwas		Migräne?
		Schnupfen?
		Heuschnupfen?

Partnerarbeit
*Mache Dialoge mit deinem
Partner/deiner Partnerin.*
— Guten Tag.
— Guten Tag. Haben Sie etwas
  gegen Kopfschmerzen?
— Ja. Diese Tabletten hier sind gut.
— Danke. Was kostet das?
— DM 4,50.

In der Apotheke

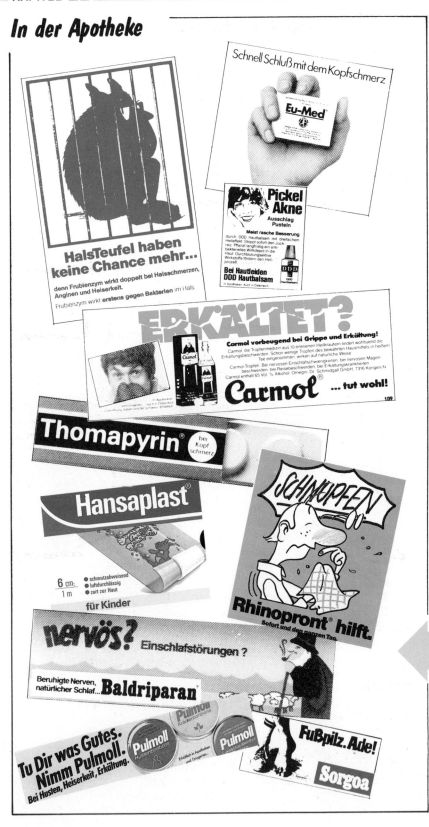

Wundermittel

1 Tabletten gegen Kopfschmerzen
Verbände
Saft gegen Magenschmerzen

2 Hustenbonbons
Kopfschmerztabletten
Salbe
Verbände

3 Tropfen gegen Ohrenschmerzen
Salbe
Tabletten gegen Zahnschmerzen
Verbände

4 Tropfen gegen Ohrenschmerzen
Saft
Tabletten gegen Zahnschmerzen
Verbände

5 Pillen
Tropfen gegen Ohrenschmerzen
Verbände

6 Hustenbonbons
Verbände
Saft gegen Magenschmerzen

7 Kopfwehtabletten
Verbände
Saft gegen Halsschmerzen

8 Salbe gegen Rückenschmerzen
Tropfen gegen Ohrenschmerzen
Verbände

1 *What would you buy if you had:*
a acne, b athlete's foot, c a runny nose, d the flu, e a bad cough, f a sore throat?
2 *What would be suitable for someone who had difficulty sleeping?*
3 *What would you buy for a young child who has cut a finger?*

Wundermittel

Was paßt zu wem? Höre gut zu, und schreibe **1A** usw. in dein Heft.

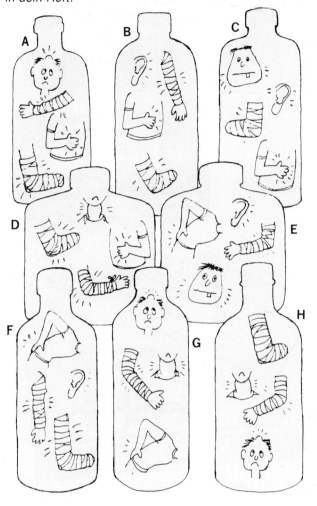

Frank ist krank!

Du bist der Arzt (oder die Ärztin), und du besuchst Frank im Krankenhaus. Was fehlt ihm? Zeichne ihn in dein Heft, und fülle die Felder aus.

Beispiel:

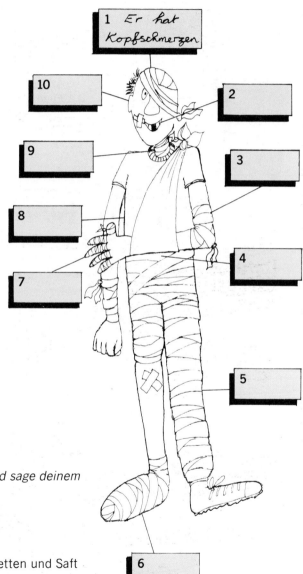

Partnerarbeit

Sieh dir **Wundermittel** an, wähle **A** oder **B** oder **C** usw., und sage deinem Partner/deiner Partnerin, was du kaufst.

Beispiel:

Partner(in) A:	Ich kaufe (mir) Kopfschmerztabletten.
Partner(in) B:	Das ist **A**.
Partner(in) A:	Nein . . . ich kaufe (mir) Kopfschmerztabletten und Saft gegen Halsschmerzen.
Partner(in) B:	Das ist **G**.
Partner(in) A:	Nein . . . ich kaufe (mir) Kopfschmerztabletten, Saft gegen Halsschmerzen und Verbände.
Partner(in) B:	Das ist **H**.
Partner(in) A:	Richtig!

Kannst du das lesen?

Beantworte folgende Fragen auf Englisch.

Die Sprechstunde
mit dem Thema Fisch
Di., 22. 2., 19.30 Uhr (SWF 3),
21.00 Uhr (BR 3)

Dr. med. Ulrike Hörger ist in den Dritten Programmen zu sehen

Wie gesund ist Fisch?

Dr. Ulrike Hörger, Fernseh-Ärztin in der „Sprechstunde", antwortet

1 What is the title of the television series?
2 What does it mean?
3 What is the theme of this particular programme?
4 On which channel is it being shown?
5 Who is Ulrike Hörger?

NEU

Lästigen Pickeln blüht jetzt was

nur erhältlich im **neuform** Reformhaus und -neuform-Depot-

neobio Kräuter-Kosmetik natürlich wirksam
bei unreiner Haut, Pickeln und Mitessern.

Pickel-Waschlotion	9,80 DM
Pickel-Gesichtstonic	9,90 DM
Pickel-Spezial-Creme	8,80 DM
Pickel-Abdeck-Creme	7,90 DM

unverbindliche Preisempfehlung

neobio
KRÄUTER · KOSMETIK

1 Can you buy these products in the chemist's?
2 How do you think they are produced?
3 What are they supposed to cure?
4 List in English the four products.

Ärztliche Betreuung/Apotheken:

In allen Städten, Gemeinden und größeren Orten gibt es Ärzte und Apotheken. Apotheken halten abwechselnd Nacht- und Sonntagsdienst; geschlossene Apotheken tragen Hinweise auf die nächstgelegene offene Apotheke. Information über den ärztlichen Notdienst bei den örtlichen Gendarmerie- und Polizeidienststellen bzw. im Telefonbuch. Alle Gebirgsorte verfügen über einen eigenen Bergrettungsdienst.

You arrive on a Sunday in a small Swiss town and you need to buy medicine. Name **three** places where you will find information about emergency provision for Sundays and during the night.

Was meinen Sie, Herr Doktor Schweiger?

Du liegst in einem Krankenhaus in Deutschland. Zwei Ärzte stehen neben deinem Bett und besprechen deinen Fall. Was fehlt dir?
Höre gut zu, und schreibe auf Englisch alles in dein Heft, was du von ihrem Gespräch verstehst.

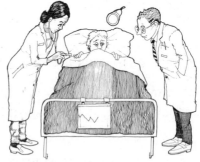

1 Mir and dir

Mir and **dir** cannot always be translated by 'to me' or 'to you'. The following expressions should be learnt by heart, as they have no direct English translation.

Ich habe	mir	das Bein das Handgelenk	gebrochen. verstaucht.	I've broken **my** leg. I've sprained **my** wrist.

Mir	ist	kalt. heiß.	**I** am cold. **I** am hot.

Ist		kalt? heiß?	Are **you** cold? Are **you** hot?
Wie geht's		?	How are **you**?
Was fehlt	dir	?	What's the matter (with **you**)?
Was ist mit		?	What's wrong (with **you**)?
Hast du		das Bein gebrochen?	Have you broken **your** leg?

2 Saying something hurts

S	Mein Arm **tut** weh.	My arm **hurts**.
PL	Meine Arme **tun** weh.	My arms **hurt**.

3 Gegen

The basic meanings of **gegen** are 'against' (Bayern München gegen Liverpool F.C.) and 'about' (gegen 4 Uhr). Note the following uses of **gegen** as well:

Ich bin allergisch	gegen	Aspirin.	I am allergic **to** Aspirin.
Haben Sie etwas		Kopfschmerzen?	Have you got anything **for** a headache?

4 Saying you are (not) allowed

If you are allowed to do something, or not allowed (because it might harm you or because you simply don't have permission), you use the word **darf**.

Ich **darf** zur Disko gehen.	I can (am allowed to) go to the disco.

Ich **darf** keinen Kaffee trinken. (Ich bin allergisch dagegen.)	I cannot (am not allowed to) drink coffee. (I'm allergic to it.)

Note that the second verb goes at the end and is in the infinitive.
The same word **darf** is used to talk about someone else.

Sie darf (nicht) schwimmen.	She is (not) allowed to go swimming.
Er darf mitkommen.	He's allowed to come along.

TEIL 6

12 Wo fährst du hin?

- *talking about holiday plans*
- *finding out about East and West Germany*
- *saying what sort of holiday you like*
- *finding out about campsites and booking in*
- *talking about what people have done on holiday*

Eine Umfrage

Mache Interviews mit einem Partner/einer Partnerin.

Wohin fährst du in den Ferien?

Ich fahre nicht weg.
Ich fahre nach _____ an die See.
Ich fahre nach _____ aufs Land.
Ich fahre nach _____ ins Gebirge.
Ich fahre nach Frankreich.
          Spanien.
          Deutschland.
          Italien.

Wie kommst du dahin?

Mit dem Auto.
Mit dem Schiff.
Mit dem Zug.
Mit dem Rad.
Ich fliege.

Wohnst du in einem Hotel?

Ja.
Nein, in einem Ferienhaus.
Nein, in einer Jugendherberge.
Nein, wir zelten.
Nein, bei Freunden.

Mit wem fährst du?

Ich fahre allein.
Mit der Schule.
Mit der Jugendgruppe.
Mit den Eltern.
Mit einem Freund/einer Freundin.
Mit Freunden.

Wie lange bleibst du da?

Ein paar Tage.
Eine Woche.
Zehn Tage.
Vierzehn Tage/Zwei Wochen.
Einen Monat.

Wo fährst du hin?

Karola Wir übernachten in Jugendherbergen.
Ulla Wir bleiben da 14 Tage in einem Hotel.
Frauke Meine Mutter hat ein Ferienhaus gebucht.
Gina Jedes Jahr dasselbe!
Rudi Wir nehmen unsere Zelte mit.
Jochen Wir fahren nicht weg.
Kai Ich fahre nach England.
Udo Wir mieten dieses Jahr einen Caravan am Bodensee.

Ferienpläne

Thomas — Italien — 3 Wochen
Monika — England — bei einer Brieffreundin — 14 Tage
Claudia — Spanien — 1 Woche
Werner — Österreich — Freund — 10 Tage

Was paßt zusammen?

Gisela
Naja, ich finde es so langweilig, mit meinen Eltern wegzufahren. Also fahre ich mit dem Rad mit drei Freundinnen in den Harz. Dort übernachten wir in Jugendherbergen.

Anneliese
Ich fahre sehr gern mit meiner Familie weg. Diesen Sommer zum Beispiel fliegen wir nach Griechenland, und wir wohnen in einem Hotel. Ich freue mich riesig darauf.

Michael
Im Sommer fahren wir sowieso nicht weg. Aber meine Schwester und ich treiben sehr gern Wintersport — meine Eltern auch —deshalb machen wir nächstes Jahr einen Winterurlaub in den Alpen.

Konstanze
Unsere Verwandten haben ein Ferienhaus in Bayern. Da verbringen wir zwei Wochen im Juli. Mein Onkel und seine Kinder fahren auch hin und, naja, das macht ziemlich viel Spaß.

Dirk
Meine Eltern fahren jeden Sommer weg, aber mein Bruder fährt jetzt nicht mehr mit, also habe ich auch keine Lust mehr. Ich verbringe vielleicht ein paar Tage bei Freunden in Köln.

Birgit
Wir fahren auch nicht ans Meer. Keiner von uns mag Hotels. Wir zelten lieber, so mitten in der Natur. Dieses Jahr zelten wir im Schwarzwald.

Stefan
Wir fahren jedes Jahr ins Ausland und immer in den Süden. Warme Sonne, klares Wasser und nicht zuviele Touristen — das gefällt uns. Diesen Sommer mieten wir ein Ferienhaus in Süditalien.

Susanne
Ja, wir verbringen vierzehn Tage in einem Caravan an der Ostsee. Es ist ganz schön — da waren wir auch letztes Jahr — aber ich möchte am liebsten ins Ausland. Aber das kann ich natürlich nicht.

Tip des Tages

How to talk about where you are going on holiday

Wohin fährst du in den Ferien?
Wo fährst du hin?

Ich fahre	nach London.
	nach Frankreich.
	aufs Land.
	ins Ausland.
	in die Berge.
	an die See.
Ich fahre nicht weg.	

How to talk about who you are going with

Mit wem fährst du?

Ich fahre	mit	einem Freund.
	mit	einer Freundin.
	mit	der Schule.
	mit	den Eltern.
Ich fahre allein.		

How to talk about how long you are staying

Wie lange bleibst du da?

Ich bleibe	ein paar Tage.
	eine Woche.
	zehn Tage.
	zwei Wochen.
	einen Monat.

How to say you are spending time somewhere

Ich verbringe	ein paar Tage eine Woche	in Köln.
		in Frankreich.
		auf dem Land.
		im Ausland.
		in den Bergen.
		an der See.
		bei Freunden.

Wenn ich die Grenze sehe

barbed wire fences

so used to it all

restricted area

Wir wohnen nicht weit von der Grenze. Solange wir leben, sind da die *Stacheldrahtzäune* und die Postentürme.
Mit dem Auto oder mit dem Fahrrad kommen wir oft nahe daran vorbei. Wir sind *das alles so gewöhnt* und halten es für ganz natürlich.
Wir haben gemerkt, daß man niemals auf die andere Seite darf; man sagt, das ist ein *Sperrgebiet*.

guns
in spite of that

goes on behind the border.

shoot

escape

Wenn man dort drüben Menschen sieht, sind immer Soldaten mit *Gewehren* dabei. Sie kommen uns fremd vor. Und *trotzdem* haben wir uns lange Zeit gar nicht dafür interessiert, was *hinter der Grenze vorgeht*.
Seit wir wissen, daß die Soldaten von drüben auf die Leute *schießen*, die über den Zaun zu uns herüber *fliehen* wollen, möchten wir jetzt doch mehr wissen, was da los ist.

Corinna
Nicole

← Grenze

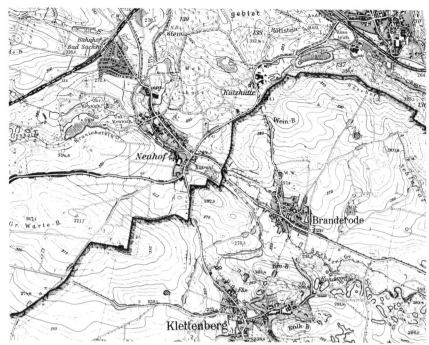

Besuch bei Verwandten in der DDR

Es laufen viele Straßen und Wege über die Grenze — aber nur auf der Karte. Sie sind alle durch den Zaun unterbrochen, den die DDR gebaut hat.

Unser nächster Straßenübergang nördlich von Bad Sachsa ist 85 Kilometer entfernt, der nächste in südlicher Richtung 45 Kilometer. Die nächsten Übergänge für den Eisenbahn-Personenverkehr erreicht man erst nach 200 km. Zwischen Walkenried und Ellrich gehen täglich nur zwei Güterzüge in jeder Richtung über die Grenze.

▭▭▭▭ = Grenze

Ulrich

application

been approved

Wir haben Verwandte in der DDR und sind schon mehrere Male bei Ihnen gewesen. Die Verwandten haben einen *Antrag* bei ihrer Polizeibehörde gestellt, daß wir sie besuchen dürfen. Der Antrag ist immer *genehmigt worden*.

hospitable

education
farming
co-operative

receive

Ich fahre gern mit meinen Eltern hinüber. Es ist sehr gemütlich in dem kleinen Haus, Onkel und Tante sind ungeheuer *gastfreundlich*, und überhaupt sind die meisten Leute drüben freundlich und nett. Außerdem komme ich mit drei Cousins zusammen, mit denen ich mich gut verstehe. Wenn sie vom Schulleben erzählen oder von ihrer *Ausbildung*, von den staatlichen Jugendorganisationen oder von der *LPG*, dann merken sie immer bald, daß ich bei vielen Wörtern nicht weiß, was sie meinen. Dann erzählen wir lieber etwas von Autos, vom Sport oder von der Schlagermusik. Sie wissen mehr davon als ich; sie *empfangen* das Fernsehen von beiden Seiten, am liebsten aber sehen sie 'West'.

farmstead
promise

permit

Viel zu schnell vergehen immer die paar Besuchstage in dem kleinen *Gehöft*, das früher mal ein selbständiger Bauernhof war. Man muß *versprechen*, bald einmal wiederzukommen. Ziemlich traurig fährt man ab, weil man selber die Cousins nicht zu sich einladen kann. Man spricht gar nicht darüber, denn sie bekommen in diesem Alter garantiert keine *Erlaubnis*.

Richtig oder falsch?

1 Ulrich war schon ein paarmal in der DDR.
2 Er hat dort einen Onkel und eine Tante.
3 Sie haben eine gemütliche, kleine Wohnung.
4 Ulrichs Cousins sprechen manchmal von Dingen, die er nicht versteht.
5 Sie können nicht dieselben Fernsehsendungen wie Ulrich sehen.
6 Sie freuen sich auf ihren Besuch in Bad Sachsa.

Einige Informationen:
Deutschland geteilt

End of World War II

When the armies of the USA and Britain landed in
France on 6 June 1944 (D-Day), the end was in sight
for Nazi Germany.

Despite desperate defence, the German armies were
forced back by the Western Powers advancing through
France and by the immensely powerful Russian Red
Army pouring across Poland.

As the German defences crumbled, a race developed
between the Western and Russian armies to occupy
German territory.

The Iron Curtain

It soon became clear that Russia and the West, who
had been united against Nazi Germany, now had very
different plans for the future of Europe. The West
aimed to set up democratic governments, modelled on
their own, and Russia wished to set up communist
governments in the parts of Europe she had liberated.

Relations became strained and a sense of rivalry
developed. Soon it became difficult to enter or leave
the Russian zone of Germany and there was a block on
trade and news from all the countries liberated by
Russia. Winston Churchill used the phrase 'the Iron
Curtain' to describe this barrier that had grown up
between the powers. The division of Germany into two
separate countries with different political systems
began to become permanent.

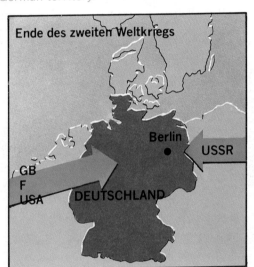

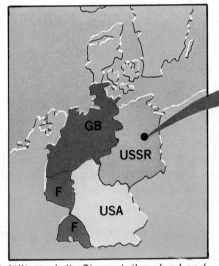

*Auch die Hauptstadt
Berlin wird am Ende des
Kriegs geteilt.*

1945 — Deutschland (unter Hitlers Nazismus) fällt, und die Sieger teilen das Land.

Germany divided

After the collapse of the German government it was
decided to divide Germany into four zones, each to be
controlled by one of the victorious nations: Britain,
France, USA or Russia. They did not intend to divide
Germany permanently, but each country wanted an
army there to prevent Nazism emerging again.

The victors decided that money needed to be invested
to rebuild the shattered economy and make Germany
stable again. They agreed that Russia should take
some compensation from Germany in the form of
machinery and mineral wealth. They offered financial
help, but Russia refused it because of the unfavourable
conditions that were attached. This meant that their
rebuilding programme was much slower than in the
other zones.

Berlin

At the end of the war, the capital city of Berlin —
although situated in the Russian zone — was itself
divided into four sectors, like the rest of Germany.

It was in this city that the differences between Russia
and the West became most obvious. A major crisis
arose in 1948 when, for a year, the Russians tried to
gain control of the whole of the city by shutting the
road and rail links into the Western sectors of Berlin.

Airlift

The Western Powers used aircraft to airlift into the city
everything that the West Berliners needed.
Eventually the supply lines were reopened and
relations were restored, but Germany was split into the
separate countries of East and West Germany.

The Berlin Wall

There remained suspicion and distrust between Russia and the West, particularly for economic reasons (— the West German mark was worth six times the East German mark).

Die Berliner Mauer

1961 entsteht die Mauer zwischen Ost-und West-Berlin.

"Checkpoint Charlie"

Die Grenze und die Checkpoints werden stark bewacht.

Familien an beiden Seiten der Grenze wohnen jetzt in zwei verschiedenen Ländern.

In 1961 the border between East and West Berlin was totally closed by the construction of a permanent barrier of concrete, steel and barbed wire. Only a few crossing points, controlled by the military, were left open and movement between the two sides of the city came to a virtual standstill. In this way families and friends living on opposite sides of the Berlin 'wall' were parted. Fortunately, relations between East and West have improved and families can now meet again.

Some statistics about the Berlin Wall

The first 25 years: 1961 — 1986

*Length: 165.7 km

*Checkpoints: 8 between East and West Berlin
4 between West Berlin and East Germany

*Installations: 295 look-out towers
124 km of patrol tracks
125 km of fences
243 dog runs
43 bunkers and gun emplacements
112 km of anti-vehicle trenches

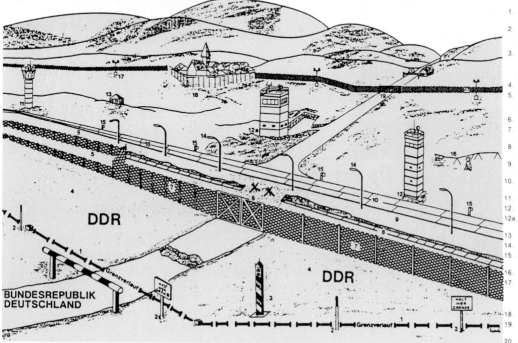

1. Course of border with marker stones
2. Federal German Border marker board or post immediately in front of the border line
3. German Democratic Republic border marker post (approx. 1.8 m high in black, red and gold with German Democratic Republic crest)
4. Deforested and cleared zone
5. Twin-row metal mesh fencing (approx. 2.4 m high, intervening area partially mined)
6. Access through metal fencing
7. Single-row metal mesh fencing (approx. 3.2 m high)
8. Anti-vehicle ditch (permanized with concrete slabs)
9. Control strip approx. 6 m wide (raked to betray tracks)
10. Vehicle track with perforated concrete paving
11. Concrete observation tower
12. Concrete observation tower (2 m x 2 m)
12a. Concrete observation tower (4 m x 4 m with command post)
13. Observation pill box
14. Light barrier
15. Junction pylons for the buried border communication system cables
16. Dogs on running lines
17. Border area restricting fencing with optical and acoustical signalling equipment, partially as twin fencing with dogs
18. Concrete security wall/view restrictor
19. Access through fencing to the restricted border area
20. Checkpoint

Daniels Geschichte

Übersiedlung aus der DDR in die Bundesrepublik

emigrated
application to leave
see **Tip des Tages*

Ich war 13 Jahre alt, da ist meine Mutter mit mir aus der DDR in die Bundesrepublik *übergesiedelt*. Als sie mir eines Tages erzählte*, daß sie einen *Ausreiseantrag* gestellt hat, war ich einerseits erfreut, weil ich schon so viel Schönes über den Westen gehört hatte, aber auf der anderen Seite traurig, weil ich alle meine Freunde und Verwandten zurücklassen *müßte*.

would have to

Zwei Jahre nach Mutters Antrag durften* wir endlich ausreisen. Man hat uns gesagt, wir müßten innerhalb 24 Stunden die DDR verlassen. Dann brach* eine ziemlich große Hektik aus.

Am nächsten Tag saßen* wir in einem überfüllten Zug. Mir wurde* immer unwohler, je näher wir der Grenze kamen. Ich konnte ja nicht wissen, wie es uns jetzt gehen würde.

sensed

had said

Nach einer Stunde Aufenthalt und vielen Kontrollen fuhr* der Zug weiter, und ich *spürte*, daß meine Mutter froh war, denn es ging* ja 'in die Freiheit', wie sie immer *gesagt hatte*.

impression

Der erste *Eindruck* waren die bunten Häuser und die tollen Autos. Es war ein schönes Gefühl.

were received

Wir *wurden* sehr gut *aufgenommen*.

Daniel

Tip des Tages

Talking about a series of events in the past

Sie erzählte mir.	*She told me.*
Wir durften ausreisen.	*We were allowed to emigrate.*
Eine große Hektik brach aus.	*Chaos broke out.*
Wir saßen in einem Zug.	*We sat in a train.*
Mir wurde immer unwohler.	*I felt worse and worse.*
Der Zug fuhr weiter.	*The train went on.*
Es ging in die Freiheit.	*We were going to freedom.*

Meine Art Urlaub

Irmgard
Ich wohne nicht gern in Hotels, aber ich esse gern auswärts. Also fahren wir mit dem Caravan, und dann essen wir oft in Restaurants und Gasthäusern zu Abend. Für mich ist das die ideale Kombination.

Paul
Ich mache nicht mehr mit meinen Eltern Urlaub. Sie wollen ja immer nur am Strand liegen und abends in Bars sitzen. Das finde ich doof. Ich übernachte lieber mit meinem Freund in Jugendherbergen und mache Aktivurlaub.

Ralf
Den Strand finde ich toll. Aber ich gehe auch gern ab und zu in ein Museum oder in eine Galerie oder so. Wir fahren also meist zu einem Badeort nicht zu weit von einer Großstadt.

Sabine
Meine Schwestern sind jünger als ich und spielen sehr gerne im Sand. Ich persönlich mache lieber einen Stadtbummel oder lerne andere junge Leute kennen.

David
Im Süden — in Italien oder Spanien — finde ich es im Sommer zu warm. Das gefällt mir nicht. Man kann dann keinen Sport treiben.

Sven
Meine Eltern sprechen nur Deutsch und fahren nicht gern ins Ausland — leider, denn ich möchte gern andere Länder sehen und anderes Essen kennenlernen.

Angelika
Wenn das Wetter gut ist und ich schwimmen kann, dann ist es mir egal, wo ich bin.

Richtig oder falsch?
1 Ralf verbringt nicht gern die ganze Zeit am Strand.
2 Pauls Eltern machen gern Aktivurlaub.
3 David fährt nicht gern nach Spanien auf Urlaub.
4 Irmgard verbringt gern ihren Urlaub auf einem Caravanplatz.
5 Sven fährt nicht gern ins Ausland.
6 Sabine sieht sich gern in der Stadt um.
7 Angelika fährt lieber an die See.
8 David treibt gern Sport im Urlaub.
9 Paul sitzt nicht gern mit seinen Eltern in Bars.
10 Sabine spielt gern mit ihren Schwestern im Sand.

Tip des Tages

Saying what sort of holiday you like

Ich fahre	gern lieber	ans Meer/an die See. in die Berge. in den Süden. ins Ausland.
Ich mache	lieber	einen Campingurlaub. einen Winterurlaub.

Saying what you like doing on holiday

Ich	gehe gern schwimmen. liege gern in der Sonne. mache gern Wanderungen. besuche gern Sehenswürdigkeiten.

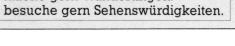

Ferienpuzzle

Ferienhäuser in Südholland.
5 Min. zum Strand. Windsurfing.
5 Betten. DM 700 pro Woche.

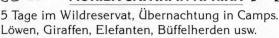
MORIBA-SAFARI IN AFRIKA
5 Tage im Wildreservat, Übernachtung in Camps.
Löwen, Giraffen, Elefanten, Büffelherden usw.
Flugreisen ab Frankfurt o. München.   Pro Person DM 1600

Luxushotel Karibik
Sand, See u. Sonne am Tag
High-Life am Abend.

DM 2040 pro Woche

FERIENZENTRUM im Sauerland.

Reiten, Paddeln, Squash, Tennis,
Trimm-dich-Pfad, 50 km Wanderwege.

200 Bungalows.

Eine Woche DM 450 pro Person
Kinder DM 250

Besucht das schöne Irland!
per Schiff ab DM 125

Y HA   Irische
Jugendherbergen

Ägypten

Studienreise zu den Pyramiden,

12 Tage.

Inklusive Nilkreuzfahrt
pro Person DM 2 500

Peter und ich haben nicht soviel Geld — möchten aber auf Urlaub fahren. Was gibt es denn Billiges?

Wir machen gern etwas Aktivurlaub. Sport und so. Hotels finden wir nicht so gut.

Sport? Nein, danke! Und in der Sonne liegen finde ich auch doof! Ich möchte mal woanders hin und was Neues sehen. Vielleicht in einen anderen Kontinent.

Mal zwei Wochen gar nichts tun! Fantastisch! Gutes Essen — ein bißchen schwimmen. Aber wo?

Etwas Schönes für die beiden Kinder. Vielleicht mit dem Auto. Darf nur nicht zu teuer sein.

Ich habe eine Eins in Geschichte und Erdkunde bekommen, und meine Großmutter hat mir 4000 Mark geschenkt. Was kann ich Interessantes machen?

Campingplatz Nürnberg

Camping
platz
Nürnberg

Volkspark
Dutzendteich

Preisliste

Preis je Person und Nacht

Erwachsene	DM 4,00
Kinder (3-14 Jahre)	DM 2,50

Stellgebühren

Caravan mit PKW und Motorcaravans	DM 6,50
Zelt und PKW	DM 6,50
PKW	DM 4,00

Der 27000 qm große Campingplatz verfügt über 200 Einheiten zu je 100 qm. Während der Hauptreisezeit steht den Gästen eine Cafeteria zur Verfügung. Außerdem gibt es auf dem Campingplatz genügend Warmwasserduschen, eine Waschmaschine, einen Wäschetrockner und einen Autowaschplatz.

Herzlich willkommen und gute Reise

Campingplatz Nürnberg

Bist du ein Genie in Mathe?

Kannst du gut rechnen?
Was kostet es für diese Familien
auf dem Campingplatz Nürnberg?

1	für 2 Nächte
2	für 1 Nacht
3	für 3 Nächte
4	für 4 Nächte
5	für 2 Nächte

Beispiel: 1

Ein Zelt und PKW	= DM 6,50 x 2	= DM 13,00
Zwei Erwachsene	= DM 8,00 x 2	= DM 16,00
Ein Kind	= DM 2,50 x 2	= DM 5,00
	Gesamtsumme:	DM 34,00

Am Campingplatz

Welche Antwort paßt zu welcher Frage?

1 Haben Sie noch Platz frei?
2 Wie lange wollen Sie bleiben?
3 Wieviel Personen sind Sie?
4 Wie alt sind die Kinder?
5 Haben Sie einen Wohnwagen?
6 Haben Sie ein Zelt?
7 Kann ich Ihnen helfen?
8 Ist das Kind unter fünfzehn?

a Zwei Erwachsene und zwei Kinder.
b Nein, einen Wohnwagen.
c Ja, der ist vierzehn.
d Ja.
e Ja, es ist viel frei zur Zeit.
f Ja, wir haben eine Reservierung für heute nacht.
g Eine Nacht.
h Elf und dreizehn.

Camping ist billig, oder?

Nächte	Erwachsene	Kinder 3—14	Auto (PKW)	Wohnwagen Motorcaravan	Zelt	Preis DM
1						
2						
3						
4						
5						

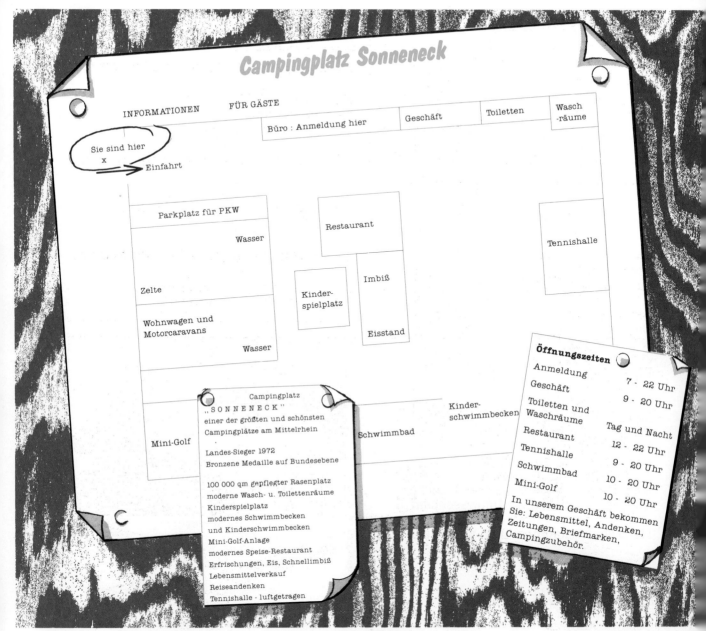

Campingplatz Sonneneck

INFORMATIONEN   FÜR GÄSTE

| | Büro : Anmeldung hier | Geschäft | Toiletten | Wasch-räume |

Sie sind hier
x
→ Einfahrt

Parkplatz für PKW

Wasser

Zelte

Wohnwagen und
Motorcaravans

Wasser

Restaurant

Kinder-
spielplatz

Imbiß

Eisstand

Tennishalle

Mini-Golf

Campingplatz
„ S O N N E N E C K "
einer der größten und schönsten
Campingplätze am Mittelrhein

Landes-Sieger 1972
Bronzene Medaille auf Bundesebene

100 000 qm gepflegter Rasenplatz
moderne Wasch- u. Toilettenräume
Kinderspielplatz
modernes Schwimmbecken
und Kinderschwimmbecken
Mini-Golf-Anlage
modernes Speise-Restaurant
Erfrischungen, Eis, Schnellimbiß
Lebensmittelverkauf
Reiseandenken
Tennishalle - luftgetragen

Schwimmbad

Kinder-
schwimmbecken

Öffnungszeiten

Anmeldung	7 - 22 Uhr
Geschäft	9 - 20 Uhr
Toiletten und Waschräume	Tag und Nacht
Restaurant	12 - 22 Uhr
Tennishalle	9 - 20 Uhr
Schwimmbad	10 - 20 Uhr
Mini-Golf	10 - 20 Uhr

In unserem Geschäft bekommen
Sie: Lebensmittel, Andenken,
Zeitungen, Briefmarken,
Campingzubehör.

Welcher Campingplatz ist für dich der Beste?

Name	Größe	Cafe/ Restaurant	Toiletten und Waschräume	Geschäft für Lebensmittel/ Souvenirs	Sport	für Kinder	Sonstiges
Nürnberg	27000	Cafeteria	Warmwasserduschen Waschmaschine Wäschetrockner	— —	— —	— —	Autowaschplatz
Sonneneck	100000	Modernes Speise-restaurant Schnellimbiß	Moderne Wasch- und Toiletenräume	Geschäft Lebensmittel Souvenirs	Modernes Schwimmbecken Mini-Golf Tennishalle	Kinderspiel-platz Kinder-schwimmbecken	—

Campingplatzregeln

Tip des Tages

Asking if there is any room at a campsite

Haben Sie noch Platz frei?
Ist noch was frei?
Haben Sie noch was frei?

Asking how long someone wants to stay

Wie lange | wollen Sie / willst du / wollt ihr | bleiben?

Asking how many people want to camp

Wieviel Personen | sind Sie? / seid ihr?

1 Nicht schneller als 10 km/h fahren!
2 Keine laute Musik!
3 Eltern haften für ihre Kinder!
4 Ab 22 Uhr absolute Ruhe!

1500 Kilometer . . . Wir fahren 1500 Kilometer nach Mallorca . . .

Es kostet 7000 Mark . . .

Und worüber sprechen sie die ganze Zeit? Die Eßzimmertapete.

Drei Telefonate aus den Ferien

Listen to the 'phone calls made by people on holiday to their friends and answer the questions.

1 a Where is Birgit on holiday?
b What is the weather like?
c What is she doing in the daytime?
d When is she coming home?

2 a What is the weather like where Ingrid is?
b How is she spending her time?
c What comment does Bernd make about that?
d When is she coming home?

3 a Which country is Michael spending his holiday in?
b What two things is he doing during the day?
c What is the weather like?
d When is he coming home?

Schönes Wetter heute

Tolles Wetter hier!

Es regnet und ist so kalt.

Das Wetter ist fantastisch. Nachts schneit es, und am Tag scheint die Sonne.

Wer hat was gesagt?

Organise these remarks into three statements about these people's quite different holidays.
Use each one once only.

Das Wetter war toll.

Da haben wir ein Ferienhaus gemietet.

Ich habe Irland toll gefunden.

Partnerarbeit

Partner(in) A macht Urlaub und ruft Partner(in) B an.
Wie sind die Telefongespräche?

Wie ist das Wetter?

Wo bist du denn?

Wann kommst du zurück?

Was machst du denn die ganze Zeit?

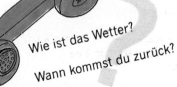

Es stand direkt an der Hauptstraße und war ein bißchen laut.

Und das Wetter war auch nicht schlecht.

Es hat jeden Tag geregnet.

Ferienpostkarten

1

Flims, 26.3.

Liebe Susi,

Es ist sehr schön hier im Gebirge. Das Wetter ist toll. Viel Sonne! Aber der Schnee ist noch gut. Ich fahre jeden Tag Ski. Abends gehe ich in die Disko. Die Mädchen sind super!

Dein Chris

Susi Müller

Wiesenweg 4

5300 Bonn

2

Liebe Ines,

Das Wetter ist schlecht hier in Berlin. Es ist kalt, und es regnet von morgens bis abends. Ich lese viel, sehe fern und gehe oft ins Kino.

Bis bald,

Dein Manfred

Berlin

Ines Winter

Bahnhofstr. 60

2403 Holthusen

3 24.7.

Lieber Dieter!

Wir haben hier tolles Wetter an der See. Es ist heiß, fast 30 Grad. Ich gehe jeden Tag schwimmen und surfen. Ich spiele auch Volleyball am Strand.

Alles Gute

Deine Franke

Herrn

Dieter Meißner

Kapellenstraße 7

6500 Mainz

Die Campingplätze waren sehr schön.

Wir waren auf einer Nordseeinsel.

Jeden Tag Sonne.

Aber das Hotel war nicht so gut.

Das Haus war OK, aber das Wetter war furchtbar.

Die Leute waren alle sehr freundlich.

Schreibe jetzt eine Ferienpostkarte an einen Freund oder eine Freundin.

Tip des Tages

Describing a holiday you have had

Ich bin	mit meiner Familie mit Freund(inn)en	nach Italien an die See in die Berge	gefahren.

Das Wetter Das Hotel Der Campingplatz Das Ferienhaus Das Essen	war	toll. ganz gut. nicht so gut. schlecht. furchtbar.	

Ich habe	Spanien die Leute die Gegend	fantastisch toll	gefunden.

Treffen im Urlaub

A: Am Strand
Write down the letter of the answer you think is correct.

1 a The boy has been here before.
  b The girl has been here before.

2 The boy says the town is:
  a a bit quiet,
  b a bit noisy.

3 The disco she mentions is:
  a in the marketplace,
  b opposite a shoeshop.

4 a The boy is going home first.
  b The girl is going home first.

5 a The girl tells him her name.
  b The girl doesn't tell him her name.

B: In der Jugendherberge
True or false?

1 The second boy to speak is tired because he has walked a long way.
2 Both boys are pleased because the weather is warmer today.
3 One of the boys has come with a school group from Dortmund.
4 They agree to play cards later that evening.
5 One boy goes to look for his brother because supper is nearly ready.

C: Am Campingplatz
Answer these questions.

1 Why is the girl with the dog walking him so early?
2 Why is the other girl up early?
3 Why is she envious of the first girl?
4 What 'problem' does the girl with the dog refer to?
5 What time do they set off for their walk together?

D: Am Berliner Flughafen
a = *the boy*
b = *the girl*
c = *the boy and the girl*

Write a, b or c in answer to these questions.

1 Who thinks they recognise the other person?
2 Who lives in Berlin?
3 Who is going for a holiday in Hamburg?
4 Who knows Hugo Fischer?
5 Who will be away from home for two weeks?

Wo die Deutschen Urlaub machen

Lies die Statistik genau durch, und beantworte folgende Fragen:

1 Wo haben die meisten Deutschen Ferien gemacht: in Deutschland oder im Ausland? Wie erklärst du dir das?

2 Welche waren die beliebtesten Ferienziele
  a innerhalb Deutschlands,
  b im Ausland?

3 Kannst du Gründe dafür finden?

Insgesamt: 32,6 Millionen Reisen	Innerhalb Deutschlands 35,5%	Bayern	10,1%
		Schwarzwald	5,8%
		Nordsee/Ostsee	11,3%
		sonstige Gebiete	8,3%
	Im Ausland 64,5%	Italien	13,2%
		Spanien	10,1%
		Österreich	9,8%
		Frankreich	5,5%
		Jugoslawien	3,7%
		Schweiz	3,4%
		Griechenland	2,5%
		Dänemark	2,5%
		andere Länder	13,5%

Lieblingsländer der Touristen

Lieblingsländer der Touristen

In allen Ländern Europas sind die Deutschen die erst- oder zweitgrößte Besuchergruppe. Die Deutschen, die jährlich rund DM 40 Milliarden für Auslandsreisen ausgeben, sind jetzt das reiselustigste Volk der Welt!

Sieh dir diese Statistik an, und beantworte folgende Fragen:

1 In welchen Ländern sind die Deutschen die größte Besuchergruppe?
2 Welche ist die größte Besuchergruppe in Deutschland selbst?
3 Was bedeuten wohl die Worte 'das reiselustigste Volk der Welt'?

Sabines Ferienfotos

Was sagen die Leute hier? Schreibe einen Text zu jedem Bild!

1
2
3
4
5
6

Grammatik auf einen Blick

1 Talking about the future

The simplest and most common way of talking about the future is to use the present tense of the verb — just like we do in English.

Meine Eltern und ich fliegen nach Spanien.	My parents and I **are flying** to Spain.
Ich fahre nächste Woche nach England.	**I'm going** to England next week.
Wir verbringen 14 Tage in Italien.	**We're spending** a fortnight in Italy.

2 Prepositions

Notice the change of meaning in the following phrases. This is done by changing the preposition, or by changing the case used after the preposition from the Accusative to the Dative.

going somewhere		staying somewhere		
	nach London. nach Irland.		in London. in Irland.	
Ich fahre	ins Ausland. aufs Land. an die See. in die Berge.	Ich verbringe eine Woche	im Ausland. auf dem Land. an der See. in den Bergen.	

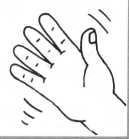

Urlaub in Deutschland!

Die Bundesrepublik Deutschland hat 11 Bundesländer. Es gibt die acht Länder in den Fotos (*unten*) und auch die Städte Berlin (West), Bremen und Hamburg. (Berlin hat einen Sonderstatus).

Diese Leute beschreiben das Land, wo sie wohnen. Aber welches Land ist das? Lies den Text, sieh dir die Fotos an, und finde heraus, welches Land das ist.

Niedersachsen

Schleswig-Holstein

Nordrhein-Westfalen

Hessen

Rheinland-Pfalz

Baden-Württemberg

Das Saarland

Bremen

Hamburg

Berlin

Bremen　Hamburg

Berlin

Bayerr

1
Hier gibt es viele Orte, wo man Ferien machen kann. Im Gebirge regnet es viel, und es ist oft kalt — aber im Süden und am Main ist es sehr warm und mild.

2
Die Strände sind hier sehr schön. Da kann man auch für den Tag nach Dänemark fahren.

3
Viele Leute fahren gern im Herbst hierher — zu den Weinfesten. Man kann auch eine Reise mit dem Schiff den Rhein entlang machen, mit seinen vielen alten Schlössern.

4
Die Berge sind hier sehr schön. Hier kommen im Winter wie auch im Sommer viele Touristen her. Da kann man auch sehr leicht in die Schweiz oder nach Frankreich fahren.

5
Klein aber schön ist dieses Bundesland. Das Klima ist hier besonders gut — sonnig und mild.

6
Hier gibt es zwar viel Industrie, aber mehr als 25 Prozent des Landes ist Wald. Im Norden spricht man norddeutsche Dialekte, und im Süden spricht man süddeutsche Dialekte.

7
Die See ist ein bißchen kalt, aber die Küste und besonders die Inseln finde ich sehr schön. Und dann im Osten ist der Harz. Dort gibt es viel Wald und schöne Berge. Und das alles ist im selben Land!

8
Mehr als die Hälfte aller Touristen, die nach Deutschland kommen, besucht dieses Bundesland. Es ist für seine Berge, Seen und schöne Städte bekannt. Im Oktober gibt es ein berühmtes Bierfest.

Internationale Ferien-Werkstatt

Internationaler Treff
- *some Germans' views on Britain — schools, houses, clothes and make-up, spare time, radio and TV, traffic, food*

In this magazine section you will find out what some Germans think about the British. They give their views on school, houses, clothes and make-up, spare time, radio and television, host families, traffic and food.

Many of the comments are intended to be humorous. Some of them you might find very inaccurate for you and your situation, others may have more than a grain of truth. The important thing to understand is that it is dangerous to make generalisations based on a little knowledge of a foreign country.

INTERNATIONALER TREFF
Magazin für Teilnehmer an der IFW

He du da! Lies was man über dein Land schreibt! Stimmt das? Wenn nicht, schreib' an Michael. Wir veröffentlichen alle Briefe im nächsten Magazin.

Inhalt

Seite 2 — 5 Frankreich: Ist das nur Bérets, Liebe, Politik und Schnecken mit Knoblauch? Oui ou non?

6 — 9 Und Großbritannien: Ist das wirklich nur Cricket, Porridge, Schottenröcke, Popgruppen und Streiks?

10 — 13 Italien: Essen die Makkaronis so viel Spaghetti?

Und Großbritannien? Wie ist es da?

Die Schule in Großbritannien

Die Schule fängt um Viertel vor neun an und ist erst um vier Uhr aus.

Man hat immer acht Stunden am Tag. Man muß den ganzen Tag in der Schule bleiben. Man darf nicht nach Hause gehen.

1 2 *Pause* 3 4 *Mittags-pause* 5 6 *Pause* 7 8

Die Pause dauert zwanzig Minuten am Vormittag und zehn Minuten am Nachmittag.

Die Mittagspause ist von halb eins bis zwei.

> *Ich kann länger schlafen als in Deutschland.*

> *Der Schultag ist zu lang. Es gibt zu viele lange Pausen.*

> *Sie gehen länger zur Schule am Tag und haben nur den späten Nachmittag und den Abend frei.*

> *Die haben samstags keine Schule! Das finde ich toll.*

> *Nachmittags Schule? Ich finde das nicht gut.*

> *Die Freizeit ist zu kurz.*

Der Lehrer ist der große Boß in Großbritannien. Er macht mit den Schülern, was er will.

Die Schulen sind sehr streng. Man muß 'Yes Miss' oder 'Yes Sir' sagen.

> *Yes, sir.*   *Yes, miss.*

Viele kommen mit dem Schulbus zur Schule.

Der Schulbus ist sehr komfortabel. Er hat gepolsterte Sitze. Es gibt sehr laute Popmusik im Bus.

Ist das an deiner Schule auch so?

Mache ein Kreuz in die richtige Spalte.

	Ja	Nein
Die Schule beginnt um 9 Uhr.		
Die Schule ist um 4 Uhr aus.		
Ich habe acht Stunden am Tag.		
Ich muß den ganzen Tag in der Schule bleiben.		
Mein Schultag ist zu lang.		
Ich habe samstags keine Schule.		
Die Mittagspause ist von halb eins bis zwei.		
Die Pause am Vormittag dauert 20 Minuten.		
Die Pause am Nachmittag dauert 10 Minuten.		
Es gibt zuviel lange Pausen.		
Meine Lehrer sind große Bosse.		
Ich sage 'Yes Sir/Yes Miss' in der Schule.		
Ich komme mit dem Bus zur Schule.		
Der Schulbus ist sehr komfortabel.		
Im Schulbus gibt es laute Popmusik.		

Häuser und Wohnungen

> *Ich habe da wenig neue Häuser gesehen.*

> *Die Häuser sehen alle gleich aus.*

Meistens sind die Häuser klein.

> *Viele Engländer haben ein Haus mit Garten. In Deutschland wohne ich in einer Wohnung.*

> *Die Häuser sind sehr alt. Viele sind über 40 Jahre alt.*

> *Die Häuser haben altmodische Kohleöfen.*

Mein Problem in England

Ein Bericht von Michael Ziegert.

Ich war letztes Jahr in Coventry — bei einer Familie. Die Familie war sehr nett. Sie hatte ein Haus in der Stadtmitte. Es war klein und alt. Am ersten Abend bin ich allein in die Stadt gegangen. Um zehn Uhr wollte ich zurück, aber ich konnte das Haus nicht wiederfinden. Alle Häuser in der Straße sahen gleich aus.

Ich wußte die Hausnummer nicht, aber glücklicherweise hatte ich die Telefonnummer. Ich habe eine Telefonzelle gefunden und habe meine Familie angerufen.

Wie ist das bei dir?
Hast du ein Haus oder eine Wohnung?
Ist dein Haus/deine Wohnung alt oder modern?
Ist dein Haus/deine Wohnung klein?
Hast du ein Haus mit Garten?
Sehen alle Häuser in deiner Straße gleich aus?
Hast du einen altmodischen Kohleofen?

Freizeit

Fußball ist die populärste Sportart.

Die Schulen haben RIESIG GROSSE Sportplätze.

Viel mehr Leute spielen Tennis. Jeder Park hat Tennisplätze. Man muß nicht in einem Club sein.

Die Stadt, wo ich war, hatte sieben Squash-Hallen.

Jeder Junge spielt Fußball. Der kann noch so unsportlich sein, er spielt Fußball!

Die Schule hatte ein eigenes Schwimmbad.

Es gibt kaum Handball.

Es gibt viel mehr Sport in der Schule.

Wie ist es wohl in Deutschland?

	Richtig ✓	Falsch ✗
Deutsche Schulen haben große Sportplätze.		
Nicht so viele Leute spielen Tennis in Deutschland.		
Die meisten Schulen in Deutschland haben ein Schwimmbad.		
In deutschen Schulen gibt es mehr Sport.		
Squash spielt man weniger in Deutschland.		

Ein Aufenthalt in England

Im Sommer war ich drei Wochen bei einer Familie in Leeds. Meine Partnerin heißt Mandy. Sie ist vierzehn und geht auf eine Comprehensive School; das ist so ähnlich wie eine Gesamtschule. Sie hat einen Bruder, der ist älter als sie, aber ich habe ihn nicht viel gesehen. Er war den ganzen Tag auf dem Cricketfeld.

Mandy und ich waren oft in der Stadt. Da waren ziemlich viele Diskos und auch viele Spielhallen mit Flippern, Computerspielen und einarmigen Banditen. Wir waren auch manchmal auf der Eisbahn zum Eislaufen.

Zu Hause hat Mandy viel vor dem Fernseher gesessen. Ich habe nie gesehen, daß sie Handarbeiten gemacht hat. Auch sonst habe ich gestaunt, wie wenig junge Leute in England stricken.

Aber im ganzen war es eine schöne Zeit in Leeds.

Ute Rohwedder, 8. Klasse

Diese Fotos sind in der falschen Reihenfolge. Wie ist es richtig? Und kannst du auch einen Satz für jedes Foto finden?

Kleidung und Make-up

Was paßt zusammen?

1 Britische Schüler tragen
2 Die Uniformen sind
3 Die deutschen Schüler finden das
4 Nach der Schule tragen die britischen Schüler
5 Die Mädchen tragen
6 Die Mädchen kleiden sich
7 Die Mädchen benutzen
8 Auch Jungen tragen

a nicht gut.
b Make-up und Ohrringe.
c oft Röcke.
d sehr bunt.
e verrückte Kleidung.
f eine Schuluniform.
g viel Rouge und Lippenstift.
h dunkel und sehen sehr traurig aus.

Ein Fragebogen
1 Was ziehst du für die Schule an?
2 Was für Kleidung trägst du in der Freizeit?
3 Trägst du Make-up in der Schule?
4 Trägst du Make-up nach der Schule?
5 Trägst du Ohrringe/einen Ohrring?

Radio und Fernsehen in Großbritannien

Der Fernseher ist den ganzen Tag an.

Sie haben ein Radio in Badezimmer.

Die Familie sitzt von sieben bis elf vorm Fernseher.

In der Küche steht ein Fernseher.

Der Fernseher läuft rund um die Uhr.

Der Fernseher läuft fast den ganzen Tag.

Auch im Eßzimmer gibt es einen Fernseher.

Das Radio in der Küche läuft ununterbrochen.

Sie gucken fern zum Frühstück.

Sie sehen fern im Bett.

Das Fernsehprogramm

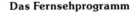

Viel interessanter als in Deutschland.

Es gibt viele Musikshows.

Die Serien sind gut.

Es gibt viele Sendungen für junge Leute.

Die Filme sind meistens amerikanisch.

Es gibt viele Tierfilme.

Die Nachrichten bringen wenig Informationen über Deutschland und über Europa.

Es gibt viele Komödien.

Die Nachrichten sind nicht so gut.

Es gibt viele Filme.

Es gibt zuviel Werbung. Die kommt alle zehn Minuten.

Fragebogen zu Radio und Fernsehen

Wo steht euer Fernseher? (Wo stehen eure Fernseher?)	im Wohnzimmer im Badezimmer im Eßzimmer im Schlafzimmer in der Küche
Wo habt ihr Radios?	

Wann hörst du Radio?	von . . . bis . . .
Wann siehst du fern?	von . . . bis . . .

Läuft der Fernseher im Hintergrund, wenn deine Freunde da sind?	ja nein

Hörst du Musik im Radio, wenn du deine Hausaufgaben machst?	ja nein

Läuft der Fernseher bei euch	beim Frühstück? beim Mittagessen? beim Abendessen?

Diese Woche im Fernsehen

Was meinst du?
Gibt es viele Sendungen für junge Leute? (Wieviel?)
Gibt es viele Musikshows? (Wieviel?)
Gibt es viele Tierfilme? (Wieviel?)
Gibt es viele Komödien? (Wieviel?)
Gibt es viele Serien? (Wieviel?)
Sind die Serien gut?
Gibt es viele amerikanische Filme? (Wieviel?)
Wie oft kommt Werbung? (Alle . . . Minuten)
Wie lange? (. . . Minuten)
Bringen die Nachrichten genug Informationen über Deutschland und Europa?

Straßen und Verkehr

Der Verkehr ist absolut chaotisch.

Die Busse sind sehr sauber.

Man fährt links. Das ist so komisch.

Die Straßen sind zu eng.

Ist Linksfahren ein Problem?

Lars: *Nein, das ist kein Problem. Es ist aber komisch. Wenn man ein Auto sieht, denkt man, da sitzt kein Fahrer drin.*

Jutta: *Nein, das ist kein Problem. Aber manchmal habe ich Angst! Als ich das erste Mal in England war, da hat mich dann der Vater mit dem Auto abgeholt. Wir sind dann eben links gefahren. Dann kamen wir in die Kurve, das war schon nachts, und naja, da kam ein Auto von vorne, und ich dachte, wir kriegen ihn jetzt rein.*

Deutsche Teenager auf Urlaub in Großbritannien

Das Toastbrot zum Frühstück schmeckt nicht. Die Marmelade schmeckt aber gut. Die Cornflakes schmecken auch gut.

Jürgen ist 17 Jahre alt. Er wohnt zwei Wochen bei einer Familie in Belfast.

Bonbons, Kekse und Schokolade schmecken toll. Die Kuchen schmecken nicht so gut, finde ich.

Birgit ist siebzehn. Sie macht einen Campingurlaub in Nord-Wales.

Das Essen in den Pubs schmeckt immer gut. Fisch mit Pommes Frites ist fantastisch!

Wiebke ist neunzehn. Sie ist auf Urlaub in Schottland.

Das Frühstück schmeckt gut. Das Essen in der Schule ist fürchterlich! Die englischen Kuchen schmecken prima.

Jens ist fünfzehn. Er wohnt zehn Tage bei einer Familie in Plymouth.

Das englische Brot schmeckt überhaupt nicht! Der Tee schmeckt gut, aber der Kaffee ist grauenvoll!

Sonja ist sechzehn. Sie wohnt drei Wochen bei einer Familie in Birmingham.

Ja, das Essen geht, aber ich kriege nicht genug. Nach dem Abendessen bin ich immer noch hungrig und gehe zu McDonalds.

Harald ist fünfzehn und wohnt eine Woche bei einer Familie in Manchester.

Es ist immer so ein Berg auf meinem Teller — acht Kartoffeln, dann noch Gemüse, Fleisch und Soße!

Sabine ist vierzehn. Sie ist bei einer Familie in der Nähe von Cambridge.

Noch etwas mehr

1 Wieviel ist das?

Beispiel: a Sechs und eins — das ist sieben.

 a

 b

 c

 d

 e

 f

 g

 h

 i

 j

2 Europa

Draw a map of Europe in your exercise book and write in the names of the countries in German.

3 Länderquiz: Welches Land ist das?

Beispiel: 1 Das ist Dänemark.

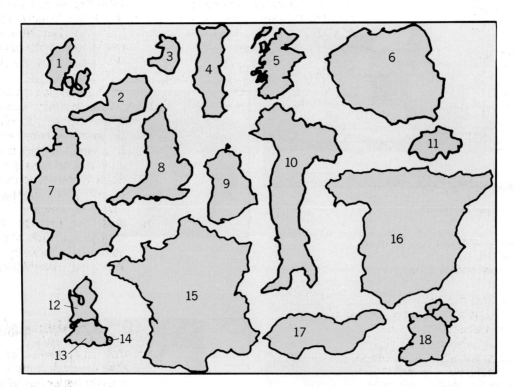

4 Richtig oder falsch?

1 London ist die Hauptstadt von England.
2 Brüssel ist die Hauptstadt von Luxemburg.
3 Amsterdam ist die Hauptstadt von Belgien.
4 In Österreich spricht man Französisch.
5 In der DDR spricht man Deutsch.
6 In der Schweiz spricht man Italienisch.
7 In Bern spricht man Deutsch.
8 In Kopenhagen spricht man Deutsch.
9 In Hamburg spricht man Deutsch.
10 In Linz spricht man Französisch.

5 Purzelwörter

Wie ist das richtig?
Beispiel: 1 = LUXEMBURG

Länder	1	RUBMEXGLU	=
	2	SICWHEZ	=
	3	BREDKILPUBSNEU	=
	4	BILGNEE	=
	5	LENPO	=
	6	MÄDKRANE	=
	7	RINKERCHAF	=

Städte	1	HUGBARM	=
	2	NEWI	=
	3	NLIZ	=
	4	CHÜZRI	=
	5	NERB	=
	6	NONB	=
	7	NELBIR	=

6 Alphabetpuzzle

Was ist denn das?

Was ist in Wien, aber nicht in Belgien?
Was ist in sieben, aber nicht in sechs?
Was ist in Name, aber nicht in man?

Was ist in ist, aber nicht in hat?
Was ist nicht in siebzehn, aber in sechzehn?
Was ist in Haus, aber nicht in Anne?
Was ist in richtig, aber nicht in wichtig?
Was ist nicht in wohnst, aber in wohne?
Was ist in sie, aber nicht in sechs?
Was ist nicht in ist, aber in bist?
Was ist in alt, aber nicht in Land?

Was ist in mein, aber nicht in dein?
Was ist nicht in guten, aber in Tag?
Was ist in zehn, aber nicht in zwei?

Was ist in BRD, aber nicht in GB?
Was ist in zwanzig, aber nicht in zwölf?
Was ist nicht in Auto, aber in aus?

7 An der Party

At a party you meet a German person who doesn't speak any English. How would you give him/her the following information?
a your name
b your age
c the town you live in
d the country you come from

8 Hörst du?

Imagine that you are in Germany and you are eavesdropping on a conversation between a boy and a girl. What questions are being asked by the person you cannot hear very well?

a — Anne.
b — In Berlin.
c — Nein. Aus der DDR.
d — Vierzehn.

9 Abkürzungen

Look at the signs on p. 16 –17 (**Abkürzungen**) *and answer these questions in English.*

1 You're in Germany and your parents have asked you to find out where they can park. Which sign tells you?
2 You're running short of petrol. Which sign will you be looking for?
3 You've been asked to fill in a form at the hotel, and you come across this line: *geb. . . .* What do you write?
4 You want to post a letter home. What sign should you look for?
5 You decide to make a journey by train from *Köln*. What sign tells you you are in the right place?
6 Which signs tell you about radio stations?
7 You have some difficulty with the timetable. Which sign tells you where you can get help?
8 On your travels by car you need help from the breakdown service. Find the right sign.
9 Some friends of yours are youth hostelling in Germany. What sign must they look for?
10 When they come to a large town they cannot hitch hike any more, so decide to travel by tube. Which sign should they look for?

10 Spelling quiz

a *Can you find 20 words in Chapter 1 which are written with a capital letter but which would be written with a small letter if translated into English?*
b *How many words can you find in Chapter 1 which have a ß instead of ss?*

KAPITEL 1

Noch etwas mehr

1 Er heißt Oliver

Write three phrases about each person, using the information in the boxes.

Beispiel: a Er heißt Oliver. Er wohnt in Bonn und ist dreizehn Jahre alt.

a Oliver Bonn 13
b Maria Stuttgart 14
c Gaby Mainz 12
d Herr Braun Berlin 40
e Frau Bromma Köln 32
f Ingrid Frankfurt 16
g Karin München 17
h Peter Hamburg 11
i Anne Wien 18
j Herr Weber Bern 28

2 Was ist das?

Beispiel: a Das ist eine Katze.

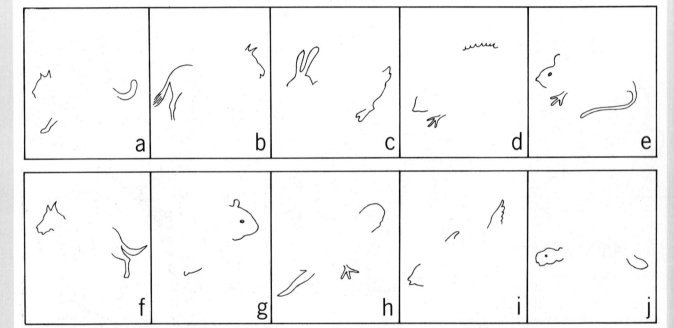

3 Was ist das für ein Tier?

Siehe Seite 26

Fülle die Lücken aus.

Beispiel:
Wie heißt _das_ Pferd?   _Rex_ .

1 Das ____ heißt Fipsi!   Nein, ____ _____ heißt _____ .
2 Amanda ist ____ _____.   Ja, richtig!
3 Was ist Schnuffel?   ____ Hund.
4 1st Poldi eine ____?   Nein, ____ _____ .
5 Wie heißt ____ Maus?   _____ .
6 Heißt ____ Meerschweinchen Rex? Nein, _____ .
7 Der ____ heißt Amanda!   Nein, _____ .
8 Stupsi ist ____ _____!   Ja, richtig!
9 Was ist Fipsi?   _____ Maus.
10 Heißt ____ Pferd Goldi?   Nein, _____ .

4 *Was für Tiere haben sie?*

Fülle die Lücken aus.

Beispiel:

Jürgen sagt: Ich habe *ein* Meerschweinchen und *einen* Hamster.

1 Oliver sagt: Ich habe ____ Hund und ____ Katze.
2 Martin sagt: Ich habe ____ Wellensittich und ____ Schildkröte.
3 Bernd sagt: Ich habe ____ Goldfisch und ____ Kaninchen.
4 Maria sagt: Ich ____ _____ Pferd und ____ Maus.

5 *Graf Draculas Familie*

David, dies ist meine Familie.

Oh, wie nett!!

Was sagt Dracula zu David?

Beispiel:

Das ist *meine* Mutter.

a Dies hier ist ____ Vater.
b Hier ist ____ Schwester. Sie heißt Trudi.
c Das ist ____ Bruder. Er ____ Rudi.
d Hier ist ____ Opa Waldemar.
e Das ist ____ Oma. ____ heißt Grusela.
f Dies ist ____ Hund Griff.
g Das hier ist ____ Katze Kratzleck.
h Und hier ist ____ Fledermaus Blitz.

6 *Mein Hund heißt Rowdy*

Imagine that you want to say two or more things about a member of your family or pet etc. How can you start the second sentence without repeating yourself?

Beispiel:

Mein Hund heißt Rowdy. *Er* ist zwölf Jahre alt.

1 Das ist mein Onkel. ____ wohnt in Gauting.
2 Ich habe eine Schwester. ____ heißt Susi.
3 Das ist meine Katze. ____ ist drei Jahre alt.
4 Mein Goldfisch heißt Mitzi. ____ ist sehr alt.
5 Das Auto kommt aus England. ____ ist ein Ford.
6 Mein Haus ist groß. ____ hat fünf Schlafzimmer.
7 Mein Bruder heißt David. ____ ist sechs Jahre alt.
8 Ich habe ein Kaninchen. ____ heißt Stupsi.
9 Die Wohnung liegt in der Stadtmitte. ____ ist sehr modern.

7 Komm zu uns!

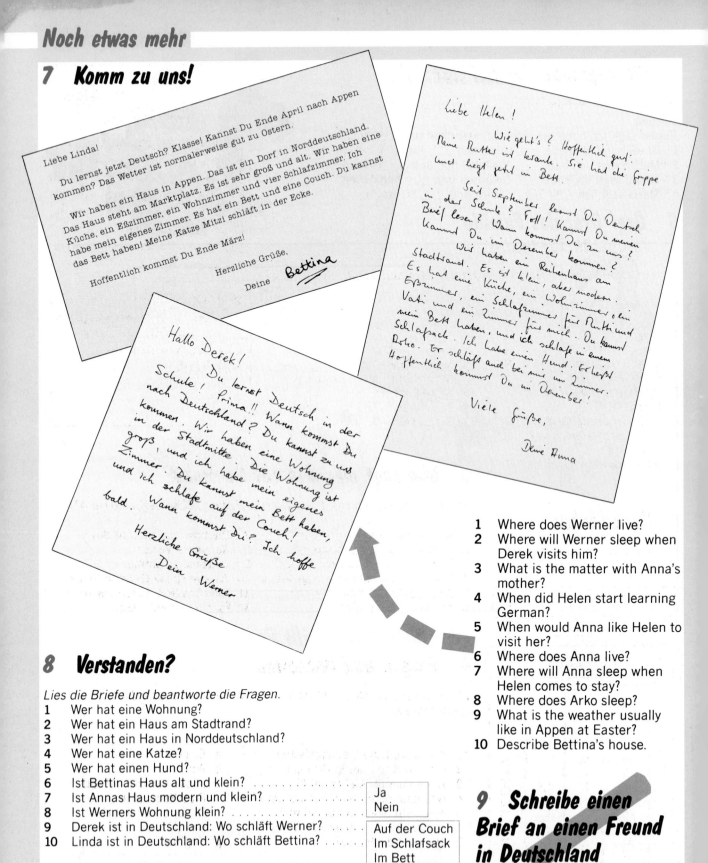

Liebe Linda!

Du lernst jetzt Deutsch? Klasse! Kannst Du Ende April nach Appen kommen? Das Wetter ist normalerweise gut zu Ostern.

Wir haben ein Haus in Appen. Das ist ein Dorf in Norddeutschland. Das Haus steht am Marktplatz. Es ist sehr groß und alt. Wir haben eine Küche, ein Eßzimmer, ein Wohnzimmer und vier Schlafzimmer. Ich habe mein eigenes Zimmer. Es hat ein Bett und eine Couch. Du kannst das Bett haben! Meine Katze Mitzi schläft in der Ecke.

Hoffentlich kommst Du Ende März!

Herzliche Grüße,
Deine Bettina

Liebe Helen!

Wie geht's? Hoffentlich gut. Meine Mutter ist krank. Sie hat die Grippe und liegt jetzt im Bett.

Seit September lernst Du Deutsch in der Schule? Toll! Kannst Du meinen Brief lesen? Wann kommst Du zu uns? Kannst Du im Dezember kommen?

Wir haben ein Reihenhaus am Stadtrand. Es ist klein, aber modern. Es hat eine Küche, ein Wohnzimmer, ein Eßzimmer, ein Schlafzimmer für Mutti und Vati und ein Zimmer für mich. Du kannst mein Bett haben, und ich schlafe in einem Schlafsack. Ich habe einen Hund. Er heißt Arko. Er schläft auch bei mir im Zimmer. Hoffentlich kommst Du im Dezember!

Viele Grüße,

Deine Anna

Hallo Derek!

Du lernst Deutsch in der Schule! Prima!! Wann kommst Du nach Deutschland? Du kannst zu uns kommen. Wir haben eine Wohnung in der Stadtmitte. Die Wohnung ist groß, und ich habe mein eigenes Zimmer. Du kannst mein Bett haben, und ich schlafe auf der Couch! Wann kommst Du? Ich hoffe bald.

Herzliche Grüße
Dein Werner

1 Where does Werner live?
2 Where will Werner sleep when Derek visits him?
3 What is the matter with Anna's mother?
4 When did Helen start learning German?
5 When would Anna like Helen to visit her?
6 Where does Anna live?
7 Where will Anna sleep when Helen comes to stay?
8 Where does Arko sleep?
9 What is the weather usually like in Appen at Easter?
10 Describe Bettina's house.

8 Verstanden?

Lies die Briefe und beantworte die Fragen.
1 Wer hat eine Wohnung?
2 Wer hat ein Haus am Stadtrand?
3 Wer hat ein Haus in Norddeutschland?
4 Wer hat eine Katze?
5 Wer hat einen Hund?
6 Ist Bettinas Haus alt und klein? . . . .
7 Ist Annas Haus modern und klein? . . . .
8 Ist Werners Wohnung klein? . . . .
9 Derek ist in Deutschland: Wo schläft Werner? . . . . .
10 Linda ist in Deutschland: Wo schläft Bettina? . . . . . .

| Ja |
| Nein |

| Auf der Couch |
| Im Schlafsack |
| Im Bett |

9 Schreibe einen Brief an einen Freund in Deutschland

1 Wie sagt man das auf Deutsch?

Write out the correct phrases next to their meanings.

I'm a bit tired
It's my first time here
I'd like to wash
I'll come straight down
I have a little present for you

Ich komme gleich nach unten
Ich habe ein kleines Geschenk für Sie
Ich bin ein bißchen müde
Ich bin zum ersten Mal hier
Ich möchte mich waschen

2 Veronicas Tagebuch

Veronica schreibt jeden Tag in ihr Tagebuch. Hier ist die Seite für Sonntag:

Beantworte die Fragen:

(auf Englisch)

1 What does Veronica say about the family?
2 What does she say about Thomas?
3 What pets does Kirsten have?
4 What does Veronica say about the house?
5 What does she say is 'awful'?

(auf Deutsch)

6 Wie war die Reise?
7 Wie heißt Kirstens Bruder?
8 Wie alt ist er?
9 Wohin geht Veronica morgen?
10 Wann steht sie auf?

> Sonntag
>
> Hier bin ich in Hamburg!
>
> Die Reise war sehr lang aber ganz gut. Die Schneiders sind sehr freundlich. Kirsten hat einen Bruder - Thomas. Der ist 9 Jahre alt und ist ganz komisch. Kirsten hat keine Haustiere. Das Haus ist sehr schön, mein Schlafzimmer auch.
>
> Jetzt bin ich sehr müde und gehe ins Bett. Morgen gehen wir in die Schule. Wir stehen um sieben auf! Schrecklich!

4 Schulfächer

The subject names are all jumbled up. Write them out correctly.

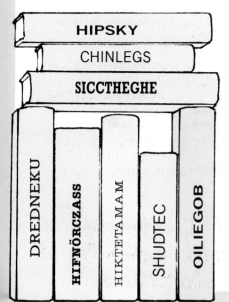

HIPSKY
CHINLEGS
SICCTHEGHE
DREDNEKU
HIFNÖRCZASS
HIKTETAMAM
SHUDTEC
OILIEGOB

3 Wie sagt man das auf Deutsch?

Write out the German for these phrases. Refer to **Schulbeginn** *(page 41).*

1 Anja shakes Veronica's hand
2 Kirsten puts up her hand
3 Near the school they meet a girl
4 That's the end of the biology lesson
5 She speaks German very well
6 The bell goes at eight
7 The boys and girls sit down
8 We have a visitor
9 Welcome to Germany
10 You can speak German to me
11 Then the first lesson begins
12 For the second lesson

5 Fragen und Antworten

Which question matches which answer? Write out the correct combinations.

1 Was sind deine Lieblingsfächer?	a Es geht
2 Wann hast du heute Biologie?	b Acht
3 Wie gefällt dir Mathematik?	c In der sechsten Stunde
4 Was hast du in der dritten Stunde?	d Frau Backmann
5 Wie heißt dein Deutschlehrer?	e Biologie und Kunst
6 Wieviel Stunden hast du am Tag?	f Um elf Uhr
7 Wann ist die Pause?	g Englisch

KAPITEL 3

6 Wie spät ist es jetzt?

How would you say these times?
Practise with a partner, then write
them out in full.

Beispiel: 1 Es ist zehn nach drei.

1 3.10   **2** 10.25   3 6.00

5 1.15

4 8.40   **6** 3.15

8 6.05

7 10.30   9 8.45

10 1.20

7 Ein geschäftiger Tag

Hier ist eine Seite aus Arnos Tagebuch. Was macht er?

Beispiel: Er steht um halb sieben auf.*

DIENSTAG   MAI

5

19 WOCHE

Vormerkungen

6.30 auf.

7.30 aus dem Haus.

11.05 Klassenarbeit in Erdkunde

12.45 nach Hause

14.00 Hausaufgaben

16.00 englische Schüler
am Bahnhof.

20.15 zur Empfangsparty in der Schule.
22.30 ins Bett

* *The verbs you will need are*
**aufstehen, gehen, machen,
ankommen.** *You will have to decide
which part of the verb to use (i.e.
the* **er** *(he) or the* **sie** *(they) part).*

8 Samstag

Fill in the gaps with the right word from the following list. Use each word
once only.

habe haben seid sind gehe geht gehen komme kommst kommen

Jörg: Tag, Andrea! __1__ du heute mit zum Schwimmbad?
Andrea: Wann __2__ ihr hin?
Jörg: Sofort nach der Schule. Um elf Uhr.
Andrea: Dann kann ich nicht. Ich __3__ dann Unterricht.
Jörg: Aber Renate und Holger __4__ .
Andrea: Ja, aber die __5__ nicht in meiner Klasse. Sie __6__ samstags
              um 11.00 nach Hause. Aber wir __7__ Englisch in der fünften
              Stunde. Also __8__ ich erst um zwölf nach Hause. Aber
              Moment — __9__ ihr um zwölf noch da?
Jörg: Ja, sicher.
Andrea: OK. Dann __10__ ich um zwölf zum Schwimmbad. Tschüs!

9 Meine Schwester Birgit wacht um 6.30 auf

This task gives you practice in the use of separable verbs (see **Grammatik
auf einen Blick**, *page 50*). Find the parts of the verb in the margin needed
to fill in the gaps. The first one is done for you.

Meine Schwester Birgit _wacht_ um 6.30
auf , und ich _____ um 6.45 _____ .

aufwachen *(to wake up)*
aufwachen *(to wake up)*

Birgit geht auf das Gymnasium. Ich gehe
auf die Realschule. Birgit _____ direkt um
6.30 _____ .

aufstehen *(to get up)*

Aber ich _____ um 7.00 _____ .

aufstehen *(to get up)*

In beiden Schulen _____ der Unterricht um
8.00 _____ .

anfangen *(to start)*

Die Schule ist für Birgit und mich um 1.00 aus,
aber Birgits Schule ist acht Kilometer von zu
Hause entfernt.

Ich _____ also um 1.15 zu Hause _____ .

ankommen *(to arrive)*

Birgit _____ erst um 1.45 _____ .

ankommen *(to arrive)*

Dann haben wir beide den Nachmittag frei.

Mein Frühstück

Wie sagt man das? Schreibe alles in dein Heft.

1 Um wieviel Uhr ißt du dein Frühstück?

Ich esse mein Frühstück um . . .

Beispiel: 1 Ich esse mein Frühstück um sechs Uhr.

1 6.00   2 6.15   3 6.30   4 6.45   5 7.00

6 7.15   7 7.30   8 7.45   9 8.00   10 8.15

2 Was ißt du zum Frühstück?

Ich esse . . .

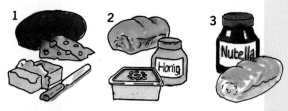

3 Was trinkst du zum Frühstück?

Ich trinke . . .

4 Wo ißt du dein Frühstück?

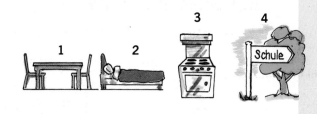

5 Partnerarbeit–Frühstück

Was machst du zum Frühstück? Und dein Partner/deine Partnerin? Stelle und beantworte Fragen.

Ich	**Mein Partner**
Ich esse mein Frühstück gegen___	Wann ißt du dein Frühstück?____
Ich esse _____	Was ißt du? _____
_____	_____
Ich trinke _____	Was trinkst du? _____
Ich esse _____	Wo ißt du? _____

6 Mischmasch

*Was sind die Zutaten? Schreibe die Rezepte in dein Heft. Siehe **Drei Rezepte** (Seite 56).*

Gulasch mit Bratkartoffeln

Hähnchen mit Nudeln

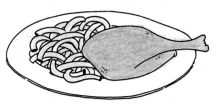

Frikadellen mit Pommes Frites

Noch etwas mehr

7 Buchstabensalat

Was kann man hier essen? Wie ist es richtig?

lendun
schluag
nehnhäch
traktorbaffeln
lenkaldreif
mesfripomtes

8 Kalorienzähler

a Work out a menu for a day or a week for someone who wants to lose weight (e.g. 1200 — 1400 calories a day).

b Was ißt **du** an einem typischen Tag?

c Plan a picnic lunch for four people. How many calories does it have?

KALORIENZÄHLER
DIÄT 1300

Kalorien

Kekse:
ein Butterkeks	80
ein Schokoladenkeks	120

Brot: (eine Scheibe)
Weißbrot	60
Schwarzbrot	80
Brötchen	40

Zum Frühstück: (eine Schale)
Müsli	92
Cornflakes	92

Kuchen: (ein Stück)
Obstkuchen	180
Butterkuchen	300
Erdbeertorte	300

Käse:
eine Portion (25 g) Quark	24
ein Stück (25 g) Edamer/Gouda	75

Getränke:
ein Glas (0,25 l) Bier	80
ein Glas (0,10 l) Wein	68
eine Tasse Kakao	170
eine Tasse schwarzer Kaffee	3
eine Tasse Kaffee mit Milch	25
eine Tasse Tee ohne Milch	1
eine Tasse Tee mit Milch	23
(Zucker im Tee und Kaffee)	+25
ein Glas (0,10 l) Saft	33
ein Glas (0,25 l) Milch	180

Eier:
ein gekochtes Ei	80
ein Spiegelei	136

Butter und Margarine:
eine Portion für eine Scheibe	37

Fisch:
ein Stück (100 g) gegrillter Fisch	75
ein Stück (100 g) gebratener Fisch	400

Obst und Nüsse:
ein Apfel	35
eine Banane	45
100 g Erdbeeren	26
100 g Kirschen	40
eine Apfelsine	25
250 g Nüsse	140
eine Melone	13

Fleisch:
50 g Schinken	120
50 g Salami	250
eine Frikadelle	250
eine Bratwurst	160
ein Frankfurter	140
100 g Lammfleisch	190
ein Schweineschnitzel	260
ein Steak	168
eine Portion (100 g) Brathähnchen	148
ein Hamburger	260

Konfitüre: (ein Löffel)
Honig	30
Marmelade	25
Nutella	40

Soßen: (ein Löffel)
Senf	15
Mayonnaise	100
Tomatenketchup	30

Gemüse: (eine Portion)
Erbsen	40
Karotten	20
Salat	5
Salzkartoffeln	140
Pommes Frites	260

Bonbons und Chips:
ein Päckchen Kartoffelchips	140
eine Tafel Schokolade	200
Gummibärchen	150

Suppen:
Tomatensuppe	140

KAPITEL **4**

9 *Um 8 Uhr stehe ich auf*

Imagine that you are telling a
German friend about your daily
routine. Write down the times that
you do the following things.

Beispiel: a Um 7 Uhr stehe ich auf.

a Um _____ Uhr stehe ich auf.

b Gegen _____ dusche ich/wasche
ich mich.

c _____ esse ich mein Frühstück.

d _____ gehe ich aus dem Haus.

e _____ bin ich in der Schule.

f _____ esse ich mein
Mittagessen.

g _____ ist die Schule aus.

h _____ komme ich nach Hause.

i _____ bin ich zu Hause.

j _____ gehe ich zu Bett.

10 *Was machen sie?*

Describe what the people are doing.

11 *Ich esse gern . . .*

Imagine that you are staying with a
German family. Tell them some of
the things you like eating and
drinking for breakfast, lunch and
evening meal.

Look at this part of a conversation
between an English boy and his
German host.

— Na, John! Was ißt du denn gern?

— Zum Frühstück esse ich gern
Toast mit Marmelade, und zum
Mittagessen esse ich gern . . .

Beispiel: 1 *Sie trinken* Cola.

2 _____ _____ ,Hallo!'

3 _____ _____ Brot.

4 _____ _____ aus dem Haus.

5 _____ _____ aus der Schule.

6 _____ _____ Kaffee.

KAPITEL **4**

Noch etwas mehr

1 Was machst du nach der Schule?

Using the symbols as a guide, answer the following questions in German in your exercise book.

Beispiel: Wann ißt Birgit — um halb eins?

Nein, **um halb zwei**

1 Wie oft spielt Birgit Tennis — einmal in der Woche?
  Nein, _____ ___ _____ _____ .

2 Wie oft geht sie zum Basketball? _____

  ____ _____ _____ .

3 Geht sie manchmal im Sommer schwimmen?
  Ja, _____.

4 Wann macht Ralf seine Hausaufgaben — vor dem Essen?
  Nein, _____ _____ _____ .

5 Wie oft spielt er Squash oder geht er schwimmen?
  _____ _____ .

6 Wann kommen Ralfs Freunde zu ihm? _____ .

7 Spielt er dreimal in der Woche Fußball?
  _____ , _____ _____ .

8 Wann macht Silke ihre Hausaufgaben — vormittags? _____
  _____ .

9 Fährt sie jeden Tag mit dem Fahrrad in die Stadt? _____ ,

  _____ .

10 Wie oft geht sie mit dem Hund spazieren? _____ _____ .

11 Wann macht Wolfgang seine Hausaufgaben — nach dem Essen?
   _____ , _____ .

12 Hört er nachmittags Musik? _____ , _____ .

13 Wie oft spielt er Tischtennis? _____

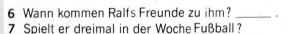
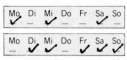

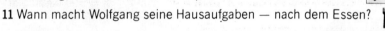

2 Wie sagt man das auf Deutsch?

Schreibe die Antwort in dein Heft.

1 twice a week
2 after lunch
3 every day
4 sometimes
5 in the afternoon
6 often
7 in the summer
8 in the evening
9 first of all
10 then

Jetzt schreibe einen Satz auf Deutsch für jede Antwort.

Beispiel: 1 Zweimal in der Woche gehe ich zum Training.

3 Tennistermine

Was paßt zu wem?

Beispiel: 1 = c
Schreibe den ganzen Satz in dein Heft.

Beispiel: 1 c Er spielt zweimal in der Woche Tennis.

a
Im Sommer spielt er Tennis.

b
Einmal in der Woche spielt er Tennis.

c
Er spielt zweimal in der Woche Tennis.

d
Nach dem Mittagessen spielt er Tennis.

e
Er spielt manchmal Tennis.

f
Jeden Abend spielt er Tennis.

1 Am Montag und am Freitag spielt Jürgen Tennis.
2 Abends um sechs Uhr spielt Uwe Tennis.
3 Im Juli und im August spielt Christoph Tennis.
4 Am Sonntag spielt Flores Tennis.
5 Nachmittags um zwei Uhr spielt Bernd Tennis.
6 Ralf spielt nicht so oft Tennis — er spielt lieber Squash.

4 Was sagt man?

Imagine you are telling your German penfriend about what you do in your spare time. Mention the things you do

a *every evening*
b *on Saturdays*
c *sometimes*
d *often*
e *in the summer.*

5 *Freizeit Fitness Sport*

Fragen

1a If you pay DM675, how many parachute jumps can you make with expert helpers?

1b For how many days does this beginner's course last?

2 How much do the introductory golf lessons cost?

3 For whom are the dancing school lessons intended?

4 Name seven facilities available to *Svenska Squash* members and visitors.

5 Which newspaper listed here accepts advertisements by telephone?

6 If you wished to get a winter suntan in Hamburg, where would you go and when would it be open?

7a Which of the clubs advertised has a motto?

7b What is the motto in German?

7c Find out what it means.

Liebe Sarah!

Grüß Dich. Wie geht's? Mir geht's ganz gut. Du wolltest wissen, was ich nach der Schule mache? Du weißt ja, wir haben Schule bis eins, und dann gehe ich sofort nach Hause. Ich esse dann mit meiner Mutter, denn mein Vater kommt erst um sechs nach Hause.

Dann mache ich meine Schulaufgaben bis drei oder halb vier, und meistens höre ich dann Musik. Manchmal fahre ich mit dem Fahrrad in die Stadt und gehe einkaufen.

Zweimal in der Woche gehe ich schwimmen, und einmal in der Woche spiele ich Squash.

Du hast bis vier Uhr Schule. Das finde ich nicht gut.

Was machst Du nach der Schule?

Schreibe bald,

Deine Sabine

---

6 *Brief an Sabine*

Here is a letter from Germany. Read it through and write a reply to Sabine — in German. of course!

Answer the questions in English

1 At what time does Sabine go home?
2 When does her father get home?
3 What does she normally do after homework?
4 How does she go into town?
5 How often does she go swimming?
6 What does she not like about English schools?

7 Welches Instrument?

Schreibe den ganzen Satz in dein Heft. **Beispiel: 1** Er spielt Klavier.

1 Er spielt . . .

2 Sie spielt . . .

3 Sie spielen . . .

4 Sie spielen . . .

5 Sie spielt . . .

6 Er spielt . . .

7 Sie spielen . . .

8 Er spielt . . .

9 Er spielt . . .

Querflöte — Mundharmonika — Schlagzeug — kein Instrument — Gitarre — Blockflöte — Klavier — Trompete — Geige.

8 Mein bester Freund/meine beste Freundin

Describe your best friend in a letter to your German penpal. Mention five of the things (s)he likes doing, and then say what (s)he likes best of all.

Beispiel: Er/sie geht gern schwimmen, Am liebsten hört er/sie Musik.

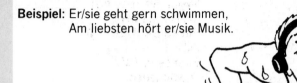

9 Umfrage: Freizeit

Interview in German other members of the class and produce your own chart entitled **Freizeit-Statistik der Klasse . . .** . *Compare your results with* **Statistik: Jugendliche in der Freizeit** *(p. 78).*

10 Willst du mit dem Rad fahren?

Ask a German friend what (s)he wants to do. Choose any eight of the following:

Beispiel: a Willst du mit dem Rad fahren?

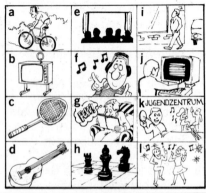

1 Wieviel ist das zusammen?

Beispiel: a Das ist eine Mark

2 Schreibe aus!

What does it cost? Write down how you would say these prices in German.

Beispiel: a Das kostet vier Mark. (*or* Der Kugelschreiber kostet vier Mark.)

Then take it in turns with a partner to ask the question:
'Was kostet das?'

3 Was bedeutet das?

Write out the German words with their correct meanings.

Beispiel: 1 e wechseln — to change

1	wechseln	a	a ten pound traveller's cheque
2	einlösen	b	to sign
3	einen Reisescheck zu zehn Pfund	c	the cashier's till
4	Ihren Paß	d	the exchange rate
5	die Kasse	e	to change
6	unterschreiben	f	your passport
7	der Kurs	g	to cash

4 Reisescheck

A tourist goes into a bank to change a traveller's cheque. In the following conversation the lines are jumbled up. Try to put them back in the correct order.

— Danke. So, gehen Sie bitte zur Kasse eins.
— Wollen Sie bitte hier unterschreiben?
— Haben Sie Ihren Paß mit?
— Bitte sehr. Auf Wiedersehen.
— Ja, ich möchte einen Reisescheck zu zwanzig Pfund einlösen, bitte.
— Vielen Dank.
— Ja, hier.
— Kann ich Ihnen helfen?

a DM 4,00
b DM -,25
c DM 1,60
d DM 11,50
e DM 14,20
f DM 220,00
g DM -,70
h DM 17,70
i DM 110,00
j DM 8,90

KAPITEL 6

5 Kostet? Kosten?

Put in the correct word in each of these questions. Then look at the pictures and write out the answers in German.

Beispiel: 1 Was kosten die Ohrringe?
Sie kosten zwölf Mark.

1 Was _____ die Ohrringe?
2 Was _____ der Computer?
3 Was _____ die Kassette?
4 Was _____ die Postkarten?
5 Was _____ das Eis?
6 Was _____ die Sticker?
7 Was _____ der Film?
8 Was _____ die Filme?

6 He Axel, was kostet . . . ?

Zwei Freunde sitzen zu Hause. Axel liest ein Magazin. Schreibe die Wörter hin!
*(Die Preise sind auf Seite 94 **Preissensationen**.)*

— Vierhundertzwanzig Mark.

— _____ Mark. Du, ist aber preiswert!

— Ja, stimmt. _____ Mark für das ist Wucher!

— _____ Mark.

— He, Axel, was kostet ?

— Das ist aber teuer! Und ?

— Du hast doch !

— Was kosten denn  ?

— Mensch, das ist alles so teuer! Und ich, mit meinen DM 20 Taschengeld!

DM 12,00
DM 5,30
DM 16,00
DM 4,50 das Stück
DM -,80
DM 0,50 das Stück
DM 450,-
DM 1,- das Stück

7 Schreibe die Zahlen aus!

Schreibe die Zahlen aus.

Beispiel: a Wie alt bist du, Opa?
Hundertzwei.

a Wie alt bist du, Opa? **102**
b Wie alt ist dein(e) Lehrer(in)? **99**
c Wieviel Punkte hast du? **75**
d Wieviel Geschwister hast du? **310**
e Wieviel Kilometer noch? **545** km
f In welchem Jahr fliegt man zur Sonne? **3000**
g Wieviel Kalorien hat das? **1670**
h Wieviel Portionen Frites?! **186**
i Wieviel Schüler gibt's in deiner Schule? **1021**
j Welche Nummer hat dein Haus? **705**

8 Du, ich habe Hunger

Fülle die Lücken mit folgenden Wörtern aus:

> Ketchup Bockwurst Geld
> Hunger Schaschlik
> Wurstbude zweimal zwei

Brigitte:	Du, ich habe _____ . Essen wir was?
Thomas:	Ja, klar. Da drüben ist eine _____ .
Brigitte:	So. Ich nehme eine _____ . Du auch?
Thomas:	Ja, gut.
Brigitte:	Also, _____ Bockwurst, bitte.
Verkäufer:	Mit _____ ?
Brigitte:	Ja, bitte. Und _____ Glas Apfelsaft.
Verkäufer:	Acht fünfzig.
Brigitte:	Oh, du, ich habe kein _____ dabei!
Thomas:	Macht nichts. Ich bezahle.
Brigitte:	Ja? Dann nehme ich _____ mit Pommes Frites, bitte.

9 Zweimal Cola, bitte

How would you order these things in German? Write out what you would say.

Beispiel: a Zweimal Cola, bitte.

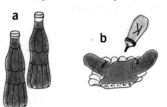
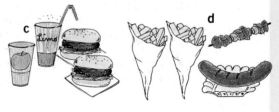

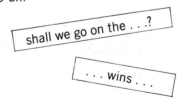

10 Wie sagt man das auf Deutsch?

Sieh dir den Text auf Seite 99 an.

shall we go on the . . .?

. . . wins . . .

I'll treat you to . . .

thanks for the ride!

they really enjoy it

11 Richtig oder falsch?

*Sieh dir den Text auf Seite 99 an (**Fahren wir mit dem Riesenrad?**). Ist folgendes richtig oder falsch?*

1 Brigitte zahlt für das Riesenrad.
2 Von oben sieht man den ganzen Jahrmarkt.
3 Die Mädchen gehen zur Losbude.
4 David gibt Ralf den Teddybär.
5 Die vier gehen dann zur Wurstbude.

12 Ich habe Hunger!

*Fülle die Lücken aus (**einen, eine** oder **ein**).*

Beispiel:

a Ich kaufe mir **einen** Apfelsaft.
b Ich kaufe mir _____ Bratwurst.
c Ich kaufe mir _____ Glas Orangensaft.
d Ich kaufe mir _____ Eis.
e Ich kaufe mir _____ Portion Zuckerwatte.
f Ich kaufe mir _____ Doppelburger.
g Ich kaufe mir _____ Tüte Gummibärchen.
h Ich kaufe mir _____ Hamburger.
i Ich kaufe mir _____ belegtes Brötchen.

1 Und deine Stadt?

Lies den Brief, und beantworte die folgenden Fragen.

Minden, den 11. Oktober

Lieber Tom!

Vielen Dank für Deinen Brief. Du hast mich gefragt: ‚Was gibt es in Deiner Stadt zu sehen?' Also — ich lege Dir ein paar Fotos bei, damit Du Dir besser vorstellen kannst, wie meine Stadt aussieht.

Es gibt den Dom (1) in der Stadtmitte und natürlich das Rathaus (2). Wir haben auch eine moderne Stadthalle. Dort gibt es manchmal Popkonzerte. Letzten Samstag war Evi Bamm dabei. Toll!

Das Jugendzentrum (3) ist ganz modern. Das Stadion ist schön und der Fluß (4) auch.

Und Deine Stadt — was gibt es dort zu sehen? Habt ihr auch ein Stadion und eine Stadthalle?

Schreib bald wieder,

Dein

Andreas

2 Lieber Andreas

Vervollständige den folgenden Brief, und trage alles in dein Heft ein.

Fragen

1 Was hat Tom gefragt?
2 Was gibt es in der Stadtmitte von Minden zu sehen?
3 Was gibt es manchmal in der Stadthalle?
4 Wie ist das Jugendzentrum?
5 Was findet Andreas schön?

A Why has Andreas sent some photos?
B Where is the cathedral?
C Where did Evi Bamm give a concert?
D How old is the Youth Centre?
E What does Andreas think of the river?

3 *Was gibt es in X zu sehen?*

Imagine that you are working in the tourist information office in your town (or nearby town). A German visitor asks you the question: ‚Was gibt es in . . . zu sehen?' Give information about the town using the expressions:
Es gibt . . . Wir haben . . .

5 *Die Post? Das ist zwei Minuten zu Fuß*

Tell your German friend how far the following are away from your house:

a
b
c

d
e
f

g
h
i
j

4 *Also, du gehst hier geradeaus . . .*

Tell your German exchange partner how to get to school, a nearby shop, etc. from your house. Use the expressions:
Hier geradeaus . . . zweite Straße links . . . erste Straße rechts . . . *etc.*

an in vor hinter

6 *An der Stadthalle, oder?*

Stelle deinem Partner/deiner Partnerin folgende Fragen:

Wo ist die Post? Und das Auto? Und die Marienkirche? Und wo ist Evi Bamm?

Wo ist die Haltestelle? Und der Parkplatz? Und der Dom? Und wo ist das Freibad?

Wo ist das Stadion? Und das Verkehrsamt? Und die Haltestelle? Und wo ist Michael?

7 *Wohnen die Osnabrücker gern in Osnabrück?*

Lies folgende Bemerkungen über Osnabrück:

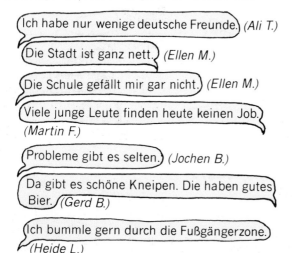

Ich habe nur wenige deutsche Freunde. *(Ali T.)*

Die Stadt ist ganz nett. *(Ellen M.)*

Die Schule gefällt mir gar nicht. *(Ellen M.)*

Viele junge Leute finden heute keinen Job. *(Martin F.)*

Probleme gibt es selten. *(Jochen B.)*

Da gibt es schöne Kneipen. Die haben gutes Bier. *(Gerd B.)*

Ich bummle gern durch die Fußgängerzone. *(Heide L.)*

Ich habe einen guten Job bei Karmann. *(Kurt Z.)*

Ich habe viele deutsche Freunde. *(Laura M.)*

In der Kaserne sind wir zehn Mann in einem Raum. *(Volker S.)*

Die Deutschen kommen gern zu uns. *(Theo K.)*

Meine Frau geht gern bei Hertie und Horten einkaufen. *(Ian G.)*

Osnabrück ist jetzt ganz modern. *(Hans K.)*

Trage diese Tabelle in dein Heft ein, und setze die positiven und negativen Bemerkungen ein:

	Positive Bemerkungen	Negative Bemerkungen
Beispiel	1 Die Stadt ist ganz nett. (Ellen M.)	Die Schule gefällt mir gar nicht. (Ellen M.)
	2	

8 *Und du? Was sagst du über deine Stadt?*

Mache eine Liste von positiven und negativen Bemerkungen über deine Stadt (oder die nächste Stadt), und schreibe alles in dein Heft auf.

9 *Menschen in meiner Stadt*

Using **Menschen in Osnabrück** *(p. 114) as a guide, make up similar descriptions of people who live in your town or village.*

10 *Meine Stadt*

Design a brochure or a poster advertising your town (or nearby town) in German. You could try to make even the worst features attractive to tourists!

11 *Urlaubsfreuden in Pfarrkirchen*

Whilst on holiday in Germany you visit the Verkehrsamt in Pfarrkirchen and are given a brochure. You are particularly interested in the section on sport. Make a list of the sporting activities on offer in the town.

Sie werden sich wunderbar erholen

Urlaubsgäste jeden Alters finden rasch ihre Lieblings-beschäftigung.

Ein modernes, vorgeheiztes Schwimmbad, Sport-plätze, Aschenbahn, 14 Tennisplätze, eine moderne Squash-Anlage, Stockschießbahnen, Rollschuh-bahn, Kegelbahnen, Skeetplatz finden Sie auf Bayerns ältester Trabrennbahn in Pfarrkirchen.

Ein großzügig angelegter 9-Loch-Golfplatz, Reit-und Wanderwege, ein Segelflugplatz mit Flugschule, Mini-golfanlage, Trimm-dich-fit-Anlage, Bade-, Ruder-, Surf- und Segelmöglichkeiten am 60 ha großen Rott-Stausee.

Viele Sportfischer verbringen hier ihren Sporturlaub. In gut geführten Hotels, Restaurants, Landgasthöfen und Privatquartieren wird man um Sie besorgt sein, damit Sie einen geruhsamen Erholungsurlaub ver-bringen können.

1 Die Bäckerei und die . . . ?

*Without looking back at the section on shops, write down all the feminine (**die**) shops which do not end in -ei.*

2 Wo warst du heute?

Imagine that you are in Germany on an exchange and you have just been shopping on one of your free days. You are now with your host family and you have been asked: ,Wo warst du heute?' Reply, saying which shops you were in.

3 Einkäufe am Telefon

Imagine you are 'phoning a shopping order through to the local supermarket in Germany. Order the following things:

200 g cheese
300 g sausage
1 tub of margarine
10 eggs.
1 jar of honey
1 tin of soup.
1 litre of apple juice
10 cans of coca cola
1 tube of salad cream.
1 packet of coffee

4 Im Geschäft: Partnerarbeit

Your host family, who own a small shop, have asked you to look after the shop for half an hour. How do you ask customers what they would like and what do you say to encourage them to buy something else? Work with a partner and make up dialogues.

5 Im Warenhaus

a *You are in a large department store in Germany, on holiday with your parents, who speak no German. You cannot see the **Wegweiser**, so you find an assistant. How do you ask where you can buy the following items:*
— men's trousers
— a scarf
— a box of chocolates
— postcards
— flowers
— sports shoes
— records and cassettes?
Then make up answers using all five storeys (including ground floor and basement).

b *Once you have found the department you are looking for, how would you ask the assistant for the items listed above?*

Fragen
1 *How does Rebecca feel? Why?*
2 *What did Rebecca buy at the Hertie department store?*
3 *What does Rachel think about it?*
4 *What else did she buy there?*
5 *What does Rebecca think of Ede Funk?*
6 *What else did Rachel buy?*

6 Rebecca und Rachel waren heute in der Stadt

Hallo Rachel.

Hallo Rebecca. Wie geht's?

Nicht gut. Ich bin ein bißchen müde. Ich war den ganzen Tag in der Stadt.

Hast du Lust auf ein Eis? Gehen wir in ein Eiscafé?

Tolle Idee!

(Im Eiscafé)

Das Eis schmeckt gut, Rachel.

Ja, wirklich lecker. Hast du heute viel gekauft?

Ja, und wie! Ich habe diese Hose bei *Hertie* gekauft.

Die gefällt mir gut. War sie teuer?

Nee, es geht . . . Ich habe auch diesen Pullover gekauft.

Der gefällt mir auch gut.

Hast du etwas gekauft, Rachel?

Ja, eine Kassette von Ede Funk.

Ede Funk! Der singt so schlecht.

Wenn du meinst, aber mir gefällt er gut!

Hast du sonst etwas gekauft?

Ja, ein Eis für dich, Rebecca.

Vielen Dank.

Noch etwas mehr

7 Kannst du einen Satz bilden?

1

Kassette, habe, gekauft., ich, eine, einen, Pullover, und

2

in, gekauft., Stadt?, der, du, Warst, einen, Ja,, ich, Computer, habe

3

und, T-Shirt, Ich, ein, gekauft., habe, Ohrringe

4

hat, Brötchen, Er, gekauft., und, Kuchen

8 Was schreibt man hier?

Wie ist es richtig?

Ja, sicher. Glaube schon.	✓ Ja.
Vielleicht. Möglich.	?
Nein, ich glaube nicht. Auf keinen Fall.	X Nein.

1 Kann man hier Briefmarken kaufen?

2 Kann man hier Wurst kaufen?

3 Kann man hier Tennisbälle kaufen?

4 Kann man hier Pommes Frites kaufen?

5 Kann man hier Schokolade kaufen?

6 Kann man hier Autos kaufen?

7 Kann man hier Bücher kaufen?

8 Kann man hier Eis kaufen?

9 Kann man hier Fahrkarten kaufen?

10 Kann man hier Flöhe kaufen?

9 Was hast du gekauft?

You have told your host family where you went shopping, but they now wish to know:
  i *what you bought*
  ii *who you bought it for.*
*List **at least** five different items for five different people.*

10 Kann man hier Briefmarken kaufen?

Stelle deinem Partner/deiner Partnerin die Fragen, oder gib die richtigen Antworten.

Bäckerei · SPORTPLATZ · Imbiß · Konditorei Schmidt · FAHRSCHULE · Kiosk · Café-Konditorei · DB HAUPTBAHNHOF · heute Flohmarkt

1 Gruppenarbeit

Ask as many other pupils as possible how they
travel to various places (up to ten different places).
Copy out the grid below and use it to make notes
on the other pupils' answers.

	Name	mit dem/der . . .	zu Fuß	zum/zur . . .
1	John	mit dem Bus	—	zum Freibad
2	Jayne	—	✓	zur Post
3	. . .			

Now write out full sentences to describe the
journeys noted in your table.

Beispiel: 1 John fährt mit dem Bus zum Freibad.
2 Jayne geht zu Fuß zur Post.
3 . . .

3 Lückentext

Fill in the gaps with suitable words and write out full sentences.

a Heino fährt mit dem _____ , aber ich _____ _____ dem Bus.
b Normalerweise _____ ich zu Fuß zur Post, aber Michael _____
nie zu Fuß dahin.
c — Fährst du mit _____ U-Bahn?
— Nein, ich _____ meistens _____ dem _____ .
d — Mit _____ Straßenbahn geht es schneller, oder?
— Nein, am besten _____ du mit dem Bus.
e In London fahre _____ oft mit _____ U-Bahn, aber mein Vater
_____ meistens _____ _____ Taxi.

4 Sind Sie hier fremd?

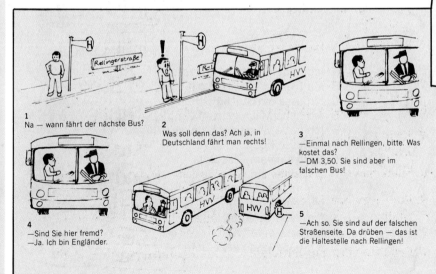

2 Zwei Briefe

Lies die Briefe, und schreibe einen Brief
an deinen Brieffreund/deine Brieffreundin.

Beantworte folgende **Fragen** auf
Englisch:
1 Why does the man look
surprised in Frame 2?
2 How much does a single ticket to
Rellingen cost?
3 What bad news does the driver
have for the man in Frame 3?
4 What question does the driver
ask in Frame 4?
5 What mistake has the passenger
made?

5 Zweimal nach Hamburg, bitte

Mache Dialoge mit deinem Partner/deiner Partnerin.

Beispiel: 1 A: (2 x Hamburg ⇄)
— Zweimal nach Hamburg, bitte. Hin und zurück.
B: (DM 65,-)
— Fünfundsechzig Mark, bitte.

1 A: 2 x Hamburg ⇄
   B: DM 65,-

2 A: 1 x Kiel →
   B: DM 33,50

3 A: 3 x Bonn ⇄
   B: DM 93,-

4 A: 1 x Osnabrück →
   B: DM 19,50

5 A: 2 x München →
   B: DM 82,-

6 A: 1 x Köln ⇄
   B: DM 47,-

7 A: 4 x Stuttgart ⇄
   B: DM 200,-

8 A: 1 x Elmshorn →
   B: DM 23,20

9 A: 2 x Hamburg-Altona →
   B: DM 62,-

10 A: 3 x Pinneberg ⇄
    B: DM 78,-

6 Heino ist mit dem Rad zum Schwimmbad gefahren

Write sentences to explain how the people listed came to the swimming pool.

Beispiel: Heino ist mit dem Rad zum Schwimmbad gefahren.

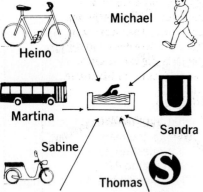

Heino Michael Martina Sabine Sandra Thomas

7 Was paßt zu wem?

Schreibe die richtigen Sätze in dein Heft.

Beispiel: 1 = H Ich trinke ein Glas Wasser.

A Ich habe den Apfel gegessen.
B Ich trinke ein Glas Milch.
C Ich esse ein Stück Kuchen.
D Ich habe Milch getrunken.
E Ich habe Wasser getrunken.
F Ich esse Fisch.
G Ich trinke ein Glas Cola.
H Ich trinke ein Glas Wasser.
I Ich habe ein Stück Kuchen gegessen.
J Ich habe Cola getrunken.
K Ich esse einen Apfel.
L Ich habe Fisch gegessen.

8 Sicherer Schulweg

Look at these magazine extracts and answer the questions.

Fragen
1 What does the cyclist say about the cycle lanes?
2 What is the motorist's opinion?
3 Work out roughly by how many per cent cycling accidents have been reduced over the year.
4 Do any English towns have cycle lanes?
5 Translate the catchphrase at the end.

9 Was paßt am besten?

Match the sentences:
1 Ich fliege nicht gern.
2 Ich fahre nicht gern mit der Fähre.
3 Ich fahre nicht gern mit dem Taxi.
4 Ich gehe nicht gern zu Fuß.
5 Ich fahre nicht gern mit dem Rad.
6 Ich fahre nicht gern mit dem Bus.

a Ich bin zu faul.
b Es ist zu teuer.
c Es ist zu langweilig.
d Ich habe Flugangst.
e Es gibt zu viele Autos auf der Straße.
f Ich bin oft seekrank.

Pinneberg: Rote Wege für 20 000 Radfahrer

Was sagen die Pinneberger über die Radwege?

Radfahrerin Angela Schuld (16, Schülerin):
  ‚Ich fühle mich sicher auf dem roten Weg'.

Autofahrer Peter Hohlbaum (38, Industriekaufmann):
  ‚Die roten Wege sind prima. Jetzt sind Radfahrer kein Problem mehr!'

STATISTIK

Radunfälle	
letztes Jahr 79	dieses Jahr 57

In Pinneberg sagt man:
‚Radfahrer haben bei uns immer grünes Licht.'

10 Lieber Kurt

You have splashed a drink on this letter, making parts of it unclear. Complete the letter describing your journey home from Germany, and write it out again neatly!

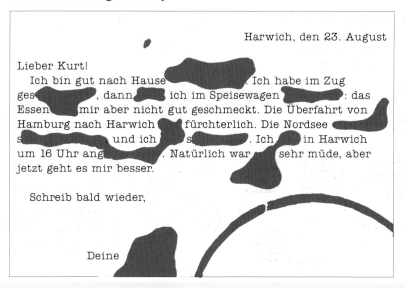

Harwich, den 23. August

Lieber Kurt!
  Ich bin gut nach Hause ▓▓▓▓. Ich habe im Zug ges▓▓▓▓, dann ▓▓ ich im Speisewagen ▓▓▓: das Essen ▓ mir aber nicht gut geschmeckt. Die Überfahrt von Hamburg nach Harwich ▓ fürchterlich. Die Nordsee s▓▓▓▓ und ich ▓ s▓▓▓. Ich ▓ in Harwich um 16 Uhr ang▓▓. Natürlich war ▓ sehr müde, aber jetzt geht es mir besser.

  Schreib bald wieder,

  Deine

Noch etwas mehr

1 Wann war das?

Say these dates in the form 'am vierten September' etc. then write them out in full.

1	4.9.	6	28.3.
2	2.2.	7	17.7.
3	16.4.	8	12.6.
4	30.1	9	1.5.
5	21.11	10	3.12.

3 Eine Einladung

Design an invitation to a party using **So viele Einladungen** (page 172) as a guide. Make it look as interesting as you can.

4 Hast du Lust . . . ?

2 Kommst du mit?

Write out conversations based on the cues given below:

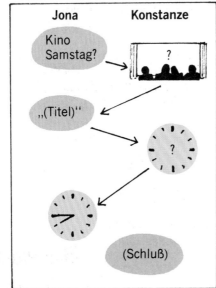

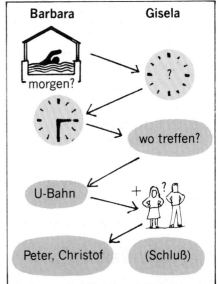

Read these short conversations in which people are inviting Regina out, then write out her diary page like the one shown and fill in everything she is doing — both what she already has arranged, and the new invitations that she accepts. If it depends upon something else, put a question mark next to the entry.

Kurt:	Hast du Lust, morgen in die Stadt zu fahren?
Regina:	Das kann ich leider nicht. Samstagnachmittag arbeite ich.

Reginas Tagebuch ↙heute

FR	
SA	
SO	
MO	
DI	
MI	
DO	
FR	
SA	

Katja:	Wir gehen am Montag ins Kino. Kommst du mit?
Regina:	Ja, OK. Weißt du, was läuft?

Martin:	Nächsten Freitag beginnt das Tennisturnier. Hast du Lust?
Regina:	Ja, gerne, wenn es nur nicht zu teuer ist.

Holger:	Mittwochabend gibt's eine Party bei Lutz. Kommst du?
Regina:	Das geht leider nicht. Mittwoch mache ich Babysitting bei den Nachbarn.

Gisela:	Morgen abend gebe ich eine Party. Kommst du?
Regina:	Ja, gerne. Um wieviel Uhr?
Gisela:	So gegen acht.

Dieter:	Was machst du nächsten Donnerstag um zwei Uhr?
Regina:	Ich hab' eine Klavierstunde. Wieso?
Dieter:	Ach schade. Ich habe Karten für die Autoausstellung.

Robert:	Hast du Mittwoch Zeit, Tennis zu spielen?
Regina:	Ja, prima! Um wieviel Uhr?
Robert:	Um halb drei, wenn das Wetter gut ist.

Kirsten:	Du, ich fahre am Sonntag nach Goslar. Kommst du mit?
Regina:	Ne, ich habe keine Lust. Danke.

KAPITEL **10**

5 Weitere Probleme!

Look at the dialogues in **Probleme** *(page 176). Make up dialogues with a partner. Take it in turns to be Partner A or Partner B. Make the dialogues as realistic as possible.*

Partner A
Invite your friend to one of the following activities. What do you say?

Party   Grillparty

KINO Sa.18.30 Uhr

Partner B
You are not sure you can accept the invitation because of one of the reasons below. What do you say?

 regnet es?   DM genug Geld?

zu viele Schularbeiten?   zu warm?

You could make up some further dialogues of your own.

6 Ja, gerne . . .

Peter has been invited to five different things. He says yes to each of them, but there is always an 'if'. Rearrange the words in the box to complete what he says each time.

— Peter, kommst du mit?

— Ja, gerne, wenn

kalt ist nicht zu es
zu beginnt spät es nicht
zu viele ich nicht habe Schularbeiten
auch und hingehen Markus Stefan
Fernsehen im gibt Gutes es nichts

7 Sechs Unterschiede

Can you spot the six differences between pictures A and B? Write a short sentence in German to explain each one.

Bild A

Bild B

8 Eine Postkarte

Gudrun has splashed suntan oil on her postcard. It just happens to have covered up the words **habe** *and* **bin**. *Can you rewrite the postcard with the gaps filled in?*

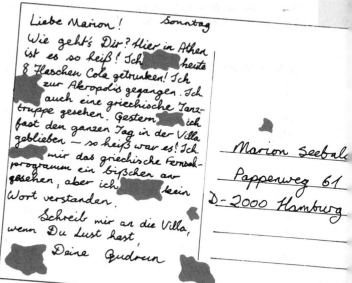

Liebe Marion!   Sonntag

Wie geht's Dir? Hier in Athen ist es so heiß! Ich ▨▨▨ heute 8 Flaschen Cola getrunken! Ich ▨▨▨ zur Akropolis gegangen. Ich ▨▨▨ auch eine griechische Tanztruppe gesehen. Gestern ▨▨▨ ich fast den ganzen Tag in der Villa geblieben — so heiß war es! Ich ▨▨▨ mir das griechische Fernsehprogramm ein bißchen angesehen, aber ich ▨▨▨ kein Wort verstanden.

Schreib mir an die Villa, wenn Du Lust hast.

Deine Gudrun

Marion Seebal▨
Pappenweg 61
D-2000 Hamburg

9 Treff-spezial

Look back at the personal ads. in **Treff-spezial-Ferien** *(page 185) and make up your own ad. in German. You can mention where you met the person you are looking for, when, what they looked like, or what they were doing. You could design it so that it looks interesting, too.*

1 Entschuldigungszettel

A

19. Oktober

Sehr geehrter Herr
Hammerschick!

Mein Sohn Walter konnte letzte
Woche 10. — 17.10. wegen einer
starken Grippe nicht zur
Schule gehen.

Mit vielen Grüßen,
Ihre *Waltraud Eddwig*

B

Lieber Herr Puttinger!

10.10.

Entschuldigen Sie bitte das Fehlen
meiner Tochter Gertraud am
Dienstag den 8. Oktober. Sie
konnte nicht zur Schule, da sie
zum Begräbnis ihrer Tante
gehen mußte.
Vielen Dank für Ihr Verständnis

Peter Vogt.

C

4. Februar

Sehr geehrte Frau Leeb!

Mein Sohn Moritz konnte letzte Woche
aufgrund einer chronischen Bronchitis
nicht zur Schule kommen. Nach
Meinung des Arztes wird er wohl auch
diese Woche das Bett hüten müssen.

Ihre Ischi Hartenstein.

D

Sehr geehrter Herr Direktor!

Wäre es möglich, unsere Tochter Andrea
die letzten zwei Tage vor Beginn der Weihnachtsferien zu beurlauben, weil wir
eine Brasilienreise geplant haben?

Hochachtungsvoll,
P. Scherenzel

E

2.4.

An den Klassenlehrer der 7B Schlierbach
Felix Schweiger ist vom 31.3. bis 5.4. wegen
Krankenhausaufenthaltes (gebrochenes Bein)
entschuldigt.

Prim. Dr. med. Meier
Krankenhaus Linz a.d.D.
4000 LINZ 20

F

12.6.

Sehr geehrte Frau Klatt!

Mein Sohn Jörg konnte heute
wegen eines Zahn-arztbesuches
nicht in die 2., 3. und 4.
Stunde kommen.

Mit freundlichen Grüßen

Luise Einfang

G

Liebe Frau Mayr!

11.6

Meine Tochter Anita leidet zur
Zeit an schwerem
Heuschnupfen. Bitte
entschuldigen Sie ihre
Versäumnisse vom 3.6., 6.6.
und 10.6.

Wahrscheinlich wird sie noch
bis Ende des Monats Probleme
haben, wovon ich Sie dann
in Kenntnis setzen werde.

Hochachtungsvoll,
B Huber

Fragen

1 Which pupil must stay in bed for another week?
  How long has he already been absent?
2 Which lessons of the day did Jörg miss?
  Where was he?
3 Who was absent for a week in October?
  What reason is given?
4 Which pupil does not have a note from his parents?
  Who sent his excuse note?
  Why was he off school?
5 Whose aunt was buried on October 8th?
6 When was the hay fever sufferer absent?
  What will probably happen to her between now and the end of the month?
7 Which lucky family will be spending Christmas in South America?
  When does the Christmas term normally end?
  When will their daughter finish school?
8 What is the German word for 'excuse note'?

2 Lückentext

Sieh dir **Entschuldigungszettel** *an.*
Trage die Antworten in dein Heft ein.

Zettel A: Warum konnte Walter nicht zur Schule gehen?

Wegen _____ _____ _____ .

Zettel B: Wo mußte Gertraud hingehen?

Zum _____ _____ _____ .

Zettel C: Warum fehlte Moritz letzte Woche?

Aufgrund _____ _____ _____ .

Zettel D: Wann will Peter Scherenzel seine Tochter aus der Schule nehmen?

Am _____ . _____ _____ _____ .

Zettel E: Warum ist Felix entschuldigt worden?

Wegen _____ .

Zettel F: Und Jörg?

Wegen _____ .

Zettel G: Woran leidet Anita zur Zeit?

An _____ _____ .

3 Krankheitspuzzle

Beispiel: Magen   schmerzen   =   Magenschmerzen

Lebensmittel   Heim   stiche   Kopf   weh

schmerzen   Sonnen   Wespen   brand   vergiftung

5 Ich kann nicht

You are on an exchange visit in Germany. While your host family are all out the 'phone rings. You answer and are invited to a party. Say you cannot go for one of the following reasons:

a You have a headache and a sore throat.
b You played football yesterday and twisted your ankle.
c You've got a chill.
d You've got flu.

4 Ich bin allergisch gegen . . .

Whilst on an exchange visit you are asked if you are allergic to any food and drink. Say you cannot eat or drink the following:

6 Ich habe Kopfschmerzen

You have suffered injuries or ailments to these parts of your body. Write down how you would say either:
it hurts,
   or
it's aching,
   or
I've sprained it,
   or
I've broken it.

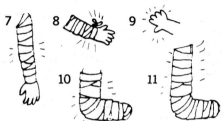

Beispiel: 1 Mein Kopf tut weh. (Ich habe Kopfschmerzen.)

7 Ein Brief an das Verkehrsamt

Write a letter (preferably in German) to the Verkehrsamt of a German-speaking ski resort asking for information and brochures about their resort. You could also collect brochures from your Travel Agent's on ski resorts in German-speaking countries and produce a collage for classroom display.

1 Wie heißt das auf Deutsch?

Look again at **Was paßt zusammen?**
(page 205).
*Identify who says the following
things and write down the German
for each one.*

a It's quite fun.
b What I'd like most is to go abroad.
c I'm really looking forward to it.
d To the sea.
e It's so boring.
f We're very keen on Winter sports.
g We like that.
h I don't want to any more either.

2 Gespräch an einem Campingplatz

*Schreibe dieses Gespräch auf einem
Campingplatz in der richtigen
Reihenfolge aus.*

— Zwei Nächte.
— Ist das Kind unter fünfzehn?
— Ja, wieviel Personen sind Sie?
— Nein, wir haben ein Zelt.
— Ja. Haben Sie noch Platz frei?
— Zwei Erwachsene und ein Kind.
— Ja.
— OK. Danke schön. Das macht dann also DM 36,-.
— Guten Tag. Kann ich Ihnen helfen?
— Haben Sie einen Wohnwagen?
— Und wie lange wollen Sie bleiben?

3 Ferienpostkarten

*Look at the three postcards on
page 217 (**Ferienpostkarten**) and
complete these sentences about
them in German.*

1 Chris verbringt seinen Urlaub . . .
2 Er . . . jeden Tag Ski.
3 Abends . . . in die Disko.
4 Es . . . die ganze Zeit in Hamburg.
5 Manfred . . . viel und . . . fern.
6 Frauke verbringt ihren Urlaub . . .
7 Dort ist das Wetter . . .
8 Sie . . . Volleyball und geht . . .

4 Alles Gute!

*Welcher Text paßt zu welchem
Bild?*

5 Mein letzter Urlaub

*Write a short account in German of
your own last holiday. Use* **Tip des
Tages** *(page 217) as a guide.*

6 *Nur für Superhirne!*

Jürgen: Was machst du in den Ferien? Fährst du weg?
Brigitte: Ja, in die Schweiz.
Jürgen: Toll.
Brigitte: Naja, wir fahren zu meinem Onkel. Sag mal, fährt die Ulla weg?
Jürgen: Ja, nach Frankreich. Petra auch.
Brigitte: Und Kirsten?
Jürgen: Weiß ich nicht. Nicht ins Ausland jedenfalls.
Brigitte: Ich wette, der Karl fährt schon wieder nach Italien, oder?
Jürgen: Der Karl? Nein. Sie fahren irgendwohin in die Sonne, in den Süden, aber Italien war es nicht. Ich weiß nicht mehr, wohin. Triffst du dich denn nicht mehr mit Karl?
Brigitte: Ach nein. Er war ganz nett, aber . . .
Jürgen: Den Werner, seinen Freund, siehst du also auch nicht mehr?
Brigitte: Nein, was macht denn Werner diesen Sommer?
Jürgen: Sie fahren immer an die See, glaub' ich. Die schwimmen alle gern, also . . .
Brigitte: Er ist ja sehr sportlich, nicht?
Jürgen: Naja, er schwimmt ganz gut. Weißt du? Er geht jetzt mit Anke !
Brigitte: Du spinnst wohl! Anke Neumann?
Jürgen: Ja, ehrlich.
Brigitte: Sag mal, wo fährt die komische Anke denn hin?
Jürgen: Keine Ahnung. Wir fahren zum ersten Mal ans Mittelmeer.
Brigitte: Du hast Glück! Ich würde auch viel lieber an die See fahren.
Jürgen: Wann fährst du weg?
Brigitte Erst im August.
Jürgen: Du bist also nächste Woche noch da . . .
Brigitte: Und der Georg? Was hat der vor? Fährt er auch an die See?
Jürgen: Nein, in die Berge, wie Petra. Übrigens, am Sonnabend gibt's eine Party bei Petra. Kirsten, Ulla, Karl — sie kommen alle. Hast du Lust mitzukommen?
Brigitte: Das ist lieb von dir. Aber nein danke. Also jetzt muß ich gehen. Tschüs! Und viel Spaß im Urlaub!

Also, Brigitte fährt in die Schweiz. Und die anderen? Wo fahren sie alle hin? Jürgen, Ulla, Petra, Karl, Werner, Kirsten, Anke und Georg? All ihre genauen Reiseziele sind markiert!

LOCH NESS
SYLT
MITTENWALD
BERN
GRAZ
LOURDES
NIZZA
TARRAGONA
NEAPEL

1 *Die Schule in Großbritannien*

Look at the article on page 6 of the magazine **Internationaler Treff**. *What do some Germans think about schools in the UK? Write your answers under the following headings:*

a *The school day*
b *The teachers*
c *Travel to school*

2 *Radio und Fernsehen*

Look at the article on page 8 of the magazine. What do some Germans say about viewing and listening habits in the UK? How true do you think these comments are?

3 *Deutsche Teenager auf Urlaub in Großbritannien*

Look at the article on page 9 of the magazine. Make a list of where the people spent their holiday. Say how long they were there, if possible.

1 Spelling and pronunciation

1a Capitals

All nouns begin with a capital letter (not only the words which start a sentence):

> Was ißt du zum Frühstück?
> Brötchen und Marmelade.

In letters **du** and its related forms are written with a capital letter:

> Was machst Du in den Ferien?
> Spielt Dein Bruder Tennis?
> Viele Grüße,
>   Dein Boris.
> Viele Küsse,
>   Deine Doris.

1b Small letters

Adjectives are always written with small letters even if they refer to nationalities.

> Ißt du gern **d**eutsches Brot?
> Das ist ein **e**nglisches Auto.

1c ss/ß

Use **ß** only when you are sure it is correct. If not, it is safer to write **ss**.

Use **ß** before the letter **-t**
after a long vowel
at the end of a word

ißt
Grüße
Kuß

> Viele süße Grüße und Küsse!

1d -b, -d, -g, -s

At the end of a word, these are always a 'soft' sound.

-b	-p	halb
-d	-t	und
-g sounds like	-ch	zwanzig
-g	-k	Zug
-s	-ss	Bus

1e v, w

The pronunciation of **w** is always like English v.

> was, Antwort

The pronunciation of **v** is usually like English f.

> viel, Vater, vier

But: **Vase** is pronounced as an English v.

2 Number and quantity

2a Cardinal numbers

1	eins	21	einundzwanzig
2	zwei/zwo	22	zweiundzwanzig
3	drei	29	neunundzwanzig
4	vier	30	dreißig
5	fünf	40	vierzig
6	sechs	50	fünfzig
7	sieben	60	sechzig
8	acht	70	siebzig
9	neun	80	achtzig
10	zehn	90	neunzig
11	elf	100	hundert
12	zwölf	101	hunderteins
13	dreizehn	102	hundertzwei
14	vierzehn	199	hundertneunundneunzig
15	fünfzehn	200	zweihundert
16	sechzehn	999	neunhundertneunundneunzig
17	siebzehn	1 000	tausend
18	achtzehn	1 000 000	eine Million
19	neunzehn	2 000 000	zwei Millionen
20	zwanzig		

2b Ordinal numbers

These words are to say first, second etc. For most numbers up to **19th** you just add **-te** (or **-ten**). Exceptions:

1st	erste(n)
3rd	dritte(n)
7th	siebte(n)
8th	achte(n)

From **20th** onwards you add **-ste** (or **-sten**).

> die erste Stunde; am zwanzigsten März.   (See also **8a, 8b**.)

2c Once, twice etc.

> einmal, zweimal ...

These words are used to express **how often** things happen.

> **Einmal** in der Woche spiele ich Tennis.

I play tennis **once** a week

> **Zweimal** im Monat fahre ich nach Hamburg.

I travel to Hamburg **twice** a month

Note the use of **einmal**, **zweimal** etc. for portions when placing orders:

> Einmal Bratwurst, bitte.
> Zweimal Pommes frites mit Mayonnaise.

2d Weights and measures

Weight, e.g. for provisions:

hundert		
zweihundert	Gramm Käse	x hundred grams of cheese
dreihundert		
fünfhundert		

ein Pfund Tomaten	a metric pound of tomatoes
ein Kilo Kartoffeln	a kilo of potatoes

Liquid measures:

ein Liter Milch	a litre of milk
ein halber Liter Wein	half a litre of wine

Packets, containers etc.:

eine Packung Kekse	a packet of biscuits
eine Dose Suppe	a tin of soup
eine Schachtel Pralinen	a small box of chocolates
eine Tafel Schokolade	a bar of chocolate
eine Tube Zahnpasta	a tube of toothpaste
eine Tüte Gummibärchen	a bag of jelly babies
eine Kiste Bier	a crate of beer
eine Flasche Wein	a bottle of wine
ein Glas Honig	a jar of honey
ein Stück Seife	a bar, piece of soap
ein Riegel Mars	a Mars bar
ein Becher Margarine	a tub of margarine

3 Addressing people

3a Greetings

The following greetings are normally used amongst friends:

> Hallo/Grüß dich (Grüßt euch for more than one)/Wie geht's?

More formal greetings are:

7.00	Guten Morgen or Morgen
	Guten Tag
18.00	Guten Abend

At mealtimes: Guten Appetit!

3b Farewells

Tschüs	(to friends)
Ade	(esp. in S. Germany)
(Auf) Wiedersehen	(more formal)
(Auf) Wiederhören	(on the telephone)
Gute Nacht, schlaf gut!	(when going to bed)

3c Ways of saying you'll see someone again

bis	eins		one (o'clock)
	halb zwei		at one thirty
	neun Uhr		nine (o'clock)

(I'll) see you	morgen		tomorrow
	Samstagabend		on Saturday evening
	Freitagvormittag		on Friday morning

bis	nächste	Woche	next week
	nächsten	Monat, Samstag	next month / next Saturday
	nächstes	Jahr, Mal	next year, time
	heute abend		this evening
	bald		soon

3d Letters

Begin	Liebe Gaby!
	Lieber Peter!

End	herzliche Grüße
	herzliche Grüße und Küsse
	Schreibe bald wieder
	Dein David.
	Deine Janet.

4 Questions

4a Ordinary questions can be asked in the same way as in English by beginning with the verb, e.g. Have you ...? Do you ...? Can you ...?

Hast du Geschwister?
Hat sie ein Haustier?
Ist es richtig?
... und zu trinken? Tee?
Ist das weit von hier?
Kann man hier einen Pullover kaufen?
Kannst du kommen?

4b Most other questions begin with a 'question word':

Wie? (usually, how?)

Wie alt bist du?
Wie geht's?
Wie lange seht ihr fern?
Wie spät ist es?

Wer? (who?)

Wer ist dein Deutschlehrer?
Wer ist sie?
Wer kommt denn alles?

Was? (what?)

Was trinkst du gern?
Was ißt du zum Frühstück?
Was hältst du von Hanno?
Was für ein Auto fährt sie?

Wann? (when?)

Wann hast du Geburtstag?
Wann kommst du?

Wo? (where?)

Wo wohnst du?
Wo schläft Werner?
Wo ißt du dein Frühstück?

Wohin? (where ... to?)

Wohin fährst du in den Ferien?

Wieviel? (how many? how much?)

Wieviel Geschwister hast du?
Wieviel Katzen hast du?
Wieviel Uhr ist es?
Wieviel Taschengeld bekommst du?

Um wieviel Uhr? (at what time?)

Um wieviel Uhr ißt du dein Mittagessen?

Welche(r/s)? (which ...?)

Welche Stadt ist das?
Welches Mädchen hat einen Pullover an?
Welches Bild ist das?
Von welchem Gleis fährt der Zug nach Hannover?

5 Days of the week

5a What day is it?

Was für ein Tag ist heute?
Was ist heute für ein Tag?

Heute ist	Montag.
	Dienstag.
	Mittwoch.
	Donnerstag.
	Freitag.
	Samstag.
	Sonntag.

5b The day and part of the day

Montag	-vormittag	morning
Dienstag	-nachmittag	afternoon
Mittwoch	-abend	evening

Montagnachmittag
Samstagabend

5c On, plus the day of the week and part of the day

am	Montag	-vormittag
	Dienstag	-nachmittag
	Mittwoch	-abend

am Samstagabend

5d Regularly on the same day

montags	on Mondays
dienstags	on Tuesdays
freitags	on Fridays

Notice that they begin with a small letter.

6 Months of the year

6a die Monate:

Januar	Juli
Februar	August
März	September
April	Oktober
Mai	November
Juni	Dezember

6b In + month

im	Januar
	Juni
	September
	Dezember

7 The seasons

7a die Jahreszeiten:

der Sommer
der Herbst
der Winter
der Frühling
(das Frühjahr)

7b It's ...

Es ist	Sommer.
Jetzt ist	Herbst.
	Winter.
	Frühling.

7c I like ...

Ich mag	den	Sommer	am liebsten.
		Herbst	(best)
		Winter	
		Frühling	

7d In ...

im	Sommer
	Herbst
	Winter
	Frühling

257

8 The date

8a What's the date today?

Den wievielten haben wir heute?

It's ...

Wir haben den	ersten zweiten dritten vierten zehnten zwanzigsten einundzwanzigsten dreißigsten einunddreißigsten	Januar Februar April Mai Juli August Oktober November Dezember

(See also 2b.)

8b On ...

am	ersten dritten vierten zehnten neunzehnten zwanzigsten	Januar Februar April Juni August November

8c Dates on letters

den	1sten 2ten 3ten 4ten 18ten	20sten 27sten 28sten 30sten 31sten	Januar Februar April Oktober Dezember

Berlin, (or)	den 20sten Oktober den 20. Oktober

8d The year

im Jahre	tausend	sechzig
	siebzehnhundert achtzehnhundert neunzehnhundert	einundzwanzig vierundachtzig fünfzig

Im Jahre 1989 (neunzehnhundertneunundachtzig)

9 Time

What time is it?

Wieviel Uhr ist es? Wie spät ist es?

9a On the hour

It's At	Es ist Um	eins. zwei. drei. vier. fünf. usw.		Es ist Um	**ein** zwei drei vier fünf sechs	Uhr.

9b Quarter to/past the hour

It's At	Es ist Um	Viertel	vor nach	eins. zwei. drei. usw.	to past

9c Half past the hour

It's At	Es ist Um	halb	eins. zwei. drei.

Note | Um halb **drei** | = at 2.30

9d Minutes to/past the hour (5, 10, 20, 25)

It's At	Es ist Um	fünf zehn zwanzig fünfund- zwanzig	vor nach	eins. zwei. drei.	to past

Other minutes (7, 9, 14, 19 etc.)

It's At	Es ist Um	sieben neun vierzehn neunzehn	Minuten	vor nach	eins. zwei. drei.	to past

9e Midday/midnight

It's At	Es ist Um	zwölf Uhr. Mittag. Mitternacht.	midday midnight

Note also the following way of saying
you are doing something 'at midday/midnight'.

Zu	Mittag. Mitternacht.

9f Exact time

It's At	Es ist Um	punkt	eins. vier. acht.

Ich komme um punkt vier.

9g Approximate time

At about	Gegen	acht. zehn.

9h Morning (a.m.) and evening (p.m.)

At	Um	fünf sechs	Uhr	morgens. abends.

10 Du, ihr, Sie

All three are translated by 'you'. They are used as follows:

10a du
Speaking to a young person

— Wie heißt du? — Hans. — Wie alt bist du? — Acht.

Between friends old or young, people you usually call by their first name

— Kommst du mit ins Kino? — Ja, gern.

In the family

— Vati, kommst du mit in die Stadt? — Nein, ich bleibe zu Hause. — Kannst du mir mal helfen, Mutti? — Ja, Moment.

10b ihr
Speaking to young people

Klaus:	Was macht ihr heute?
Kurt und Erich:	Wir gehen schwimmen.

Speaking to friends or relatives

Ute: Eltern:	Mutti und Vati, geht ihr heute abend ins Kino? Dein Freund kommt wohl?
Heino: Großeltern:	Oma, Opa, kommt ihr zu meinem Geburtstag? Natürlich.
Lehrer: Klasse:	Was macht ihr da? Nichts.

10c Sie
Talking to one or more adults (other than close friends or relatives)

Wo wohnen Sie? Wie heißen Sie?

11a

*In the vocabulary list verbs are listed in the **infinitive**: -en*

*The infinitive ending is **-en**.*

This is the part of the word which means 'to' in 'to eat', 'to do', etc.

wohnen	to live
heißen	to be called
essen	to eat

(see also 11civ, 11d, and 19b.)

11b Present Tense

11bi *Talking about yourself: ich -e*

*The ending that goes with **ich** is -e.*

> **Ich** heiße Kurt Meier.
> **Ich** wohne in München.

*(For **ich bin, ich muß, ich will** etc. see 11c)*

11bii *Talking to other people*

To one friend or young person: du -st

*The ending that goes with **du** is -st.*

> Wo wohn**st du**?
> Was mein**st du**?

Verbs with an s-sound before endings, just add a -t

> Wie heiß**t du**?
> Was lies**t du**?

To more than one friend or to young people: ihr -t

*The ending that goes with **ihr** is -t.*

> Wo wohn**t ihr**?
> Was eß**t ihr**?

To one or more adults: Sie -en

*(**Sie** with a capital S!)*
*The ending that goes with **Sie** is -en.*

> Wo wohn**en Sie**?
> Wie heiß**en Sie**?

11biii *Talking about somebody or something: er/sie/es/man -t*

*The ending that goes with **er/sie/es/man** or with a name is -t.*

| **Mein Onkel** wohnt in Wien. **Er** heißt Kurt. |
| **Frau Meier** wohnt in Österreich. **Sie** heißt Erika. |
| **Mein Meerschweinchen** heißt Amanda. **Es** trinkt Milch. |
| **Das Haus** steht am Marktplatz. |
| In England spricht **man** Englisch. |

11biv *Talking about yourself and others: wir -en*

*The ending that goes with **wir** is -en.*

| **Wir** wohnen in Köln. |
| **Wir** essen Brot mit Wurst. |
| **Meine Schwester und ich** trinken Kaffee. **wir** |

11bv *Talking about others or things: sie -en*

*The ending that goes with **sie** is -en.*

| **Die Häuser** stehen am Stadtrand. **sie** |
| **Die Meiers** wohnen in Österreich. |
| **Die Jungen** heißen Peter und Michael. |
| **Sie** trinken Milch. |

11bvi *With du and er/sie/es a few verbs also change in another way.*
The main vowel in the infinitive changes, but only in these two parts.

essen	du ißt	
	er ißt	
sprechen	du sprichst	e → i
	man spricht	
lesen	du liest	
	sie liest	
sehen	du siehst	e → ie
	er sieht	
schlafen	du schläfst	
	er schläft	
tragen	du trägst	a → ä
	er trägt	

11bvii *Regular verb endings at a glance*

ich	-e	Ich wohne in Hamburg.	I live/am living in Hamburg.
du	-st	Wohnst du in Berlin?	Do you live in Berlin?
er sie es man	-t	Sie wohnt hier.	She lives here.
wir	-en	Wir wohnen in Leeds.	We live/are living in Leeds.
ihr	-t	Wohnt ihr in der DDR?	Do you live in the GDR?
Sie	-en	Wohnen Sie in Deutschland?	Do you live in Germany?
sie	-en	Sie wohnen in der Stadtmitte.	They live in the town centre.

Note: | Sie | = *you* |
| sie | = *they* |

11c Some special verbs

11ci haben *(to have)*

Just two forms are not regular.

> **Tante Liesel hat** ein Reihenhaus.
> **Hast** du ein Haustier?

| er/sie/es **hat** |
| du **hast** |

11cii sein *(to be)*

Here there is a little more to remember.

> **Ich bin** 13 Jahre alt.
> Wer **bist du**?
>
> **Er ist** 15 Jahre alt.
>
> **Maria und ich sind** Geschwister.
> **Seid ihr** alle da?
> Wer **sind Sie**?
> **Veronica und Kirsten sind** in der Schule.

| ich **bin** |
| du **bist** |
| er |
| sie **ist** |
| es |
| man |
| wir **sind** |
| ihr **seid** |
| Sie **sind** |
| sie **sind** |

11ciii wissen (to know)

Three parts of this verb are irregular.

Ich weiß nicht. **Weißt du** das? **Sie weiß** nicht.	ich **weiß** du **weißt** er/sie/es **weiß**

11civ Modal verbs

This is the name given to the following group of verbs:

	können (can)	**müssen** (must, have to)	**wollen** (want to)	**sollen** (should)	**dürfen** (allowed to)
ich	kann	muß	will	soll	darf
du	kannst	mußt	willst	sollst	darfst
er/sie/ es/man	kann	muß	will	soll	darf
wir	können	müssen	wollen	sollen	dürfen
ihr	könnt	müßt	wollt	sollt	dürft
Sie	können	müssen	wollen	sollen	dürfen
sie	können	müssen	wollen	sollen	dürfen

These verbs usually lead to **another verb**, at the end of the clause, which is in the infinitive:

Willst du **mitkommen?** Ich **muß** zu Hause **bleiben.**	Do you **want to come along**? I **have to stay** at home

Note that there is no need to write **zu** before the verbs which follow modal verbs, unlike in the following section.

11d Zu + an infinitive

The infinitive of a verb means 'to ...', but sometimes an extra **zu** appears before it:

Was gibt es in der Stadt **zu sehen?**

What is there **to see** in the town?

Noch etwas **zu trinken?**	Hast du Lust, Tennis **zu spielen?**

Anything else **to drink?**	Would you like **to play** tennis?

(See also **19d**.)

11e Commands

There are three main ways of giving commands in German:

Talking to a friend, or the teacher talking to one pupil	Talking to 2 or more friends, or the teacher talking to 2 or more pupils	Talking to adults, teachers, officials shopkeepers	English
Komm 'rein!	Kommt 'rein!	Kommen Sie herein!	Come in.
Setz dich!	Setzt euch!	Setzen Sie sich!	Sit down.
Schlag(e) das Buch auf!	Schlagt das Buch auf!	Schlagen Sie das Buch auf!	Open the book.
Hör(e) gut zu!	Hört gut zu!	Hören Sie gut zu!	Listen carefully.
Mach(e) weiter!	Macht weiter!	Machen Sie weiter!	Continue working now.
Schreib(e) es auf!	Schreibt es auf!	Schreiben Sie es auf!	Write it down.
Trag(e) die Tabelle ein!	Tragt die Tabelle ein!	Tragen Sie die Tabelle ein!	Copy the chart.
Lies die Namen bitte!	Lest die Namen bitte!	Lesen Sie die Namen bitte!	Read the names.
Schau auf die Karte!	Schaut auf die Karte!	Schauen Sie auf die Karte!	Look at the map.
Füll(e) die Lücken aus!	Füllt die Lücken aus!	Füllen Sie die Lücken aus!	Fill in the gaps.

This (e) is not usually heard when speaking.

11f The Perfect Tense

This is the most common tense used in German to express events which have happened in the past. It is formed in the following ways:

Start the sentence	**Fill in the middle**	**End the sentence**
Present Tense of **haben**		Past participle Regular verbs: **ge ... t** Irregular verbs: **ge ... en**
Ich **habe**	Fußball	**ge**spielt.
Hast du	dein Englisch	**ge**macht?
Er **hat**	das nicht	**ge**sagt.
Sie **hat**	eine Platte	**ge**kauft.
Wir **haben**	zusammen	**ge**tanzt.
Er **hat**	im Bus	**ge**schlafen.
Wir **haben**	einen guten Film	**ge**sehen.
Sie **haben**	sich das Bein	**ge**brochen.
Hast du	den Kaffee	**ge**trunken?
Sie **haben**	Bernd und Gaby	**ge**troffen.
Er **hat**	hundert Mark	**ge**wonnen.
Ich **habe**	Kuchen mit Sahne	**ge**gessen.
Hast du	eine Karte	**ge**schrieben?

Note the extra **g** in the word **gegessen**, to make it easier to say.

or

Present Tense of **sein**		Past participle: usually **ge...en**
Ich **bin**	nach Hause	**ge**fahren.
Bist du	mit dem Auto	**ge**kommen?
Sie **ist**	nach Spanien	**ge**flogen.
Wann **ist** sie	—	**ge**storben?
Wann **bist** du	—	**ge**boren?

Note the position of the **ge-** with the following separable verbs:

Er **ist**	um neun Uhr	auf**ge**standen.
Der Bus **ist**	gegen vier Uhr	an**ge**kommen.
Ist der Zug	von Gleis vier	ab**ge**fahren?
Er **hat**	ein Geschenk	mit**ge**bracht.

Note also that a few verbs do not start the past participle with **ge-**:

Er hat sich am Arm **verletzt.**	He hurt his arm.
Wie ist das **passiert?**	How did that happen?
Ich habe ein Doppelzimmer **reserviert.**	I reserved a double room

11g The Future Tense

The simplest way of talking about the future in German is to use the Present Tense of the verb + a word or phrase to indicate the future.

Time marker	**Present Tense**
Morgen	**fahre ich** nach Frankfurt.
Nächste Woche	**gehe ich** schwimmen.
Am Montag	**besuche ich** meine Großeltern.
Dieses Jahr	**fahren wir** zu einem Campingplatz.

12 Negatives

12a kein *(no, not a)* **is used before a noun**. *It changes its endings like ein. (See 14.)*

Ich habe	**keinen** Hund.	*no dog*
Hast du	**keine** Katze?	*no cat?*
Sie hat	**kein** Haustier.	*no pet*
Sie haben	**keine** Geschwister.	*no brothers and sisters*

12b nicht *(not)* **is used in other situations**.

Ich spiele **nicht** gern Tennis.	*don't like playing*
Ich esse **nicht** gern Schokolade.	*don't like eating*
Er kommt **nicht** mit ins Kino.	*isn't coming*
Sie geht **nicht** in die Stadt.	*isn't going*

12c nichts *(nothing)*

Ich trinke **nichts** zum Frühstück.	*nothing for breakfast*

13 Nouns

Note that nouns are **always** *written with a capital letter.*

13a *Genders: The three groups of nouns*

M	F	N
der Hund	**die** Katze	**das** Pferd
(the dog)	*(the cat)*	*(the horse)*

English has one article (one word for 'the') for all nouns, but German nouns have either **der, die** *or* **das**. *These are called 'masculine' (**M**), 'feminine' (**F**) and 'neuter' (**N**).*

Note also the words for 'a':

M	F	N
ein Hund	**eine** Katze	**ein** Pferd
(a dog)	*(a cat)*	*(a horse)*

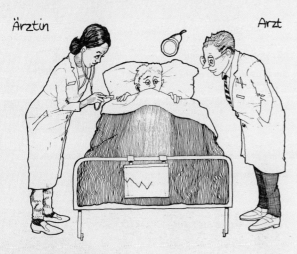

13b **Plural: Talking about more than one person, thing etc.**

Nouns change in various ways in the plural, but **der, die, das** *all become* **die**.

SINGULAR	der	die	das
PLURAL	**die**		

The plurals are usually shown in the vocabulary list in the following way:

der Hund(e)	**(e)** *means that the plural is* (die) Hund**e**
die Katze(n)	**(n)** *means that the plural is* (die) Katz**en**
das Haus(¨er)	**(¨er)** *means that the plural is* (die) Häus**er**
das Zimmer(-)	**(-)** *means that the plural stays the same:* (die) Zimmer

Although there are many exceptions, the following rule of thumb will prove helpful when you need to form the plural of nouns:

Many masculine plural nouns end in -e.

Hund	Hund**e**
Freund	Freund**e**
Arm	Arm**e**

Many neuter plural nouns end in -e or ¨er.

Bein	Bein**e**
Haus	Häus**er**

A large number of feminine plural nouns end in -n or -en.

Katze	Katze**n**
Straße	Straße**n**
Schwester	Schwester**n**
Wohnung	Wohnung**en**

13c *Some nouns have different masculine and feminine forms:*

M	F
Arzt	Ärztin
Freund	Freundin
Partner	Partnerin
Sänger	Sängerin
Schüler	Schülerin
Student	Studentin
Verkäufer	Verkäuferin

13d **Nationalities**

There are different masculine and feminine forms here, too:

M	F
Engländer	Engländerin
Österreicher	Österreicherin
Schweizer	Schweizerin
Italiener	Italienerin
Deutscher	Deutsche
Ire	Irin
Schotte	Schottin
Franzose	Französin

13e **Compound nouns**

*Sometimes two (or more) nouns join together to form a new noun, called a compound noun. The gender (**M, F** or **N**) is decided by the second (or last) noun.*

Stadt + **der** Plan	**der** Stadtplan
Haupt + **die** Post	**die** Hauptpost
Kranken + **das** Haus	**das** Krankenhaus
Jahr + **der** Markt	**der** Jahrmarkt
Fuß + Gänger + **die** Zone	**die** Fußgängerzone

Note how compound nouns, like all other nouns, have only one capital letter.

14a Articles ('the' and 'a') sometimes change their form.

> Ute: Was, die Katze frißt **den** Wellensittich?
> Hans: Nein, **der** Hund.

> Rolf: Was, die Katze frißt **den** Wellensittich?
> Christa: Nein, **den** Goldfisch.

As you can see from the illustrations, it can sometimes be very important to make the correct choice between **der** and **den**!

When the article changes its form like above, the nouns are said to be in different **cases**.

In the vocabulary list, nouns always appear in the **Nominative case.**

	M	F	N	PL
NOMINATIVE	ein / der Hund	eine / die Katze	ein / das Pferd	die Tiere
ACCUSATIVE	einen / den Hund	↓	↓	↓

As you can see, the **only difference** between the Nominative and Accusative is that **ein (M)** changes to **einen** and that **der** changes to **den.**

The **Nominative** case is usually the **subject** of the sentence.

The **Accusative** case is the **direct object** of the sentence.

NOMINATIVE	VERB	ACCUSATIVE	
Herr Kriegel	hat	einen Igel	**M**
Klaus	hat	eine Maus	**F**
der Gerd	hat	ein Pferd	**N**
Sabinchen	hat	zwölf Kaninchen	**PL**

It might be useful to learn the above rhyme off by heart to help you remember the Accusative case.

14b Es gibt

This phrase is followed by the Accusative case and means 'there is/there are...':

> **Es gibt** einen Marktplatz in der Stadtmitte.

There is a market place in the town centre.

> **Es gibt** dreißig Schüler in der Klasse 7b.

There are thirty pupils in class 7b.

14c Cases after prepositions

Prepositions are words like **in, an, auf.**

14ci The Accusative Case

This case is used after certain prepositions when there is **movement to or away from** the place mentioned.

> Ich gehe **in die** Stadt.

> Er kommt **ins** Klassenzimmer.

ins is usually used instead of **in das**

> Sie geht **in den** Garten.

> Er geht **auf den** Balkon

> Wir fahren **an die** See.

14cii The Dative Case

In this case articles change yet again!

	M	F	N	PL
DATIVE	einem / dem Stadtrand	einer / der Küche	einem / dem Auto	den Ferien (see 14d.)

This case is used after certain prepositions when there is **no movement to or away from** the place mentioned.

> Ich bin **in der** Stadt.

> Er sitzt **im** Auto.

im is usually used instead of **in dem**

im Norden

im Osten

im Westen

im Süden

in Nordostengland

in Südwestengland

> Er wohnt **am** Stadtrand.

am is usually used instead of **an dem**

ich wohne hier

Stadt

> Er ißt sein Frühstück **auf dem** Balkon.

14ciii Some prepositions are **always followed by the Accusative:**

durch, für, ohne, um.

Stadt

> Ich fahre **durch die** Stadt.

> Ein Geschenk **für mich!** Wie nett.

> **Ohne dieses** Buch kann ich meine Hausaufgaben nicht machen.

> Sie geht **um die** Ecke.

14Civ Some prepositions are **always followed by the Dative**:

aus, bei, mit, nach, von, zu.

Er kommt **aus der** Schweiz.

Das Auto ist **aus der** DDR.

Er ist **bei der** Armee.

Ich fahre **mit der** Bahn.

Nach dem Mittagessen spiele ich Tennis.

Sie wohnt nicht weit **von der** Stadtmitte.

Er fährt mit dem Rad **zur** Schule.

zur is usually used instead of **zu der**

Was ißt du **zum** Frühstück?

zum is usually used instead of **zu dem**

14Cv Contracted prepositions

Sometimes the preposition and article are combined.

am	← an dem
ans	← an das
im	← in dem
ins	← in das
zum	← zu dem
zur	← zu der
beim	← bei dem

14d All nouns in the Dative plural add an -n whenever possible.

(die Berge) — in den Berge**n**	in the mountains
(die Häuser) — in den Häuser**n**	in the houses

but

(die Hotels) — in den Hotels	in the hotels

14e Countries

Use **nach** when talking about going to most countries (+ towns and villages).

Ich fahre	nach	Italien, Spanien Polen, Frankreich Schottland, Nordirland Berlin, München, Wien	gefahren. geflogen.
Ich bin			

Use **in die** with these countries:

Ich fahre	in die	Schweiz Tschechoslowakei DDR	gefahren. geflogen.
Ich bin			

15	**Pronouns**

These are words which can replace nouns, e.g. 'he', 'they', 'it' in English.

15a Nominative Case pronouns

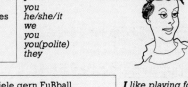

ich	I
du	you
er/sie/es	he/she/it
wir	we
ihr	you
Sie	you (polite)
sie	they

Ich spiele gern Fußball	**I** like playing football
Wie alt bist **du?**	How old are **you**?
Er (= der Hund) heißt Rowdy.	**He** (the dog) is called Rowdy.
Er (= der Wagen) ist rot.	**It*** (the car) is red.
Sie (= die Katze) heißt Mitzi.	**She** (the cat) is called Mitzi.
Es (= das Pferd) heißt Rex.	**He*** (the horse) is called Rex.
Wir gehen in die Stadt.	**We** are going to town.
Habt **ihr** Geld dabei?	Have **you** got some money with you?
Haben **Sie** reserviert?	Did **you** make a reservation?
Sie sind schwimmen gegangen.	**They** went swimming.

* **es** in German can sometimes be 'he' or 'she' in English, just as **er** and **sie** can mean 'it'.

15b Accusative Case pronouns

ich	**mich**	me
du	**dich**	you
er	**ihn**	him
sie	**sie**	her
es	**es**	it
wir	**uns**	us
ihr	**euch**	you
Sie	**Sie**	you
sie	**sie**	them

Ist das für **mich**? Oh, wie schön!	Is that for **me**? How nice!
Hier ist ein kleines Geschenk für **dich.**	Here is a small present for **you**.
Wo ich deinen Pullover gekauft habe?	Where I bought your pullover?
Ich habe **ihn** in Horten gekauft.	I bought **it** in Horten.
Wie gefällt dir meine Bluse?	What do you think of my blouse?
Ich finde **sie** sehr schick.	I think **it's** very smart.
Ich habe **es** (das Buch) nicht gelesen.	I have not read **it**. (the book)
Er hat **uns** in der Stadt gesehen.	He saw **us** in town.
Wir haben **euch** im Schwimmbad gesehen.	We saw **you** in the swimming pool.
Das ist für **Sie**, Frau Schmidt.	This is for **you**, Frau Schmidt.
Ich habe **sie** im Park getroffen.	I met **them** in the park.

15c Dative Case pronouns

ich	**mir**	me, to me
du	**dir**	you, to you
er	**ihm**	him, to him
sie	**ihr**	her, to her
es	**ihm**	it, to it
wir	**uns**	us, to us
ihr	**euch**	you, to you
Sie	**Ihnen**	you, to you
sie	**ihnen**	them, to them

Er wohnt bei **mir.**	He lives at **my house**.
Er hat **mir** DM20 gegeben.	He gave **me** 20 Marks.
Ist sie mit **dir** in die Stadt gegangen?	Did she go into town with **you**?
Wie geht's **ihr?**	How is **she**?
Es geht **ihm** gut.	**He** is fine.
Uns ist zu warm.	**We** are too warm.
Er hat **uns** ein Eis gekauft.	He bought **us** an ice cream.
Was hat er **euch** gesagt?	What did he say **to you**?
Kann ich **Ihnen** helfen?	Can I help **you**?
Ich bin mit **ihnen** ins Kino gegangen.	I went to the cinema with **them**.

15d Pronouns with verbs followed by the Dative

gefallen

Das gefällt **mir** gut.	I like that.
Wie gefällt **dir** mein Pullover?	What do you think of my pullover?

schmecken

Wie schmeckt **dir** der Kuchen?	Do you like the cake?

fehlen

Was fehlt **dir**?	What's the matter with you?

gehen (meaning how someone is)

Es geht **mir** gut, danke.	I'm fine, thank you.

sein (in some instances)

Mir ist kalt.	I'm cold.
Ist **dir** zu warm?	Are you too warm?

Note also:

Ich kaufe **mir** einen Rock.	I'm buying myself a skirt.
Ich habe **mir** den Arm gebrochen.	I've broken my arm.
Ich habe **mir** das Fußgelenk verstaucht.	I've sprained my ankle.

15e Reflexive verbs

Ich wasche **mich** im Badezimmer.	I'm having a wash in the bathroom.
Sonnst **du dich** gern?	Do you like sunbathing?
Er duscht **sich** nicht sehr oft.	He does not shower very often.

16 Adjectives

16a Adjectives have no endings in sentences like this:

Jürgen ist **toll**.	Thomas ist **dick**.
Annette ist **nett**.	Das ist **billig**.
Frau Meyer ist **schlank**.	Die Sticker sind **teuer**.

16b When an adjective appears in this position:

Someone or something	Verb	einen eine ein	Adjective	Noun

it has the following pattern of endings:

M	F	N	PL
einen blau**en** Rock	eine blau**e** Bluse	ein blau**es** Hemd	blau**e** Schuhe

These are all in the **Accusative** case.

Er	hat	einen	weißen	Pullover	an.	**(M)**
Sie	hat	eine	rote	Bluse	an.	**(F)**
Sven	hat	ein	neues	Hemd	an.	**(N)**
Monika	hat		schwarze	Haare.		**(PL)**

16c Dative Case: adjectival endings

If an adjective is used with a noun in the Dative case, the adjective ends in **-en**.

mit	einem einer einem	neu**en**	Computer Gitarre Haus

16d Nominative Case: adjectival endings

The Nominative adjectival endings appear less frequently but follow a simple pattern. Basically, the adjectival ending gives the gender of the noun.

ein	neu**er** Anorak		**er**/**der** Anorak
eine	neu**e** Gitarre	kostet viel	**sie**/**die** Gitarre
ein	neu**es** Haus		**es**/**das** Haus

17 Mein, dein, sein and kein

17a Mein, dein, sein and kein follow the same pattern as ein, eine, ein in the singular.

	M	F	N	PL
NOMINATIVE	mein Vater	meine Mutter	mein Heft	meine Hefte
ACCUSATIVE	meinen Vater	↓	↓	↓
DATIVE	meinem Vater	meiner Mutter	meinem Heft	meinen Heften

Dies ist mein Vater.	Ist das deine Mutter?
Er hat keinen Hund.	Hast du keine Katze?
Du hast mein Heft!	Sie hat seinen Bleistift.
Das ist in meinem Heft.	Er ist mit meiner Mutter.

17b ihr and unser

The same pattern applies to **ihr** (her) and **unser** (our).

	M	F	N	PL
NOMINATIVE	ihr unser Vater	ihre unsere Mutter	ihr unser Heft	ihre unsere Hefte
ACCUSATIVE	ihren unseren Vater	↓	↓	↓
DATIVE	ihrem unserem Vater	ihrer unserer Mutter	ihrem unserem Heft	ihren unseren Heften

Ist das ihre Mutter?	Das ist unser Haus.
Er hat ihren Bleistift.	Das ist unsere Schule.
Sie ist mit ihrer Mutter.	Wir gehen zu unserem Onkel.
Sie spielt mit ihrem Hund.	Wir fahren mit unseren Eltern.

18 Comparison of adjectives

Most adjectives form the comparative (changing from 'cheap' to 'cheaper' etc.) by adding **-er**:

- Diese Schuhe sind billig.
- Ja, aber diese Schuhe hier sind noch billig**er**.

- Yes, but these shoes here are even cheap**er**.

- Der Wagen dort fährt schnell.
- Ja, aber ich glaube, mein Wagen fährt schnell**er**.

- Yes, but I think my car goes fast**er**.

Note also these irregular comparatives:

Er ist zwei Jahre **älter als ich**.	He is two years **older than me**.
Mein Bruder ist **jünger als** Dirk.	My brother is **younger than** I
Er spielt **besser** Squash **als** seine Schwester.	

He plays squash **better than** his sister.

Sie ist **größer als ich**.	She is **taller than I am**.

19 Word order

19a Main clauses
Most of the sentences in this book are called **main clauses**.

Except when asking questions **Hast du ... ? Kommst du ... ?**, (see 4), the verb is always the second piece of information:

1	2 (VERB)	3
Ich	heiße	Peter.
Mein Name	ist	Krull.
Wie	heißt	du?
Um wieviel Uhr	ißt	du dein Mittagessen?
Dann	gehe	ich zur Schule.
Einige Minuten später	kommt	Herr Bromma ins Klassenzimmer.

19b Sentences with more than one verb

When there are two verbs in a sentence, the second verb is usually either in the **infinitive** or is a **past participle**. (See 11a and 11f.)

The infinitive or past participle are **at the end of the sentence**.

FIRST VERB		INFINITIVE
Ich gehe	gern	schwimmen.
Wo kann	ich Postkarten	kaufen?
Du kannst	zu uns	kommen.
Was willst	du	sehen?

FIRST VERB		PAST PARTICIPLE
Ich habe	Fußball	gespielt.
Ich bin	zur Schule	gegangen.
Wir sind	in die Stadt	gefahren.

19c Subordinate clauses

The following are examples of **main** and **subordinate clauses**. The important thing to remember is that a main clause does not need anything adding to it, but a subordinate clause relies on another part of a sentence.

MAIN CLAUSES	SUBORDINATE CLAUSES
Es regnet.	**Wenn** es regnet,...
It's raining.	*If it rains,...*
Bettina kommt zur Party.	**Wenn** Bettina zur Party kommt,...
Bettina is coming to the party.	*If Bettina comes to the party...*

In a **subordinate** clause the **verb** is always the **last word** in the clause:

Kommst du heute abend zur Party?	Ja, wenn Andrea und Paul auch dorthin **gehen.**

19d Separable verbs

Some verbs are made up of two parts. These sometimes separate and one part goes to the end of the sentence:

	PART 1	PART 2
aufstehen *(to get up)*	Ich stehe	um 7 Uhr **auf.**

Here are other examples:

INFINITIVE		PART 1		PART 2
anhaben *(to wear, have on)*	Sie	hat	eine weiße Bluse	an.
aufstehen *(to get up)*	Um 7 Uhr	stehe	ich	auf.
aussehen *(to look)*	Sie	sehen	toll	aus.
dabeihaben *(to have on you)*	Ich	habe	20 Mark	dabei.
fernsehen *(to watch TV)*	Er	sieht	3 Stunden pro Tag	fern.
mitkommen *(to come with)*		Kommst	du	mit?
vorhaben *(to intend to do)*	Was	hast	du heute abend	vor?

Parts 1 and 2 join together when the verb is in the infinitive:

	VERB		INFINITIVE
Du	mußt	um 6 Uhr	aufstehen.
Du	kannst	heute abend	fernsehen.

Notice what happens if you use **zu** with the infinitive of a separable verb:

Hast du Lust mit**zu**kommen? Ich habe keine Lust auf**zu**stehen.

19e When? How? Where? in the same sentence.

Remember:

1 When
2 How
3 Where

If a time and a place are mentioned, the **time** comes **before** the **place**.

WHEN		WHERE
Nächste Woche	fahre ich	**nach München.**

or

	WHEN	WHERE
Ich fahre	**nächste Woche**	**nach München.**

WHEN		WHERE
Um zwei Uhr	gehe ich	**nach Hause.**

	WHEN	WHERE
Ich gehe	**um zwei Uhr**	**nach Hause.**

If you say **how** you are going somewhere, this must come **before** the **place**.

	HOW	WHERE
Ich fahre	**mit dem Bus**	**zum Schwimmbad.**

If you say **when**, **how** and **where** you are going, they must go in that order.

	WHEN	HOW	WHERE
Ich fahre	**nächste Woche**	**mit dem Zug**	**nach Köln.**

20 Liking and Preferring

20a Talking about what you like doing

Gern can be used with most verbs to show that you **like** doing something:

Ich trinke Kaffee. Ich trinke **gern** Kaffee.	*I drink coffee.* *I **like** drinking coffee.*
Ich gehe schwimmen. Ich gehe **gern** schwimmen.	*I go swimming.* *I **like** going swimming.*

Notice how you say that you like **something** (a noun):

Ich **habe** Katzen **gern.** Ich **habe** Tee **gern.**	*I **like** cats.* *I **like** tea.*

20b Talking about what you prefer doing

Lieber can be used in a similar way with most verbs to express preference:

Was trinkst du **lieber** — Kaffee oder Tee? Ich trinke **lieber** Tee.	*What do you **prefer** to drink ... ?* *I **prefer** (drinking) tea.*

20c Talking about what you like doing most of all

Start the sentence with **am liebsten**, and remember that the next thing must be a verb.

Am liebsten spiele ich Fußball. **Am liebsten** gehe ich schwimmen.	*I like playing football **most of all**.* *I like going swimming **most of all**.*

Note also the use of **Lieblings-** with a noun:

Fußball ist mein **Lieblingssport.** Mein **Lieblingsfach** ist Deutsch.	*Football is my **favourite** sport.* *My **favourite** lesson is German.*

*Some of the vocabulary listed here is for recognition only. The **Tip des Tages** contains most of the vocabulary you will be expected to use yourself.*

*means you repeat the main word.   ( ) *after a noun shows the plural.*   **bold** *indicates a separable verb.*

A

ab + Dat *from*
* 50 Mark *from 50 marks*
abbiegen *to turn off (road)*
der Abend(e) *evening*
das Abendessen(·) *evening meal*
das Abenteuer(·) *adventure*
aber *but*
der Abfall(̈e) *rubbish, litter*
die Abfahrt(en) *departure*
der Abflug(̈e) *departure (plane)*
abholen *to collect, pick up*
die Abkürzung(en) *abbreviation*
der Absender(·) *sender (letter)*
die Abteilung(en) *department*
abwaschen *to wash up*
acht *eight*
die Achterbahn(en) *big dipper*
die Achtung *attention*
*! beware! look out!
achtzehn *eighteen*
Ade! *Goodbye*
die Adresse(n) *address*
ähnlich wie *similar to*
die Ahnung(en) *notion*
keine * *no idea, haven't got a clue!*
aktiv *active*
aktuell *current*
der Alkohol *alcohol*
allein *alone*
die Allergie(n) *allergy*
allergisch gegen *allergic to*
alles *everything*
* Gute *all the best*
* klar *fine, I've got it!*
allgemein *general*
die Alpen *the Alps*
das Alphabet *alphabet*
als *than, as, when (in the past)*
also *well,*
alt *old*
Wie * bist du? *How old are you?*
der Altbau *old building*
das Alter(·) *age*
altmodisch *old-fashioned*
Amerika *America*
Amerikaner(·) *American person (m)*
Amerikanerin(nen) *American person (f)*
amerikanisch *American*
die Ampel(n) *traffic lights*
an + Acc/Dat *to, on, at*
das Andenken(·) *souvenir*
andere(r/s) *other*
anders (als) *different (from)*
anderthalb *one and a half*
anfangen *to begin, start*
die Angabe(n) *detail, instruction*
das Angebot(e) *offer*
angelegt *laid out*
angeln *to fish*
der Angestellte(n) *employee (m)*
die Angestellte(n) *employee (f)*
die Angst(̈e) *fear*
ich habe * davor *I'm frightened of it*
angucken *to look at*
ankommen *to arrive*
die Ankunft(̈e) *arrival*
die Anlage(n) *grounds*
der Anorak(s) *anorak*
anrufen *to ring up*

anschließend *following, afterwards*
anschreien *to shout*
die Anschrift(en) *address*
sich ansehen *to look at*
seht euch Seite 30 an! *look at page 30!*
anstoßen *to clink glasses*
der Antrag(̈e) *application*
die Antwort(en) *answer*
antworten *to answer*
sich **an**ziehen *to get dressed*
der Anzug(̈e) *suit*
der Apfel(̈) *apple*
der Apfelsaft *apple juice*
die Apfelsine(n) *orange*
die Apotheke(n) *chemist's, pharmacy*
der Apparat(e) *appliance, phone*
am * *on the phone*
der Appetit *appetite*
guten *! *enjoy your meal!*
die Aprikose(n) *apricot*
April *April*
die Arbeit(en) *work*
arbeiten *to work*
der Arbeitsbogen(̈) *worksheet*
arm *poor*
der Arm(e) *arm*
die Armee(n) *army*
die Art(en) *sort, kind*
die Aschenbahn(en) *cinder track*
asthmatisch *asthmatic*
atmen *to breathe*
auch *also*
auf + Acc/Dat *onto, on*
* Wiedersehen *goodbye*
* Wiederhören *goodbye (on phone)*
der Aufenthalt(e) *stay*
die Aufgabe(n) *exercise*
aufmachen *to open*
die Aufnahmegebühr(en) *admission/enrolment fee*
aufnehmen *to receive, admit*
aufregend *exciting*
aufpassen *to pay attention*
aufschauen + Acc *to look at*
aufschlagen *to open*
schlagt das Buch auf! *open your books!*
aufschreiben *to write down*
aufstehen *to get up*
aufwachen *to wake up*
das Auge(n) *eye*
August *August*
aus + Dat *out of, from*
die Ausbildung *education*
ausbrechen *to break out*
die Ausfahrt(en) *motorway exit*
ausfallen *to drop out, not take place*
die Stunde fällt aus *the lesson isn't taking place*
ausfinden *to find out*
der Ausflug(̈e) *excursion*
ausfüllen *to fill in, complete*
der Ausgang(̈e) *exit, way out*
ausgeben (für) *to spend money (on)*
ausgeflippt *outrageous, freaky*
ausgehen *to go out*
ausgezeichnet *excellent*
die Auskunft(̈e) *information*
das Ausland *abroad*
auslegen *to place on*

ausrechnen *to work out*
ausreisen *to emigrate*
der Ausschnitt(e) *extract, cutting*
aussehen *to look like*
Wie sieht er aus? *What does he look like?*
der Aussichtsturm(̈e) *observation/lookout tower*
aussteigen *to get off*
die Ausstellung(en) *exhibition*
aussuchen *to choose*
der Austausch(e) *exchange*
austragen *to deliver*
ausverkauft *sold out*
auswärts essen *to eat out*
der Ausweis(e) *identity card, pass*
der Auszug(̈e) *extract*
außer + Dat *apart from, except*
außerdem *moreover*
das Auto(s) *car*
die Autobahn(en) *motorway*
der Automat(en) *dispenser (tickets, drinks etc.)*
der Autoscooter(·) *dodgem*

B

das Baby(s) *baby*
das Babysitten *babysitting*
die Bäckerei(en) *baker's*
das Bad(̈er) *bath*
das Badezimmer(·) *bathroom*
das Badminton *badminton*
der Badmintonschläger(·) *badminton racquet*
der Bahnhof(̈e) *station*
bald *soon*
der Balkon(e) *balcony*
der Ball(̈e) *ball; dance*
die Banane(n) *banana*
die Band(s) *band, group*
die Bank(en) *bank*
der Bär(en) *bear*
der Bart(̈e) *beard*
der Basketball *basketball*
bauen *to build*
der Bauernhof(̈e) *farm*
der Baum(̈e) *tree*
die Baustelle(n) *building site*
Bayern *Bavaria*
der Beamte *civil servant*
beantworten *to answer*
der Becher(·) *tub*
bedeckt *cloudy, covered*
bedeuten *to mean, signify*
befehlen *to advise; order*
sich begeben *to undergo, undertake*
der Beginn *start*
beginnen *to start*
das Begräbnis *funeral, burial*
behalten *to keep, retain*
die Behörde(n) *authority*
bei + Dat *with, by*
beide *both, two*
das Bein(e) *leg*
das Beispiel(e) *example*
zum * *for example*
bekommen *to get*
belegen to cover*
belegtes Brot *open sandwich*
Belgien *Belgium*
beliebig *any, as you like*
* häufig *as often as you like*
die Bemerkung(en) *observation*
benutzen *to use*
das Benzin *petrol*
bequem *comfortable*

bereit *ready*
der Berg(e) *mountain*
der Bericht(e) *report*
beruhigen *to calm*
berühmt *famous*
die Beschäftigung(en) *activity, occupation*
Bescheid wissen *to know (already)*
die Bescherung *giving of Christmas gifts*
beschleunigen *to accelerate*
die Beschreibung(en) *description*
die Beschwerde(n) *hardship, trouble, complaint*
besessen *possessed*
besetzt *engaged*
besichtigen *to visit*
besorgen *to get*
besorgt sein um *to look after*
besser *better*
die Besserung *recovery*
beste(r/s) *best*
bestehen *to exist*
bestellen *to order*
die Bestellung(en) *order*
bestimmt *definitely*
besuchen *to visit*
die Betreuung(en) *care, looking after*
das Bett(en) *bed*
ins * gehen *to go to *
die Bettwäsche *bed linen*
bevor *before*
bewachen *to guard*
bezahlen *to pay for*
das Bier(e) *beer*
bieten *to offer*
der Bikini(s) *bikini*
das Bild(er) *picture*
bilden *to form, make*
billig *cheap*
Biologie *biology*
die Birne(n) *pear*
bis *until*
ein bißchen *a bit*
bitte *please*
* schön *don't mention it; here you are*
das Blasorchester(·) *brass band*
blau *blue*
bleiben *to stay, remain*
der Bleistift(e) *pencil*
der Blick(e) *look, glance*
auf einen * *at a glance*
der Blinddarm *appendix*
es blitzt *there is lightning*
die Blockflöte(n) *recorder*
blöd *silly, stupid*
blond *blond, fair*
bloß *simply*
die Blume(n) *flower*
die Bluse(n) *blouse*
das Blut *blood*
die Bockwurst(̈e) *sausage*
der Boden *floor*
die Bohne(n) *bean*
der Bon(s) *receipt, coupon*
das Bonbon(s) *sweet*
der Boß (Bosse) *boss*
der Bouillonwürfel(·) *stock cube*
Brasilien *Brazil*
die Bratkartoffeln *fried potatoes*
brauchen *to need*
braun *brown*
brechen *to break*
brennen *to burn*
das Brettspiel(e) *board game*

der Brief(e) *letter*
der Brieffreund(e) *pen-friend (m)*
die Brieffreundin(nen) *pen-friend (f)*
der Briefkasten *letterbox*
die Briefmarke(n) *stamp*
die Brille(n) *glasses*
  bringen *to bring; take*
die Broschüre(n) *brochure*
das Brot(e) *bread*
das Brötchen(-) *bread roll*
die Brücke(n) *bridge*
der Bruder(⸚) *brother*
das Buch(⸚er) *book*
  buchen *to book*
die Buchhandlung(en) *bookshop*
der Buchstabe(n) *letter (of alphabet)*
die Bude(n) *stall, kiosk*
das Büffet(s) *buffet*
  bummeln *to stroll*
die Bundesrepublik *Federal Republic (of Germany)*
der Bungalow(s) *bungalow*
  bunt *colourful*
der Bürgermeister(-) *mayor*
das Büro(s) *office*
der Bus(se) *bus*
die Bushaltestelle(n) *bus stop*
der Büstenhalter(-) *bra*
die Butter *butter*
das Butterbrot(e) *sandwich*

C

der Campingplatz(⸚e) *campsite*
der Caravan(s) *estate car; caravan*
die Chance(n) *chance*
der Charterflug(⸚e) *charter flight*
  Chemie *chemistry*
  chinesisch *Chinese*
der Chor(⸚e) *choir*
die Clique(n) *clique, group*
die Cola(s) *coca cola*
der Computer(-) *computer*
die Cornflakes *cornflakes*
die Couch *sofa*
der Cousin(s) *cousin*
die Currysoße(n) *curry sauce*

D

  da *there*
  dabei *with it*
der Dachboden(⸚) *attic*
die Dame(n) *lady*
  Dänemark *Denmark*
  danke *thank you: no*
  dann *then. next*
  daß *that*
das Datum *date*
  dauern *to last*
die DDR (Deutsche Demokratische Republik) *German Democratic Republic*
  decken *to cover: lay the table*
  dein(e) *your (informal sing.)*
    mit deinem Partner *with your partner*
  denn *then*
  der/die/das *the*
der Detektiv(e) *detective*
  deutsch *German*
    Deutsch *German (lang)*
    auf Deutsch *in German*
    Deutsche *German person (f)*
    Deutscher *German person (m)*
    Deutschland *Germany*
die Devisen *(foreign) currency*
  Dezember *December*
das Diagramm(e) *diagram*
der Dialekt(e) *dialect*
der Dialog(e) *dialogue*
die Diät(en) *diet*
  dick *fat*

der Dieb(e) *thief (m)*
die Diebin(nen) *thief (f)*
die Diele(n) *hall; parlour*
der Dienst(e) *service*
  Dienstag *Tuesday*
das Ding(e) *thing*
  direkt *direct(ly)*
die Disko or Disco(s) *disco*
  doch *however, but, yet*
der Dom(e) *cathedral*
  donnern *to thunder*
  Donnerstag *Thursday*
  doof *stupid*
  doppel *double*
das Doppelhaus(⸚er) *semi-detached house*
das Dorf(⸚er) *village*
  dort *there*
die Dose(n) *tin*
die Dosenmilch *evaporated milk*
  dran sein *to be one's turn*
    du bist * *It's your turn*
  draußen *outside*
  drei *three*
  dreizehn *thirteen*
  dringend *urgent(ly)*
die Drogerie(n) *chemist's; drugstore*
der Druckbuchstabe(n) *printed letter*
  drüben *over there*
  drücken *to push, press*
  du *you (informal form, sing.)*
die Düne(n) *dune*
  dunkel *dark*
  durch + Acc *through*
  durchstreichen *to cross out*
  dürfen *to be allowed to*
der Durst *thirst*
  durstig *thirsty*
die Dusche(n) *shower*
  duschen *to have a shower*

E

die Ecke(n) *corner*
  es ist egal *it doesn't matter/doesn't make any difference*
  egoistisch *selfish*
  ehrlich *honest(ly)*
das Ei(er) *egg*
  ein gekochtes * *boiled egg*
  eigen *own*
  eigentlich *actually*
  ein(e) *a, an, one*
  einarmig *one-armed*
der Eindruck(⸚e) *impression*
  einerseits *on one hand*
  eine einfache Fahrkarte *a single ticket*
die Einfahrt(en) *motorway sliproad. entrance (for transport)*
das Einfamilienhaus(⸚er) *detached house*
der Eingang(⸚e) *entrance. way in (for pedestrians)*
  einige *several. some*
der Einkauf(⸚e) *purchase*
  einkaufen *to shop*
die Einkaufsliste(n) *shopping list*
der Einklang *harmony*
  einladen *to invite*
die Einladung(en) *invitation*
  einlaufen *to come in, arrive (transport)*
  einlösen *to cash in*
  einmal *once*
  einmalig *unique*
die Einrichtung(en) *equipment; furnishing*
  eins *one*
  einschließlich *including*

  einstecken *to put in; post; plug in*
  einsteigen *to get in*
der Eintopf *stew. casserole*
  eintragen (in + Acc) *to copy (into)*
der Eintritt *entrance, entry*
  einundzwanzig *twenty-one*
  einwandern *to immigrate*
das Einzelkind(er) *only child*
das Einzelzimmer(-) *single room*
das Eis *ice cream*
  Eis laufen *to skate*
die Eisbahn(en) *ice rink*
die Eisenbahn(en) *railway*
der Elefant(en) *elephant*
  elf *eleven*
die Eltern *parents*
der Empfang(⸚e) *reception*
  empfangen *to receive*
das Ende(n) *end*
der Endpreis(e) *total price*
  England *England*
    Engländer(-) *English person (m)*
    Engländerin(nen) *English person (f)*
    englisch *English*
    Englisch *English (lang)*
  entfernt *distant*
  6 km vom Bahnhof * *6 km from the station*
  enthalten *to contain*
  entlang + Acc *along*
  entscheiden *to decide*
  sich entschuldigen *to apologise*
    Entschuldigen Sie, bitte! *excuse me*
    Entschuldigung! *sorry*
der Entschuldigungszettel(-) *excuse note*
  entwerten *to date stamp*
  sich erbrechen *to be sick*
die Erbse(n) *pea*
die Erdbeere(n) *strawberry*
das Erdgeschoß *ground floor*
  im * *on the ground floor*
  Erdkunde *geography*
  erforderlich *necessary. required*
die Erfrischung(en) *refreshment*
  sich erholen *to recover. recuperate*
  erkältet sein *to have a cold*
die Erkältung(en) *cold*
  erklären *to explain*
die Erlaubnis *permission*
die Ermäßigung(en) *reduction*
  ernsthaft *serious*
  erreichen *to reach*
die Ersatzkasse(n) *health insurance company*
  erschrocken *shocked*
  erst *not until*
  erste(r/s) *first*
    die erste Stunde *the first lesson*
    am ersten Mai *on 1st May*
der Erwachsene(n) *adult*
  erwähnenswert *significant. worth mentioning*
  erwarten *to expect*
  erzählen *to tell, relate*
das Erzeugnis(se) *product*
  essen *to eat*
die Essenz *essence*
das Eßzimmer(-) *dining-room*
  etwa *approximately, about*
  etwas *something, anything, some*
  euer/eure *your (informal pl.)*
  Europa *Europe*
  extravagant *extravagant*

F

die Fabrik(en) *factory*
das Fach(⸚er) *subject*
die Fähre(n) *ferry*
  fahren *to drive, go*
der Fahrer(-) *driver*
die Fahrkarte(n) *ticket*
der Fahrplan(⸚e) *timetable. (public transport)*
das Fahrrad(⸚er) *bicycle*
die Fahrschule(n) *driving school*
die Fahrt(en) *journey, trip*
das Fahrzeug(e) *vehicle, means of transport*
der Fall(⸚e) *case. instance*
  auf jeden * *in any case*
  fallen *to fall*
  falsch *wrong. incorrect*
die Familie(n) *family*
der Familienname(n) *surname*
der Fan(s) *fan*
  fantastisch *fantastic*
die Farbe(n) *colour*
  fast *almost. nearly*
das Faß(Fässer) *barrel*
  faul *lazy*
  faulenzen *to be lazy*
  Februar *February*
  Federball *badminton*
  fehlen *to be missing*
    Was fehlt? *what's missing?*
    Was fehlt dir? *what's wrong?*
der Fehler(-) *mistake*
die Feier(n) *celebration. party*
  feiern *to celebrate*
der Felsen(-) *cliff*
das Fenster(-) *window*
die Ferien *holidays*
das Ferienhaus(⸚er) *holiday home*
das Fernglas(⸚er) *binoculars*
das Fernrohr(e) *telescope*
  fernsehen *to watch T.V.*
das Fernsehen *television*
  fertig *ready; finished*
  fest *fixed. steady*
das Fest(e) *party. celebration*
das Feuer(-) *fire*
  ! Lift off!
das Feuerwerk(e) *firework*
das Fieber *high temperature. fever*
  fies *horrid. unpleasant*
der Film(e) *film*
  finden *to find*
  Finnland *Finland*
die Firma(Firmen) *firm. company*
der Fisch(e) *fish*
die Flasche(n) *bottle*
die Flecke(n) *spot. stain*
die Fledermaus(⸚e) *bat*
das Fleisch *meat*
  fliegen *to fly*
  fließen *to flow*
die Flöte(n) *flute*
der Flug(⸚e) *flight*
der Flugplatz(⸚e) *airport*
der Fluß(Flüsse) *river*
  folgen *to follow*
  folkloristisch *folkloric*
das Formular(-e) *form*
das Foto(s) *photo*
das Fotoalbum(Fotoalben) *photograph album*
die Frage(n) *question*
  fragen *to ask*
  Frankreich *France*
    Franzoser *French person (m)*
    Französin *French person (f)*
    französisch *French*
    Französisch *French (lang)*
  Frau X *Mrs X*
  frei *free. vacant, available*

das Freibad(⁻er) open-air
  swimming pool
  freihalten to keep free/clear
die Freiheit(en) freedom
  freistehend free-standing
  Freitag Friday
die Freizeit free time
  fremd strange, foreign
  fressen to eat (used for animals)
    Katzen * Fisch cats eat fish
die Freude(n) joy
sich freuen auf + Acc to look
  forward to
der Freund(e) friend; boyfriend
die Freundin(nen) friend;
  girlfriend
  frieren to freeze, be cold
die Frikadelle(n) rissole
  frisch fresh; cool
  frostig frosty
  früh early
das Frühstück(e) breakfast
  frühstücken to have
  breakfast
sich fühlen to feel
  führen nach to lead to
  fünf five
  fünfzehn fifteen
  funktionieren to function,
  operate
  für + Acc for
  fürchterlich awful
der Fuß(⁻e) foot
  zu * gehen to walk, go on
  foot
  Fußball spielen to play
  football
die Fußgängerzone(n) pedestrian
  precinct
das Fußgelenk(e) ankle
der Fußpilz(e) athlete's foot

G

die Galerie(n) gallery (art)
das Galgenspiel(e) hangman
  ganz quite; whole
  gar at all
die Garage(n) garage
der Garten (⁻) garden
der Gast(⁻e) guest, visitor
der Gastarbeiter(-) foreign worker
das Gästezimmer(-) guest room
das Gasthaus(⁻er) pub, inn
  gastieren to host
  gebacken baked
  geben to give
  es gibt + Acc there is/are
das Gebirge(-) mountains
  gebraten fried
die Gebühr(en) charge, fee
der Geburtstag(e) birthday
das Gedrängel throng, crowding
die Gefahr(en) danger
  gefallen + Dat to like
  es gefällt mir I like it
das Gefühl(e) feeling
  gegen + Acc towards, about
  (time)
der Gegenstand(⁻e) object
  gegrillt grilled
  gehen to go, walk
  es geht it's OK.
  mir geht es gut I'm fine
das Gehöft(e) farmstead
die Geige(n) violin
die Geisterbahn(en) ghost train
  gelb yellow
das Geld money
  gemischt mixed
das Gemüse(-) vegetables
das Gemüsegeschäft(e)
  greengrocer's

  gemütlich cosy
  genau exact, exactly
  genehmigen to allow, give
  permission for
  genug enough
  genügen to suffice, be enough
das Gepäck luggage
  gepflegt looked after
  gepolstert sprung, upholstered
  gerade just
  geradeaus straight ahead
das Gericht(e) dish, meal
  gern(e) with pleasure
  ich esse * I like eating
  gesamt total
die Gesamtschule(n)
  comprehensive school
das Geschäft(e) shop
  geschäftig busy
  geschehen to happen
  gern *! not at all!
das Geschenk(e) present
die Geschichte(n) story; history
  geschminkt made-up (with
  cosmetics)
die Geschwister brothers and
  sisters
  gesperrt closed
  gestattet allowed, permitted
  gestern yesterday
  gesund healthy
die Gesundheit health
  *! Bless you! (when sneezing)
  geteilt divided
das Getränk(e) drink
das Gewehr(e) rifle
das Gewicht(e) weight
  gewinnen to win
das Gewürz(e) spice
der Gips plaster (of Paris)
die Giraffe(n) giraffe
die Gitarre(n) guitar
das Glas(⁻er) glass
  glatt straight, smooth
die Glatze(n) bald head
  glauben to believe, think
  gleich straightaway, at once
das Gleis(e) platform
die Glocke(n) bell
  glotzen to stare
das Glück luck, happiness
  glücklicherweise fortunately
der Goldfisch(e) goldfish
der Grad temperature, degree
  Wieviel * ist es? What's the
  temperature?
  grau grey
  grauenvoll dreadful
die Grenze(n) border
  Grieche Greek person (m)
  Griechin Greek person (f)
  Griechenland Greece
  griechisch Greek
die Grillparty(s) barbecue party
die Grippe(n) flu
  grob rough
der Groschen Austrian penny
  groß large, big, tall
die Größe(n) height, size
  Großbritannien Great Britain
die Großmutter(⁻) grandmother
der Großvater(⁻) grandfather
  großzügig generous
  grün green
die Gruppe(n) group
der Gruß(⁻e) greeting
sich grüßen to say hello
  grüß dich! hello!
das Gulasch goulash
die Gummibärchen jelly babies
der Gürtel(·) belt

  gut good
  guten Tag! hello, good day
  guten Morgen! good
  morning, hello
der Güterzug(⁻e) goods train
das Gymnasium(Gymnasien)
  grammar school

H

das Haar(e) hair
  haben + Acc to have
das Hackfleisch minced meat
der Hafen(⁻) docks, port
die Hafenstadt(⁻e) town with a
  port
das Hähnchen(-) chicken
  halb half
  es ist * fünf it's half past
  four
  Halbpension half-board
die Hälfte(n) half
die Halle(n) large hall
das Hallenbad(⁻er) indoor
  swimming pool
  hallo! hello!
der Hals(⁻e) neck, throat
die Halsschmerzen sore throat
  halten to stop
  halten von to think of, have
  an opinion of
der Hamburger(-) hamburger
der Hamster(-) hamster
die Hand(⁻e) hand
  Handarbeiten needlework
  Handball handball
das Handgelenk(e) wrist
der Handschuh(e) glove
  häßlich ugly
  häufig frequently
  Haupt- main
  hauptsächlich mainly
die Hauptsaison(s) peak season
die Hauptschule(n) secondary
  (modern) school
die Hauptstadt(⁻e) capital city
die Hausaufgaben homework
das Haustier(e) house pet
  Hauswirtschaft home
  economics
die Haut skin
  ,Haut den Lukas' 'Test your
  strength/ring the bell'
der Hautausschlag(⁻e) rash
  heben to lift
das Heft(e) exercise book
der Heilige Abend Christmas Eve
das Heilkraut(⁻er) natural herbal
  remedy
die Heimat home, native country
das Heimweh homesickness
  heiß hot
  heißen to be called
  ich heiße Uschi I'm called
  Uschi
die Hektik hectic rush
  helfen + Dat to help
  hell light
das Hemd(en) shirt
der Herbst autumn
die Herde(n) herd
  hereinkommen to come in
  Herr X Mr X
der Hering(e) herring
  herum around
  herzlich warm, best
  herzliche Grüße very best
  wishes
der Heuschnupfen(-) hay fever
  heute today
  hier here
die Himbeere(n) raspberry
der Himmel sky

  hin und zurück return (of ticket)
  hinauslehnen to lean out
  hineingehen to go in
  hinter + Acc/Dat behind, after
im Hintergrund in the background
der Hit(s) hit (in music)
die Hitparade(n) hit parade, charts
das Hobby(s) hobby
  hoch high
  Hochachtungsvoll Yours
  faithfully
  hoffen to hope
  hoffentlich hopefully, I hope,
  we hope, etc.
  holen to fetch
der Honig honey
  hören to hear
die Hose(n) trousers
das Hotel(s) hotel
der Hund(e) dog
  hundert a hundred
der Hunger hunger
  hungrig hungry
  husten to cough
der Hut(⁻e) hat
  hüten to look after, mind

I

  ich I
  ideal ideal
der Idiot(en) idiot
der Igel(-) hedgehog
  ihr you (informal form pl.)
der Imbiß(Imbisse) snack,
  snackbar
  immer always
  in + Acc/Dat into, in
  inclusive including
die Industrie industry
die Information(en) information
  innerhalb within
die Insel(n) island
  insgesamt all together
das Instrument(e) musical
  instrument
  interessant interesting
sich interessieren für to be
  interested in
  das interessiert mich that
  interests me
  international international
das Interview(s) interview
  inzwischen in the meantime
  Ire Irish person (m)
  Irin Irish person (f)
  irisch Irish
  Irland Ireland
  irgendwo somewhere, anywhere
  Italien Italy
  italienisch Italian

J

  ja yes
die Jacke(n) jacket
das Jahr(e) year
  ich bin 13 Jahre alt I'm 13
  years old
der Jahrmarkt(⁻e) funfair
  Januar January
  Japan Japan
  jawohl certainly
der Jazz jazz
die Jeans jeans
  jede(r/s) each, every
  jedenfalls anyway, in any case
  jetzt now
der Job(s) job
  jucken to itch
das Judo judo
die Jugend youth
die Jugendherberge(n) youth hostel

der Jugendklub or Jugendklub(s) youth club
das Jugendzentrum(Jugendzentren) youth centre
Jugoslawien Yugoslavia
Juli July
jung young
der Junge(n) boy
Juni June

K

der Kaffee(s) coffee
der Kakao hot chocolate
die Kalorie(n) calorie
kalt cold
der Kanal(⁼e) canal; the (English) Channel
das Kaninchen(-) rabbit
das Kännchen(-) pot (coffee, tea, etc.)
die Kantine(n) canteen
kapieren to understand
   kapiert? understood? got it?
die Kapsel(n) capsule
kaputt broken
   ich bin *! I'm worn out
das Karate karate
die Karotte(n) carrot
die Karte(n) map
die Kartoffel(n) potato
die Kartoffelchips crisps
das Karussell(s) roundabout
der Käse cheese
die Kaserne(n) army barracks
die Käsestange(n) cheese straw
die Kasse(n) till
die Kassette(n) cassette
der Kassettenrekorder(-) cassette recorder
der Kasten(⁼) box
das Kästchen(-) small box
die Katastrophe(n) catastrophe
die Katze(n) cat
kaufen to buy
der Kaugummi chewing gum
kaum hardly, scarcely
kegeln to bowl
kein not a, no
   ich habe keine Ahnung I haven't got a clue
der Keks(e) biscuit
der Keller(-) cellar
kennen to know
kennenlernen to meet, get to know
kennzeichnen to mark, label
das Kettenspiel(e) chain game
der Kilometer(-) kilometer
das Kind(er) child
Kinderpflege child care
das Kinderschwimmbecken(-) children's swimming pool
das Kino(s) cinema
die Kirsche(n) cherry
die Kiste(n) crate
klagen über to complain about
die Klarinette(n) clarinet
klasse excellent, first class
die Klasse(n) class
die Klassenarbeit(en) class test
der Klassenraum(⁼e) classroom
klassisch classical
das Klavier(e) piano
sich kleiden to dress
die Kleider clothes
das Kleidergeschäft(e) boutique
der Kleiderschrank(⁼e) wardrobe
klein small
das Kleingeld change (money)
die Kleinigkeit(en) small thing
das Klima climate
klingeln to ring
die Kneipe(n) pub, bar

der Knoblauch garlic
der Knochen(-) bone
knusprig crispy
der Kofferkuli(s) luggage trolley
der Kohleofen(⁼) coal stove, fire
kombiniert combined
komisch odd, funny
kommen to come
   ich komme aus der Schweiz I come from Switzerland
   kommt 'rein! come in
die Komödie(n) comedy
die Kondensmilch evaporated milk
die Konditorei(en) confectioner's
die Konfitüre(n) jam
der König(e) king
können to be able, can
der Kontinent(e) continent
der Kontrast(e) contrast
der Kontrolleur inspector
kontrollieren to control, check
das Konzert(e) concert
der Kopf(⁼e) head
der Kopfhörer(-) headphones
Kopfschmerzen headache
der Korb(⁼e) basket
korrigieren to correct
Kosmetika cosmetics
kosten to cost
kostenlos free
die Krabbe(n) shrimp
der Krach noise, row
krank ill
das Krankenhaus(⁼er) hospital
die Krankenkasse(n) health insurance company
die Krankheit(en) illness
kratzen to scratch
die Krawatte(n) tie
die Kreide(n) chalk
das Kreuz(e) cross
sich kreuzen to cross
die Kreuzung(en) crossroads
das Kreuzworträtsel(-) crossword
kriegen to get
der Krimskrams bits and pieces
die Küche(n) kitchen
der Kuchen cake
die Kugel(n) ball
der Kugelschreiber(-) (Kuli) ball-point pen, Biro
kühl cool, chilly
der Kunde(n) customer (m)
die Kundin(nen) customer (f)
Kunst art
der Kurs(e) course; rate of exchange
die Kurve(n) bend
kurz short(ly)
die Küste(n) coast

L

lachen to laugh
der Laden(⁼) shop
der Lakritz liquorice
das Land(ĕr) country; federal state
lang long
   Wie lange? For how long?
langweilig boring
der Lärm noise, row
lassen to let, allow
Latein Latin
laufen to run, be on
   Was läuft? What's on? (T.V., cinema, etc.)
laut loud
das Leben(-) life
die Lebensmittel groceries, food
die Lebensmittelvergiftung food poisoning
die Leber liver
lecker tasty, nice

die Lederwaren leather goods
leeren to empty
die Leerung(en) emptying, collection
der Lehrer(-) teacher (m)
die Lehrerin(nen) teacher (f)
leicht easy, light
die Leichtathletik athletics
leiden to bear, stand; suffer
   ich kann ihn nicht * I can't stand him
leider unfortunately
die Leiter(n) ladder
lenken to steer
lernen to learn
lesen to read
letzte(r/s) last
die Leute people
das Licht(er) light
lieb nice
liebe(r) dear
lieber rather
das Lieblingsfach(⁼er) favourite subject
liegen (in + Dat) to lie, be in
der Liegewagen(-) couchette
die Limonade(n) lemonade
das Lineal(e) ruler
die Linie(n) line, bus route
der Linienflug(⁼e) scheduled flight
links on the left
die Linse(n) lentil
der Lippenstift(e) lipstick
die Liste(n) list
der Liter(·) litre
lockig curly
der Löffel(-) spoon
sich lohnen to be worth it
   los! come on!
   Was ist *? What's up?
die Losbude(n) lottery stall
das Lotto bingo
der Löwe(n) lion
die Lücke(n) gap
   Lust haben to feel like (doing)
   Ich habe * , schwimmen zu gehen I feel like going for a swim
Luxemburg Luxembourg
der Luxus luxury

M

machen to do, make
   mach's gut! all the best!
das Mädchen(-) girl
das Magazin(e) magazine
der Magen stomach
   Magenschmerzen stomach ache
die Mahlzeit(en) meal
Mai May
das Make-up make up
mal just
das Mal(e) time
   zum ersten * for the first time
man one, they, people
   in Österreich spricht * Deutsch they speak German in Austria
manchmal sometimes
der Mann(⁼er) man; husband
die Margarine margarine
die Mark(·) German mark
markieren to mark
der Marktplatz(⁼e) market square
die Marmelade(n) jam
März March
die Maschine(n) machine
Maschinenschreiben typewriting

Mathe(matik) maths
die Mauer(n) wall
die Maus(⁼e) mouse
die Mayonnaise mayonnaise, salad cream
das Medikament(e) medicament
das Meer(e) sea
die Meeresfrüchte seafood
das Meerschweinchen(-) guinea pig
mehr more
die Meile(n) mile
mein(e) my
meinen to think
   Was meinst du? What do you think?
die Meinung(en) opinion
meistens mostly
der Meister(-) master
die Meisterschaft(en) championship
sich melden to announce one's presence, put one's hand up
die Melone(n) melon
die Menge(n) crowd, lot
der Mensch(en) human being
   *! Damn!
merken to notice, perceive
das Messer(-) knife
der Meter(-) meter
die Metzgerei(en) butcher's
mieten to rent, hire
die Migräne(n) migraine
das Mikrofon(e) microphone
die Milch milk
mild mild
die Million(en) million
mindestens at least
die Minute(n) minute
mit + Dat with
miteinander with one another
das Mitglied(er) member
mitkommen to come with, go with
der Mittag midday
   zu * essen to have lunch
das Mittagessen(-) lunch
die Mitte(n) centre
mittelgroß medium height
Mitternacht midnight
Mittwoch Wednesday
das Möbel (piece of) furniture
die Mode(n) fashion
modern modern
modernisiert modernised
das Mofa(s) small moped
möglich possible
die Möglichkeit(en) possibility
Mokka mocha (coffee)
die Molkerei(en) dairy
der Moment(e) moment
   * mal just a moment
momentan at the moment, just now
der Monat(e) month
Montag Monday
   am * on Monday
montags on Mondays
das Moped(s) moped
morgen tomorrow
der Morgen(-) morning
morgens every morning, in the morning
das Motorrad(⁼er) motorbike
müde tired
der Mund(⁼er) mouth
die Mundharmonika(s) mouth organ
die Muschel(n) mussel, shellfish

269

das Museum(Museen) *museum*
die Musik *music*
der Musiker(-) *musician*
der Muskelkater *aching muscles*
das Müsli(s) *muesli*
müssen *to have to, must*
die Mutter(⁼) *mother*
die Muttersprache(n) *mother tongue*
Mutti *mum*

N

nach + Dat *to*
   * vorne *to the front*
der Nachbar(n) *neighbour (m)*
die Nachbarin(nen) *neighbour (f)*
nachher *afterwards*
die Nachhilfe(n) *extra lesson*
der Nachmittag *afternoon*
die Nachricht(en) *news*
die Nachsaison(s) *after the peak season*
nachschauen *to look up (something)*
nachsehen *to check*
nächste(r/s) *next, nearest*
die Nacht(⁼ e) *night*
   gute * ! *good night*
in der Nähe von *near*
die Nähmaschine(n) *sewing machine*
der Name(n) *name*
nämlich *namely*
die Narzisse(n) *daffodil*
die Nationalität(en) *nationality*
die Natur *nature*
natürlich *of course*
nebelig *foggy*
neben + Acc/Dat *next to*
nebenan *nearby*
nebenbei *at the same time*
negativ *negative*
nehmen *to take*
nein *no*
nerven *to get on one's nerves, annoy*
nett *nice*
neu *new*
neun *nine*
neunzehn *nineteen*
nicht *not*
   * wahr? *isn't it? aren't you? aren't they? etc.*
nichts *nothing*
nicken *to nod*
die Niederlande *Netherlands*
niemand *nobody*
noch *another; still*
   Was *? *What else?*
   ist * Platz frei? *is there room?*
Nordafrika *North Africa*
der Norden *north*
   im Norden *in the north*
normal *normal, usual*
normalerweise *usually*
Norwegen *Norway*
der Notausgang(⁼ e) *emergency exit*
die Note(n) *mark, grade*
die Notiz(en) *note, item*
der Notizblock(⁼ e) *notepad*
das Notizbuch(⁼ er) *notebook*
November *November*
die Nudel(n) *noodle, pasta*
die Nummer(n) *number*
nun *well, now*
nur *only*
die Nuß(Nüsse) *nut*
das Nutella *chocolate hazlenut spread (trade mark)*

O

oben *at the top, upstairs*
das Obst *fruit*
oder *or*
   ... *? *isn't it?*
öffnen *to open*
oft *often*
ohne + Acc *without*
das Ohr(en) *ear*
   Ohrenschmerzen *earache*
der Ohrring(e) *earring*
Oktober *October*
das Öl *oil*
die Olive(n) *olive*
die Oma(s) *grandma*
das Omelett(s) *omelette*
der Onkel(-) *uncle*
der Opa(s) *grandpa*
die Oper *opera(house)*
operieren *to operate*
der Orangensaft *orange juice*
in Ordnung sein *to be all right, OK.*
das Orchester(-) *orchestra*
organisieren *to organise*
der Ort(e) *place*
der Osten *east*
   im Osten *in the east*
Ostern *Easter*
   zu * *at Easter*
Österreich *Austria*
Österreicher *Austrian person (m)*
Österreicherin *Austrian (f)*

P

ein paar *a few*
das Päckchen(-) *packet*
die Packung(en) *packet*
das Paket(e) *packet*
der Palast(⁼ e) *palace*
der Papagei(en) *parrot*
das Papier *paper*
der Paprika *paprika pepper*
Pardon! *sorry*
das Parfüm(s) *perfume*
der Park(s) *park*
parken *to park*
die Partnerarbeit *pair-work*
der Passagier(e) *passenger*
passen *to go with*
   Was paßt zu wem? *What goes with what?*
passieren *to happen, occur*
der Paß(Pässe) *passport, identity card*
der Patient(en) *patient*
die Pause(n) *break*
das Pech *hard luck*
die Person(en) *person*
die Personalien *details, particulars*
persönlich *personally*
der Pfadfinder(-) *pathfinder; scout*
der Pfeffer *pepper*
das Pferd(e) *horse*
das Pferderennen *horse racing*
Pfingsten *Whitsuntide*
der Pfirsich(e) *peach*
das Pflaster(-) *sticking plaster*
das Pfund *pound*
Physik *physics*
der Pickel(-) *spot, acne*
das Picknick(s) *picnic*
der Pilz(e) *wild mushroom*
die Piste(n) *ski slope*
die Pizzeria(s) *pizzeria*
der Plan(⁼ e) *plan*
planen *to plan*
planmäßig *as planned*
die Platte(n) *record*
der Plattenspieler(-) *record player*

der Platz(⁼ e) *place, seat*
plötzlich *suddenly*
Polen *Poland*
   polnisch *Polish*
die Politik *politics*
die Polizei *police*
die Polizeiwache(n) *police station*
die Pommes frites *chips*
das Pony(s) *pony*
populär *popular*
das Portemonnaie(s) *purse; wallet*
die Portion(en) *portion*
Portugal *Portugal*
positiv *positive*
die Post *post office*
das Poster(s) *poster*
die Postkarte(n) *postcard*
die Postleitzahl(en) *postal code*
praktisch *practical*
die Praline(n) *chocolate (in a box)*
präsentieren *to present, introduce*
der Preis(e) *price*
   preiswert *good value*
   Prima! *great, fantastic*
der Printer(-) *printer*
das Privatquartier *private accommodation*
pro *per*
   * Tag *per day*
probieren *to try, taste*
das Problem(e) *problem*
das Programm(e) *TV channel; programme*
das Prozent(e) *per cent*
der Pullover(-) *pullover*
der Pumpernickel(-) *black bread*
der Punkt(e) *point; full stop*
   pünktlich *on the dot, punctually*
die Puppe(n) *doll*
   purpur *purple*
putzen *to clean*
das Puzzle(s) *puzzle*

Q

der Quark *soft curd cheese*
der Quatsch *rubbish*
   *! *rubbish!*
die Querflöte(n) *flute*
das Quiz *quiz*

R

radfahren *to cycle*
der Radiergummi(s) *rubber, eraser*
das Radio(s) *radio*
der Rappen *Swiss penny*
   rasch *quick(ly)*
der Rasierapparat(e) *shaver*
raten *to guess*
das Rathaus(⁼ er) *town hall*
die Ratte(n) *rat*
der Raum(⁼ e) *room*
die Realschule(n) *secondary school, high school*
der Rechner(-) *calculator*
rechts *on the right*
die Regel(n) *rule*
   in der * *usually*
regelmäßig *regular(ly)*
regnen *to rain*
reichen *to be enough*
   das reicht *that's enough*
die Reihe(n) *row*
   an die * kommen *to be one's turn*
die Reihenfolge(n) *sequence, order*
das Reihenhaus(⁼ er) *terraced house*
rein *pure*
der Reis *rice*

die Reise(n) *journey*
das Reisebüro(s) *travel agent's*
   reiselustig *enjoying travel*
reisen *to travel*
der Reisescheck(s) *traveller's cheque*
reiten *to ride*
Religion *religious education*
der Reporter(-) *reporter*
reservieren *to reserve, book*
das Restaurant(s) *restaurant*
das Resultat(e) *result*
retten *to save*
der Rettungsdienst(e) *rescue service*
die Revolution(en) *revolution*
das Rezept(e) *recipe, prescription*
richtig *correct, right*
die Richtung(en) *direction*
der Riegel(n) *bar (of chocolate, etc.)*
das Riesenrad(⁼ er) *big wheel*
   riesig *great(ly), enormous(ly)*
das Rind(er) *beef*
der Ring(e) *ring*
der Rock(⁼ e) *skirt*
rodeln *to sledge*
die Rolle(n) *role, part*
der Rollschuh(e) *rollerskate*
   romantisch *romantic*
rot *red*
die Roulade(n) *beef olive*
der Rücken(-) *back*
die Rückenschmerzen *backache*
rudern *to row (boat)*
die Ruhe *quiet, silence*
   *! *Be quiet!*
ruhig *quiet(ly)*
die Rundfahrt(en) *tour*
rutschen *to slip, slide*

S

der Saal(Säle) *room*
die Sache(n) *thing*
der Saft(⁼ e) *juice*
sagen *to say, tell*
   sagenhaft *fabulous*
die Sahne *cream*
die Salami(s) *salami*
der Salat(-) *salad*
die Salbe(n) *ointment*
das Salz *salt*
Samstag *Saturday*
der Sand *sand*
die Sandale(n) *sandal*
die Sardelle(n) *anchovy*
satt *full*
   ich bin * *I've had enough (to eat)*
der Satz(⁼ e) *sentence*
sauber *clean*
das Schach *chess*
das Schachspiel(e) *chess game*
die Schachtel(n) *box, packet*
schade *shame*
   wie *! *what a shame!*
der Schäferhund(e) *Alsatian dog*
der Schal(s) *scarf*
die Schale(n) *bowl*
der Schalter(-) *switch; counter*
   scharf *hot (spicy); sharp*
das Schaschlik(s) *kebab*
der Schatz(⁼ e) *treasure*
schätzen *to estimate*
schauen *to look at*
   schau mal! *look!*
der Schaumwein(e) *sparkling wine*
der Schauspieler(-) *actor*
die Scheibe(n) *slice*
scheinen *to seem, appear, shine*

das Schema(Schemen) *scheme, diagram*
schicken *to send*
die Schießbude(n) *shooting gallery, rifle range*
schießen *to shoot*
das Schiff(e) *ship, boat*
die Schiffschaukel(n) *swing boat*
die Schildkröte(n) *tortoise*
schimpfen *to scold, tell off*
der Schinken(-) *ham*
schlafen *to sleep*
der Schlafsack(ë) *sleeping bag*
das Schlafzimmer(-) *bedroom*
das Schlagzeug(e) *percussion*
die Schlange(n) *snake*
schlank *slim*
schlecht *bad*
schließlich *finally*
der Schlittschuh(e) *ice skate*
    * laufen *to ice skate*
das Schloß(Schlösser) *castle*
der Schlüsselring(e) *keyring*
der Schluß(Schlüsse) *end, conclusion*
schmecken *to taste*
der Schmerz(en) *pain, ache*
der Schmuck *jewelry*
die Schnecke(n) *snail*
der Schnee *snow*
schneiden *to cut*
schnell *fast*
der Schnellimbiß *fast food stall*
das Schnitzel(-) *cutlet*
der Schnupfen(-) *runny nose, head cold*
der Schnurrbart(ë) *moustache*
die Schokolade(n) *chocolate*
schon *already*
schön *nice, lovely*
der Schotte *Scottish person (m)*
    Schottin *Scottish person (f)*
    Schottland *Scotland*
schrecklich *awful, terrible*
schreiben *to write*
die Schreibmaschine(n) *typewriter*
das Schreibpapier *writing paper*
schreien *to yell, cry out*
der Schritt(e) *step*
das Schuhgeschäft(e) *shoe shop*
die Schuld *fault*
die Schule(n) *school*
    die * ist aus *lessons have finished*
der Schüler(-) *pupil (boy)*
die Schülerin(nen) *pupil (girl)*
das Schulfach(ër) *school subject*
der Schulhof(ë) *playground*
die Schulter(n) *shoulder*
schulterlang *shoulder-length*
schwarz *black*
schwarz fahren *to travel without paying*
Schweden *Sweden*
das Schweineschnitzel *pork cutlet*
die Schweiz *Switzerland*
    Schweizer *Swiss person (m)*
    Schweizerin *Swiss person (f)*
schwerbehindert *severely handicapped*
die Schwester(n) *sister*
schwierig *difficult, hard*
das Schwimmbad(ër) *swimming pool*
der Schwimmer(-) *swimmer*
sechs *six*
sechzehn *sixteen*
die See(n) *sea*
seekrank *seasick*
die Seekrankheit(en) *seasickness*

segeln *to sail*
sehen *to see*
die Sehenswürdigkeit(en) *place of interest*
sehr *very*
die Seife *soap*
die Seilbahn(en) *cable railway*
sein *to be*
seit + Dat *since*
    * einem Jahr wohne ich hier *I've been living here for one year*
die Seite(n) *page, side*
    auf der linken * *on the left-hand side*
der Sekt *champagne*
die Sekunde(n) *second*
die Selbstbedienung *self-service*
selbstständig *independent*
selbstverständlich *naturally, it goes without saying*
selten *rare, seldom*
die Sendung(en) *TV programme*
der Senf *mustard*
senkrecht *vertical*
September *September*
die Serie(n) *series*
sich setzen *to sit down*
    setzt euch! *sit down!*
sicher *certainly*
sie *she, they; her, them*
Sie *you (polite form)*
sieben *seven*
siebzehn *seventeen*
singen *to sing*
der Sitz(e) *seat*
sitzen *to sit*
der Skat *card game (skat)*
die Skier *skis*
Ski laufen *to ski*
das Skispringen(-) *ski jumping*
der Slalom(s) *ski slalom*
so *so, thus*
sofort *at once*
sogenannt *so-called*
der Sohn(ë) *son*
der Soldat(en) *soldier*
sollen *to be supposed to*
    Was soll ich machen? *What am I supposed to do? What ought I to do?*
der Solist(en) *soloist*
der Sommer *summer*
das Sonderangebot(e) *special offer*
sondern *but, rather*
Sonnabend *Saturday*
die Sonne *sun*
sich sonnen *to sunbathe*
der Sonnenbrand *sunstroke*
die Sonnencreme (Sonnencrems) *suntan cream*
Sonntag *Sunday*
sonst *otherwise, as well*
die Sorge(n) *concern*
sortieren *to sort out*
die Soße(n) *sauce*
sowie *just as*
sowieso *anyway*
Sozialkunde *social studies*
die Spalte(n) *box, column*
Spanien *Spain*
sparen *to save*
die Sparkasse(n) *savings bank*
der Spaß *fun*
spät *late*
spazierengehen *to go for a walk*
die Speise(n) *food*
die Speisekarte(n) *menu*
der Speisewagen(-) *restaurant car*
spendieren *to buy, get, treat*
das Sperrgebiet(e) *forbidden area*
die Spezialität(en) *speciality*

speziell *special*
das Spiegelei(er) *fried egg*
das Spiel(e) *game*
spielen *to play*
das Spielzeug(e) *toy*
    spinnen *to be mad, talk rubbish*
    spitze! *ace, super*
Sport *P.E., sport*
das Sportgeschäft(e) *sports shop*
der Sportverein(e) *sports club*
das Sportzentrum (Sportzentren) *sports centre*
die Sprache(n) *language*
sprechen *to speak*
die Sprechstunde(n) *surgery hours*
springen *to jump*
die Spritze(n) *injection*
spüren *to feel, sense*
Squash *squash*
staatlich *of the state*
die Stabheuschrecke(n) *stick insect*
der Stacheldrahtzaun(ë) *barbed wire fence*
das Stadion(Stadien) *stadium*
die Stadt(ë) *town*
die Stadthalle(n) *concert hall*
die Stadtmitte(n) *town centre*
der Stadtplan(ë) *streetmap*
der Stadtrand(ër) *outskirts of the town*
    am * *on the outskirts*
stammen aus *to come from, originate from*
stark *strong*
die Statistik(en) *statistic*
staunen *to be amazed*
das Steak(s) *steak*
stehlen *to steal*
stellen *to put, place*
    stelle die Frage! *ask the question*
sterben *to die*
die Stereoanlage(n) *stereo system*
das Sternzeichen(-) *sign of the zodiac*
der Sticker(-) *badge*
der Stierkampf(ë) *bullfight*
still *quiet(ly)*
die Stimme(n) *voice*
stimmen *to be right*
stinken *to smell, stink*
der Stock(ë) *floor, storey*
der Stoff(e) *material, fabric*
stören *to disturb*
die Störung(en) *disturbance*
der Strand(ë) *beach*
der Strandkorb(ë) *wicker beach chair*
die Straße(n) *road*
die Straßenbahn(en) *tram*
der Straßenübergang *crossing*
der Streik(s) *strike*
streiten *to argue*
streng *strict*
stricken *to knit*
der Strohhut(ë) *straw hat*
der Strumpf(ë) *sock*
der Student(en) *student (m)*
die Studentin(nen) *student (f)*
das Studentenheim(e) *student's hall of residence*
studieren *to study*
der Stuhl(ë) *chair*
die Stunde(n) *hour; lesson*
stundenlang *for hours on end*
der Stundenplan(ë) *school timetable*
das Stück(e) *piece*
stürmisch *stormy*
stürzen *to fall*

der Süden *south*
    im Süden *in the south*
das Superhirn(e) *superbrain*
der Supermarkt(ë) *supermarket*
die Suppe(n) *soup*
    surfen *to go surfing*
    süß *sweet*
die Süßigkeit(en) *sweet*
Sylvester *New Year's Eve*
das Symbol(e) *symbol*
sympatisch *nice*

T

das T-Shirt(s) *t-shirt*
der Tabak *tobacco*
die Tabelle(n) *chart, table*
die Tablette(n) *tablet*
die Tafel(n) *board; bar (of chocolate)*
der Tag(e) *day*
das Tagebuch(ër) *diary*
die Tagesschau *the News*
täglich *daily*
das Tal(ër) *valley*
die Tante(n) *aunt*
tanzen *to dance*
das Tarifgebiet(e) *fare zone*
die Tasche(n) *bag*
das Taschengeld *pocket money*
das Taschenmesser(-) *pocket knife*
die Tasse(n) *cup*
tausend *a thousand*
das Taxi(Taxen) *taxi*
technisches Zeichnen *technical drawing*
der Tee *tea*
Teenager(-) *teenager*
teilnehmen an *to take part in*
das Telefon(e) *telephone*
das Telefonat(e) *telephone call*
telefonieren mit *to ring up*
die Telefonnummer(n) *phone number*
die Telefonzelle(n) *phone box*
der Teller(-) *plate*
Tennis *tennis*
der Tennistrainer(-) *tennis coach*
der Teppich(e) *carpet*
der Termin(e) *appointment*
die Terrasse(n) *terrace, patio*
teuer *expensive*
der Text(e) *text*
das Theater(-) *theatre*
die Theke(n) *counter*
das Tier(e) *animal*
der Tierarzt(ë) *vet*
der Tierpark(s) *zoo*
der Tiger(-) *tiger*
der Tisch(e) *table*
    zu *! *come to the table!*
Tischtennis *table tennis*
    * spielen *to play table tennis*
der Titel(-) *title*
der Toast(s) *toast*
die Tochter(ë) *daughter*
die Toilette(n) *toilet*
toll *great, super*
die Tollwut *rabies*
die Tomate(n) *tomato*
das Tomatenketchup *tomato ketchup*
die Topfpflanze(n) *potted plant*
das Tor(e) *gate*
die Torte(n) *tart, cake*
total *completely, totally*
der Tourist(en) *tourist (m)*
die Touristin(nen) *tourist (f)*
die Tournee(n) *tour*
die Trabrennbahn(en) *pony and trap racecourse*

traditionell *traditional*
tragen *to carry, wear*
trainieren *to practise sport*
traurig *sad(ly)*
treffen *to meet*
treiben *to do (sport)*
die Treppe(n) *staircase, stairs*
der Trickfilm(e) *animated cartoon*
trinken *to drink*
trocknen *to dry*
die Trompete(n) *trumpet*
der Tropf(⁼e) *drop*
die Trümmern *ruins*
die Tschechoslowakei *Czechoslovakia*
tschüs!, *bye!*
die Tube(n) *tube*
das Tuch(⁼er) *cloth, towel, handkerchief*
tun *to do*
es tut mir leid *I'm sorry*
die Türkei *Turkey*
türkisch *Turkish*
turnen *to do gymnastics*
die Turnhalle(n) *gymnasium*
das Turnier(e) *tournament*
die Tüte(n) *bag*
der Typ(en) *chap; bloke*
typisch *typical*

U

üben *to practise*
über + Acc/Dat *above, over, more than*
überall *everywhere*
die Überfahrt(en) *crossing*
überfüllt *overcrowded*
überhaupt *at all*
übernachten *to spend the night*
die Übersiedlung(en) *emigration*
die Uhr(en) *clock; time*
Wieviel * ist es? *What's the time?*
die Uhrzeit(en) *time*
um + Acc *around*
die Umfrage(n) *survey*
umgekehrt *the other way round*
der Umschlag(⁼e) *envelope*
umsteigen *to change (transport)*
umziehen *to move house*
unabhängig *independent*
und *and*
und ob! *you bet!*
und so weiter (usw.) *etc.*
unentschieden *undecided*
unerfahren *inexperienced*
der Unfall(⁼e) *accident*
ungefähr *approximately, about*
unglaublich *unbelievable, incredible*
unglücklich *unhappy*
unheimlich *sinister; incredibly*
die Uniform(en) *uniform*
die Universität(en) *university*
unser(e) *our*
unter + Acc/Dat *under, beneath*
das Untergeschoß *basement*
die Untergrundbahn (U-Bahn) *tube*
der Unterricht *teaching, lessons*
der * beginnt *lessons begin*
der Unterschied(e) *difference*
unterschreiben *to sign*
unverschämt *disgraceful*
unwohl *uneasy*
der Urlaub(e) *holiday*

V

die Vanille *vanilla*
der Vater(⁼) *father*
Vati *dad*
die Veranstaltung(en) *event*
der Verband(⁼e) *dressing*

verbinden *to combine, unite*
verboten *forbidden*
der Verbrauch *consumption, use*
verbrauchen *to consume, use*
verbringen *to spend time*
verdienen *to earn*
der Verein(e) *club, society*
verfügen über *to have at one's disposal, be in charge of*
die Verfügung *disposal*
vergehen *to go by (of time)*
vergessen *to forget*
verheiratet *married*
der Verkauf(⁼e) *sale*
verkaufen *to sell*
der Verkäufer(-) *sales assistant (m)*
die Verkäuferin(nen) *sales assistant (f)*
das Verkaufsbüro(s) *sales office*
das Verkehrsamt *tourist information office*
der Verkehrsknotenpunkt(e) *transport intersection*
verknallt in *in love with, crazy about*
verletzen *to injure*
verlieren *to lose*
vermissen *to miss*
vernünftig *sensible, reasonable*
veröffentlichen *to publish*
verrückt *crazy, mad*
verschieden *various*
verschreiben *to prescribe*
die Versicherung(en) *insurance*
die Verspätung(en) *delay*
versprechen *to promise*
das Verständnis(se) *understanding*
verstauchen *to sprain*
verstecken *to hide*
verstehen *to understand*
sich verstehen mit *to get on with*
versuchen *to try*
vervollständigen *to complete*
die Verwandten *relatives*
verzollen *to declare (at the customs)*
die Videokamera(s) *video camera*
viel *many, much*
vielleicht *perhaps*
vier *four*
das Viertel(-) *quarter*
es ist * nach zwei *it's a quarter past two*
vierzehn *fourteen*
Vokabeln *vocabulary*
das Volk(⁼er) *people, nation*
voll *full*
vollautomatisch *fully automatic*
vollenden *to complete*
Volleyball *volleyball*
die Vollpension *full board*
von + Dat *from*
die Voranmeldung(en) *appointment*
vorbei *past*
vorgeheizt *heated*
vorgestern *the day before yesterday*
vorlesen *to read out*
vormittags *every morning, in the morning*
der Vorname(n) *first name*
die Vorsaison *before peak season*
Vorsicht! *Be careful!*
vorstellen *to introduce*
sich **vor**stellen *to imagine; introduce oneself*
die Vorwahl(en) *dialling code*
vorwärts *forwards*

W

waagerecht *horizontal, across*
der Wagen(-) *car, carriage*
wählen *to choose; dial (phone)*
der Wahnsinn *madness*
*! *That's ridiculous!*
wahrscheinlich *probably*
Wales *Wales*
Walisisch *Welsh (lang)*
wandern *to hike, walk*
die Wanderung(en) *hike, walk*
wann? *when?*
das Warenhaus(⁼er) *department store*
warm *warm*
warten (auf + Acc) *to wait (for)*
was? *what?*
was für? *what sort of*
sich waschen *to have a wash*
die Waschmaschine(n) *washing machine*
das Waschmittel *washing powder/liquid*
das Wasser *water*
das WC *toilet*
wechseln *to change (money)*
der Wecker(-) *alarm clock*
weg *away*
der Weg(e) *path, way*
weggehen *to go out, go away*
der Wegweiser(-) *store guide*
wehtun *to hurt*
weich *soft*
Weihnachten *Christmas*
zu * *at Christmas*
der Wein(e) *wine*
weiß *white*
weit *far*
weiter *further*
weitergehen *to continue, go on*
weitermachen *to continue, carry on*
welche(r/s)? *which?*
der Wellensittich(e) *budgerigar*
die Welt *world*
der Weltkrieg(e) *world war*
wenig *little*
wenn *if*
wer? *who?*
die Werbung(en) *advertising*
werfen *to throw*
Werken *woodwork, metalwork, craft, design and technology*
der Wespenstich(e) *wasp sting*
der Westen *west*
im Westen *in the west*
die Weste(n) *waistcoat*
der Wettbewerb(e) *competition*
wetten *to bet*
das Wetter *weather*
wie? *how?*
* ist er? *what's he like?*
wieder *again*
wiederholen *to repeat*
wiegen *to weigh*
wieso? *for what reason?*
wieviel? *how much?*
* ist das? *How much does it cost?*
willkommen! *welcome*
der Wind(e) *wind*
windig *windy*
der Winter *winter*
wir *we*
wirklich *really*
wirksam *effective*
wissen *to know*
wo? *where?*
die Woche(n) *week*
das Wochenende(n) *weekend*

woher? *from where?*
* kommst du? *Where are you from?*
wohin? *where to?*
wohnen (in) *to live (in)*
die Wohnfläche(n) *living area (in house)*
das Wohnhochhaus(⁼er) *block of flats*
der Wohnort(e) *place/town of residence*
die Wohnung(en) *flat*
der Wohnwagen(-) *caravan*
das Wohnzimmer(-) *sitting room, lounge*
wolkig *cloudy*
die Wolle(n) *wool*
wollen *to want to, wish to*
das Wort(⁼er) *word*
worum? *about what?*
Wucher! *daylight robbery! a rip-off!*
wunderbar *wonderful*
der Wunsch(⁼e) *wish*
auf * *on request*
die Wurfbude(n) *coconut stall*
die Wurst(⁼e) *sausage*
die Wüstenmaus(⁼e) *gerbil*

Z

die Zahl(en) *figure (numerical)*
zählen *to count*
der Zahn(⁼e) *tooth*
der Zahnarzt(⁼e) *dentist*
die Zahnpasta *toothpaste*
die Zahnschmerzen *toothache*
zart *gentle*
der Zaun(⁼e) *fence*
zehn *ten*
das Zeichen(-) *sign*
zeichnen *to draw*
zeigen *to show*
zeig mir! *show me!*
die Zeit(en) *time*
ich habe * *I've got **
die Zeitschrift(en) *magazine*
die Zeitung(en) *newspaper*
das Zelt(e) *tent*
zelten *to camp*
zerbrechen *to break, smash*
der Zettel(-) *note, piece of paper*
das Zeugnis(se) *report*
das Ziel(e) *end, destination*
die Zigarre(n) *cigar*
die Zigarette(n) *cigarette*
das Zimmer(-) *room*
die Zitrone(n) *lemon*
zollfrei *duty free*
der Zoo(s) *zoo*
zu + Dat *to*
zu Hause *at home*
der Zucker *sugar*
die Zuckerwatte(n) *candy floss*
zuerst *first of all*
der Zug(⁼e) *train*
der Zugbegleiter(-) *train guard*
zuhören *to listen*
hört gut zu! *listen carefully!*
zumachen *to close*
zurücktreten *to step back*
zusammen *together*
der Zuschlag(⁼e) *supplement*
die Zutaten *ingredients*
zuviel *too much*
zwanzig *twenty*
zwar *in fact, actually*
zwei *two*
zweimal *twice*
die Zwiebel(n) *onion*
zwischen + Acc/Dat *between*
zwölf *twelve*